全国教育科学"十三五"规划 2019 年度教育□□□□□
"新时代高校全员导师制精准育人机制研究"
（课题批准号：DEA190361）研究成果

高校全员导师制精准育人研究与实践

主编　施昌海　余婷婷　李肖利

郑州大学出版社

图书在版编目(CIP)数据

高校全员导师制精准育人研究与实践／施昌海，余婷婷，李肖利主编. — 郑州：郑州大学出版社，2022.9(2024.6 重印)
ISBN 978-7-5645-8879-3

Ⅰ.①高… Ⅱ.①施… ②余… ③李… Ⅲ.①高等学校 – 导师制 –研究 Ⅳ.①G642.42

中国版本图书馆 CIP 数据核字(2022)第 114493 号

高校全员导师制精准育人研究与实践
GAOXIAO QUANYUAN DAOSHIZHI JINGZHUN YUREN YANJIU YU SHIJIAN

策划编辑	李海涛　刘金兰	封面设计	苏永生
责任编辑	申从芳	版式设计	凌　青
责任校对	王晓鸽	责任监制	李瑞卿

出版发行	郑州大学出版社	地　　址	郑州市大学路40号(450052)
出 版 人	孙保营	网　　址	http://www.zzup.cn
经　　销	全国新华书店	发行电话	0371-66966070
印　　刷	廊坊市印艺阁数字科技有限公司		
开　　本	710 mm×1 010 mm　1 / 16		
印　　张	19.75	字　　数	325 千字
版　　次	2022 年 9 月第 1 版	印　　次	2024 年 6 月第 2 次印刷

书　　号	ISBN 978-7-5645-8879-3	定　　价	69.00 元

序

大学是青年人拔节孕穗、价值养成、知识增长的关键时期。大学生从初入校园的懵懂好奇,到踏入社会的独立成熟,高校在人才培养过程中因时而进、因事而化、因势而新,创新探索了多种育人模式,结下了累累硕果。其中,实施本科生全员导师制,为新时代高校落实立德树人根本任务提供了有效实践路径,实现了教师对学生思想引导、专业辅导、生活指导、心理疏导等方面的全方位、亲情化、系统化、个性化的指导帮扶,形成了全员精准育人的浓厚校园文化氛围,提升了对大学生的教育和管理水平。

与此相适应,笔者通过前期学习考察兄弟高校有关做法和经验,从2015年秋季开始,在信阳学院倡导全面实施全员导师制,得到了学校各位领导的大力支持和广大师生的热情响应。学校为此制定了一系列规章制度,投入了大量的人力、物力、精力。全校教师立足于本职岗位,以育人为己任,视学生为亲人,不辞辛劳,殚精竭虑,用热情和汗水、品格和才华,在传承学校育人优良传统的同时,创新了教育教学育人模式和方法,把对学生的深情关爱演绎为一曲曲动人的育人赞歌,让莘莘学子获得精心指导和诸多帮助,从中受教受益,领悟到成长的真谛,增强了成才的动力,加快了成长的步伐,得到了德智体美劳的全面进步与发展。而在这样的互动过程中,导师们走进了学生内心,对教育理念和方法进行了自我革新,真切体会到了为人师的幸福感和获得感。

全员导师制实施近七年来,在使万千学子普遍受益的同时,也对构建学校优秀校园文化、形成良好教风学风、促进教育教学改革、加强师生家校联系等起到重要推动作用,学校获得了2021年第五届河南省高校"大美学工"十佳优秀学生工作品牌等多个省厅级奖项。学校人才培养质量不断提高,社会声誉明显提升,多次获得"河南省优秀民办学校""河南省平安校园""河南省最受考生青睐本科高校"等荣誉称号,校党委被评为"河南省高校先进基层党组织"。在《2021年中国民办大学百强榜》中,信阳学院排列为全国第48位、河南省第3位。

本书是我校施昌海教授在主持全国教育科学"十三五"规划教育部2019年重点项目"新时代高校全员导师制精准育人机制研究"过程中,带领课题组成员依靠广大师生总结提炼信阳学院全员导师制实践经验而推出的研究成果。其围绕课程育人、科研育人、实践育人、文化育人、网络育人、心理育人、管理育人、服务育人、资助育人、组织育人等基本方面展开深入研究和积极探索,研究者和导师、学生主体一致,责任和使命与共,用真情实感、真人真事和真做真成,再现了学校实施全员导师制的基本愿景、顶层设计和具体运作方式,字里行间充满令人信服的情怀和事实,希望能够对热心读者具有些许参考价值。

立德树人路漫程远,修远求索初心不变。放眼党中央擘画的祖国新百年社会主义现代化建设蓝图,高校肩负着更为艰巨而繁重的为党育人、为国育才的神圣使命,需要不断更新育人理念、改进育人方式。我们衷心期盼以此书出版交流为契机,能够得到各位专家和广大同行的热情关心和精心指导,使信阳学院育人工作和事业发展百尺竿头更进一步!

信阳学院理事长　高　云

2022年5月

目录

第三篇　以文化人润物无声　网络育人与时俱进

第四篇　党建引领强基固本　爱心助学筑梦未来

第五篇　教学相长师生共进　学生喜爱受益良多

总　论

施昌海　余婷婷　李肖利

信阳学院在落实立德树人根本任务、推进内涵建设过程中,依据习近平总书记关于"围绕学生、关照学生、服务学生"①重要指示精神,结合自身实际,创新工作思路,探索出新时代高校精准育人实践新路径——全员导师制。

信阳学院全员导师制是在学校理事长高云倡导下实施的一项创新型育人模式。学校组织全校教师,以大一新生为受教育主体,以每月至少一次的导师课为抓手,对学生进行思想和学习生活指导,每名导师负责8—10名学生,在思想引导、专业辅导、生活指导、心理疏导等方面为学生提供专业化、亲情化、系统化、个性化的教育帮扶,对学生成长成才提供"私人订制"式的指导和服务。其变以往学生思想政治工作的"独角戏"为全校干部教师的"大合唱",变"套餐"的育人模式为"点餐"制的精准服务,把育人工作贯穿于学校教育教学和学生学习生活全过程。

一、建章立制,行稳致远

学校结合校情实际,在深入调查研究、借鉴传统导师制优点和兄弟院校有关经验的基础上,通过召开专门会议统一思想认识,成立领导机构,明确主管部门,研究制定相应文件,建立课程讲授内容与形式、检查与交流、考核与奖惩等方面的规章制度,确保全校上下对实施这项工程和开设这门课程

---

① 新华社. 全国高校思想政治工作会议12月7日至8日在北京召开[EB/OL].(2016 - 12 - 08)[2022 - 01 - 01]. http://www. gov. cn/xinwen/2016 - 12/08/content_5145253. htm#1.

的意义和作用充分认识到位,授课条件和质量拥有可靠保障。学校陆续出台了《关于实施全员导师制的意见》(华锐学字〔2015〕27号)、《关于深入推进全员导师制的意见》(校学字〔2016〕4号)、《关于开展2017—2018学年导师观摩活动的通知》(校学字〔2018〕7号)、《优秀全员导师评选办法》(校学字〔2019〕51号)、《关于开展2020—2021学年全员导师制考核工作的通知》(校学字〔2021〕12号)、《关于选聘2021—2022学年全员导师的通知》(校学字〔2021〕24号)等文件。同时,采取量化考核方式,精准衡量导师工作质量与效果,推进导师队伍建设,优化工作方案,确保全员导师制有序稳定实施,不断走向深入。

二、课程引领,守牢阵地

全员导师制的宗旨是以学生为本、促进学生成长成才,需要以了解学生基本特点和需要为基础践行立德树人根本任务。导师制以主题导师课为重要抓手,关注学生的个体化差异。导师们根据学生成长需求,用心设计"套餐+单点""规定+自选""主食+拼盘"等形式新颖、内容丰富、特点鲜明的导师课程,通过理论宣讲,引导教育和实践相结合,指导学生在理论学习与实践锻炼中得到成长。

德育为先,融入价值观念。大学学习阶段,是青年学生树立和巩固正确世界观、人生观和价值观的关键时期,需要倍加重视和精心指导。全员导师制能够通过党的创新理论和社会主义核心价值观教育,对学生进行思想熏陶和价值引导,为学生点亮理想的灯塔,促进学生进行积极的思想转变,树立和巩固正确"三观"。同时,关注学生所需所想,适时开展正面教育引导,比如在季节交换时的安全教育、开学初的适应性引导、期末考前的"诚信"动员,以及日常时事热点事件的因势利导等。

理论创新,提高政治素养。导师通过宣讲习近平总书记系列重要讲话精神,组织参观鄂豫皖革命纪念馆等红色教育基地,通过深刻的思想教育,使学生们深刻领悟到党的创新理论的科学内涵和真理力量,加深对中国共产党为什么"能"、马克思主义为什么"行"、中国特色社会主义为什么"好"等重大问题的认识,坚定"四个自信",增强"四个意识"。

突显特色，弘扬传统文化。提高国家文化软实力，展示中华文化的独特魅力。导师制通过清明节、端午节、中秋节、冬至等特殊节点，将主题教育和节日氛围相结合，加强对优秀传统文化的挖掘和阐发。比如，社会科学学院杨立昊老师给同学们举办"汉朝成人礼"活动，使同学们既感受到了参与文化活动的快乐，也增加了对传统文化的认识，提升了文化自信。

激发热情，指导专业学习。大一新生面对大学生活，往往会充满新奇感，既十分向往，又心存畏惧，容易偏离正确发展航向，浪费一些宝贵时间和精神，因而非常需要学校和老师及时加以指导和帮助，使其少走弯路，尽快步入健康成长成才轨道。学校在调配导师时，以学生所在学院教师为主，使专业配比在90%以上。这非常有利于导师对学生进行专业指导以及大学全过程的教育，做到了解学生的学习情况，积极指导学生开展社会实践活动，培养创新能力。比如，外国语学院教授通过评阅学生用英语撰写的心得体会，加深了学生的英语知识学习；商学院旅游管理导师带领专业同学深入景区实地考察学习，增强了学生的专业综合能力等等。

培根固本，促进学风建设。校风和学风建设作为校园文化建设的重要方面，直接影响到学生的文化素质、道德素养和人才培养质量。全员导师制依托主题导师课，促进学生全面成才、健康成长。比如，主题导师课开展"诚信考试从我做起"，帮助学生树立诚信意识，关注"心理健康从爱自己开始"，建设和谐寝室关系，让"小家"有"大爱"；结合学校学风建设，开展了"与导师一起来读书"等读书分享活动，丰富学生学习生活，为浓厚校风学风营造了良好氛围。

三、搭建平台，创新方式

学校对学生在校期间的德育教育需要坚持不懈、一以贯之，以保证学生不断提高思想政治觉悟，实现全面发展进步。在主题导师课的基础之上，学校注重构建具有教育管理特色的信息化平台，有效提升了全员导师制工作的效率，同时也实现了信息化建设的教育服务功能，对全过程育人提供了保障。

为富有针对性地开展导师育人工作，学校在每学年针对导师和学生均开设了网络调查问卷,主要就该学年导师制工作运行过程中发现的问题和经验进行收集汇总,以总结经验,有效改进。在调查结果中显示出广大师生对便捷化系统的需求,学校针对有关情况,建立专班专人对接,打造了"导师圈"育人网络平台,如图1所示,将师生沟通、授课计划、学生心得、课后评价等日常操作流程以便捷网络化形式呈现。

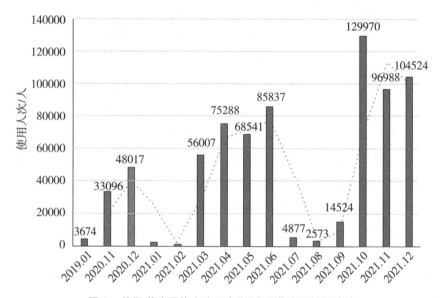

图 1   信阳学院网络交流平台"导师圈"使用数据统计

注:信阳学院"导师圈"工作平台于 2019 年 1 月投入使用,从图中可以看出,该工作平台的使用高峰期处在每学年的导师课开展时间段。该平台主要是将学生之间的交流转移到网络上,导师通过该平台掌握导师课主题及相关信息,学生通过手机端掌握信息并与导师约见上课。课程结束后学生通过手机或电脑填写导师课心得,导师通过客户端进行批阅。

同时,学工部作为该项工作主管部门,在官方微信公众号平台设置"导师园地"专栏,定期推送导师授课主题推荐、精品导师课、优秀学子心得等内容,将"大道理"通过"微语言"传到广大学子的心中。如每届毕业生专门为导师撰稿而成的"我与导师的倾城时光"等系列推文,使导师与学生的深厚情谊跃然纸上。从大一到大四,从懵懂到成长,导师已成为广大学子成长、成才道路上的知心朋友。

四、师生欢迎,成效显著

信阳学院从 2015 年推行全员导师课以来,一直坚持奉献为先与肯定激励并举,既动员广大教师无私奉献、自觉履行育人职责,又通过发放课时酬金、评选先进个人等方式,肯定教师的付出和奉献,激励教师奋力打造精品德育课程。学校在实施这一制度过程中,一直坚持 200 元/人每月的授课补贴,如图 2 所示,近 7 年来共支付此专项费用 480 余万元。

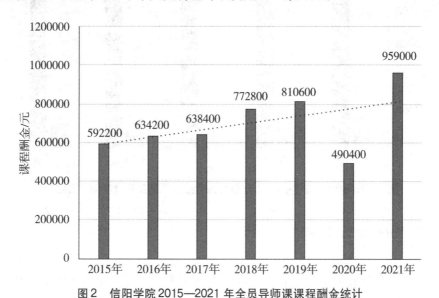

图 2　信阳学院 2015—2021 年全员导师课课程酬金统计

注:该酬金信息统计展示数据来源于信阳学院 2015—2021 年全员导师课酬金发放汇总。2015—2021 年发放金额随着导师课授课教师人数增长呈逐年上升趋势,2020 年因突发"疫情",导致该年度授课计划未能如期完成,故酬金有所下降。

学校 2015—2021 年共计 5 万余名学生从全员导师制中获益。如图 3 所示,2017—2021 年导师课授课教师及听课学生数整体呈逐年上升趋势。

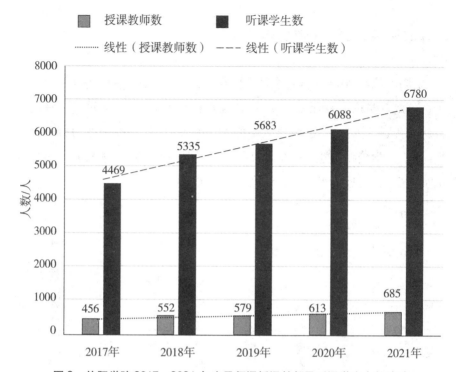

图3　信阳学院2017—2021年度导师课授课教师及听课学生人数统计

注：该图中年度选取时间点为每年的3—6月、10—12月，从图中可以看出，2017—2021年度授课教师数和听课学生数均呈上升趋势。

提升学生政治素养。全员导师制，以党的创新理论为指导，以引导和促进学生全面发展为目标，对于学生追求政治进步、提升道德修养、完成学习任务、掌握专业本领、形成健全人格、提高综合素质起到了重要作用。近年来，全校学生注重理论学习，积极向党组织靠拢，递交入党申请书的人数以14%的比例连年增加。

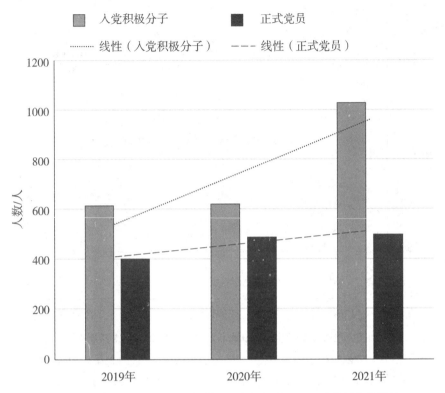

图4 信阳学院 2019—2021 年学生入党积极分子及正式党员人数统计

注：信阳学院 2019 年入党积极分子 615 人,发展学生党员 400 人;2020 年入党积极分子 620 人,发展学生党员 489 人;2021 年入党积极分子 1027 人,发展学生党员 500 人,学生申请入党和发展党员的人数在逐渐增加,学生党员在学校校风、学风建设中起到了重要作用。

强化心理健康教育。全员导师课拥有便利条件开展学生心理健康教育,能够对学生的心理问题做到早发现、早辅导,为增进学生身心健康提供重要保障。学生心理健康素质趋好,心理疾病发生率明显降低,有效化解了来自心理问题的困扰。如图5所示,具有心理问题的学生人数呈逐年下降的趋势。

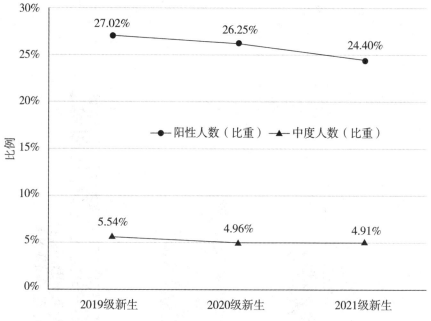

图5 信阳学院学生心理健康状态趋势（2019—2021级新生）

注：该情况统计及趋势图展示数据来源于信阳学院大学生心理健康辅导中心对于从2019—2021级大一新生进行的心理普查所获结果，其中阳性人数（有心理困扰）、中度人数（心理预警）指标分别按与同级总人数进行匹配得来。从图中可以看出，近三年信阳学院大学生心理问题学生人数呈逐年下降趋势。

校园学习氛围浓郁。随处可见读书学习的学子身影，刻苦学习、诚信考试蔚然成风，如图6所示，学生违纪人数呈逐年下降趋势。

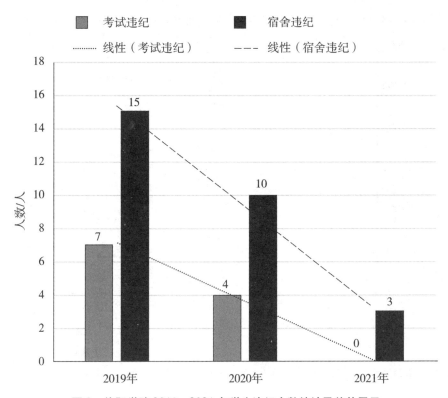

图6 信阳学院2019—2021年学生违纪人数统计及趋势展示

注:根据2019—2021年公布的学生违纪处分文件获取学生违纪处分人数,并区分为考试
违纪与宿舍违纪,根据上述展示可以看出2019—2021年信阳学院学生违纪情况呈逐年下降
趋势。

学生在完成学业的同时,在国家和省市各类竞赛和评选活动中获得众
多奖项,其中多名同学获得全国"大学生之星"荣誉称号,学生考研深造率在
全国同类高校中名列前茅。如图7所示,学校报考研究生人数呈逐年上升趋
势;尽管考研竞争加剧,但学校考取研究生的人数依然保持了基本稳定。

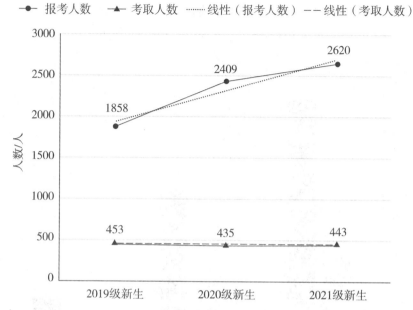

图 7　信阳学院 2019—2021 年学生考研报考人数及考取人数趋势

注：从图中可以看出，信阳学院自 2019—2021 年，报考研究生人数呈上涨趋势，录取情况呈现平稳状态，每年均在 450 人上下。

学生文明素养提升。学生参加社会志愿服务、校园清洁美化的热情显著提高，近年来在抗击新冠肺炎疫情和防洪抢险中，涌现出了一大批先进典型，展现出了新时代大学生爱党爱国、奉献人民、不辞劳苦、冲锋在前的良好精神风貌。学校多次接到来自地方党委政府和有关单位的感谢信和锦旗，如图 8 所示，学生参加公益活动的人数呈逐年上升趋势。

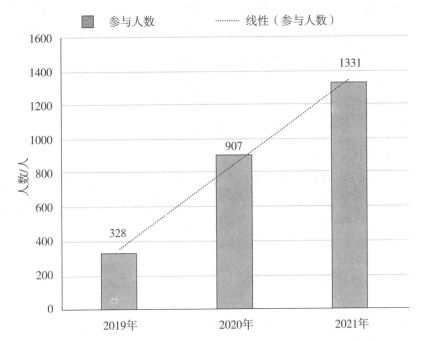

图8　信阳学院2019—2021年学生参加社会公益活动人数统计

注：从图中可以看出，信阳学院学子参加社会公益活动的人数在逐年增加。

师生普遍欢迎支持。在每学年针对导师制工作开展的专项调研工作中，教师普遍觉得很有意义，应当要继续坚持；有近81.86%的学子认为，"导师制对他们的成长提供了及时有效的帮助"，84.56%的学子在调查中认为，"通过导师课开展对他们的学业生涯有了更明确的规划"。可以看出，全员导师制正在深刻影响着信阳学院广大学子的精神面貌和行为举止。

主流媒体热情报道。学校全员导师制实施以来，受到了中新网、光明网、《中国教育报》、河南省教育厅网站、河南高校思想政治工作信息网、《河南教育（高教）》、《信阳日报》等多家官方主流媒体的热情关注和推送报道，得到了上级领导的充分肯定和热情赞扬。先后被河南省教育厅评为2016年河南省高校辅导员工作精品项目、2016年河南省"立德树人、成就最美"师德师风优秀案例；获得2017年度河南省普通高等学校校园文化建设成果三等奖；2020年度河南省普通高等学校学生工作优秀成果二等奖；2021年河南省第五届普通高等学校"大美学工"十佳优秀学生工作品牌称号。

理论研究走向深入。学校在坚持做好实际工作的同时,注重做好有关理论研究工作。其中,《基于本科生导师制的高校精准思想政治教育研究》获批河南省教育厅 2019 年度人文社科一般项目;以全员导师制宣传为主体的"芳草园文化工作室"成功申报 2019 年度全省高校网络文化建设精品项目;《新时代高校全员导师制精准育人机制研究》获批全国教育科学"十三五"规划 2019 年度教育部重点项目,课题组成员陈杰博士、朱新荣博士等相继在权威期刊发表相关研究成果;《在"三全育人"实践中构建学生喜闻乐见的"全员德育导师课":以信阳学院为例》被《河南教育(高教版)》封面刊载①;有关做法和经验被吸收为国家教育行政学院第二期民办高校校长进修班交流成果,受到全国同类院校的赞扬和借鉴。

五、昂首阔步,面向未来

信阳学院全员导师制实施近 7 年来,取得了可喜成绩,积累了丰富经验,但也存在着一些需要克服的困难和问题。面临新形势新任务,需要进一步坚持以习近平新时代中国特色社会主义思想为指导,认真学习贯彻习近平总书记在视察中国人民大学和庆祝中国共产主义青年团成立 100 周年大会上的重要讲话精神,立足于为党育人、为国育才,培养能够担当中华民族伟大复兴大任的时代新人;从落实立德树人根本任务出发,深入研究不断发展变化的青年大学生群体所具有的新特点,努力丰富育人内涵、改进育人方式,创新育人方法,建立健全育人长效机制。具体改进措施包括:

第一,建立导师和学生的长久联系,以利于导师全面了解学生动态,有利于学生与导师建立持久而深厚的情感。下一步将在导师制实施中,探索在大一学年结束后进行导师与学生的双向选择,进一步推进全过程育人的实践创新。

第二,提升"实践+理论"成果效能。理论从实践中来,再到实践中去检验。根据学校实施全员导师制的工作内容、特点、价值追求,丰富开展年度

---

① 施昌海,余婷婷,王威.在"三全育人"实践中构建学生喜闻乐见的"全员德育导师课":以信阳学院为例[J].河南教育(高等教育),2021(8):3-5.

导师制竞赛活动,如优秀心得比赛、优秀导师课评选、主题征文比赛等,进一步烘托出浓厚育人氛围。

第三,加强"导师+辅导员+班主任"的有效联动。坚持在日常教育引导中,以导师为主;在对学生的管理引导工作中以辅导员为主;在对学生专业成长指导中,以班主任为主。辅导员注重学生的整体发展,导师注重个体发展,班主任注重专业发展。三者各有侧重,形成合力,共同教育管理学生,做到目标一致、协同达成。

全员导师制是一种行之有效的育人举措,它为我们营造了一个合作、开放、互动式的教育教学环境。导师们塑造了学生的个性,挖掘了学生的潜能,使他们的思想道德水平和做人处事能力有了显著提高。全员导师制又是一种动态机制,在对其推进的过程中,还有许多新的情况和问题需要研究和探索,以求进一步的完善和丰富。道阻且长,行则将至,行而不辍,未来可期。我们有信心和决心,以更大热情和智慧为学生的成长成才提供更多的指导和帮助。

(施昌海为信阳学院党委专职副书记,教授;余婷婷为信阳学院党委学生工作部部长,讲师;李肖利为信阳学院党委宣传部部长,讲师)

第一篇

课程育人培根铸魂　实践创新助力成长

激活"一池春水"：浅谈全员导师制

王瑞瑞

2015 年,信阳学院理事会决定实施全员导师制,由全体教师与学生共同参与,把思想政治工作贯穿于教育教学全过程,根据课程、科研、实践、文化、网络、心理、管理、服务、资助、组织等全方面开展的"全员、全程、全方位"三全育人项目,探索出新时期高校全面落实立德树人根本任务育人机制的新路径,打造出课程育人、科研育人、实践育人、文化育人、网络育人、心理育人、管理育人、服务育人、资助育人、组织育人等十大一体化育人机制。通过近七年来不断努力、优化与完善,该项目成为信阳学院新时代育人工作的重要品牌。

现以课程育人机制为主题,结合"个案分析法"对全员导师制进行分析。

一、课程目标

（一）亲情化人

全员导师制发挥教师在教育、教学过程中的主导作用和教师的亲和力,对学生实施亲情化、个性化教育,深入学生心灵深处,进一步融洽师生关系。发挥学生在教育、教学过程中的主体作用。让学生做学习、活动的主人,用"主人"的姿态对待所有的学习活动,促进学生显现个性,全面发展,健康成长。

（二）思想育人

全员导师制持续发挥教师教书育人的功能,寻找并发现学生的发展潜能,使学生在学业、道德、心理等方面得到更深入、更充分、更全面的教育和引导,从而积极主动地学习,自主地探究,独立地生活,使学生的潜能和个性得到充分的挖掘和展示,努力成为一个德智体美劳全面发展的大学生。

（三）行动示人

通过全员导师制进一步发挥信阳学院优势,提升教师的教育教学理念,深化教育教学改革,提高教师"教书育人"的艺术水平和能力,努力为国家和社会培养人格自尊、行为自律、学习自主、生活自理、心理自强的新时代大学生。

二、课程设计

导师们通过思想引导、专业辅导、生活指导、心理疏导,帮助学生学会做人、学会学习、学会生活、学会合作,引领他们进一步健康成长,全面提高大学生的综合素质,为实现其终身发展奠定坚实的基础。具体设计如下。

（一）思想引导

思想引导主要是教育学生遵纪守法,培养学生的自主、自律意识,培养学生良好的思想品德。

导师通过首次见面会与学生进行面对面的交流,了解受导学生的个性特征、兴趣爱好、行为习惯、道德品质等情况,并向学生介绍导师制的主要工作及开展方式,与学生建立积极良好的互动模式。通过线上线下日常交流,导师利用换位思考、平等接触、正面引导等方法,帮助学生认识自己,审视自己,提升自己。对受导学生生活中的不良行为和不良习惯进行分析,并予以纠正。引导受导学生确立自己符合实际的理想,培养学生诚实守信等良好思想道德品质。

（二）专业辅导

专业辅导主要是按因材施教原则,帮助学生了解自己的潜能和特点,教给学生学习大学课程,尤其是专业课程的方法。

导师通过与受导学生的日常交流与接触,分析受导学生的学习状况,加强学习兴趣、学习方法、学习习惯的辅导；帮助受导学生树立学习信心，增强学习意志品质，提高学习能力，培养学生观察问题、分析问题、解决问题的能力，使学生顺利完成教学活动的各个环节和学习任务；鼓励质疑问难和奇思妙想，帮助学生自我识别学习风格，对不同风格的受导学生实施匹配策略，进行多种方式辅导，提高不同层次学生的学习效率，最终解决学困生"想学、愿学、能学、学会以及会学"的问题。

（三）生活指导

生活指导主要是关心学生日常生活，引导学生端正生活态度，树立正确三观，养成良好的生活习惯。

导师通过校园生活指导，帮助受导学生科学安排日常生活与学习，逐渐适应大学生活环境，形成良好的生活习惯；引导理性消费，抵制校园贷款，形成健康积极向上的生活方式；帮助受导学生更加热爱校园生活，建立有益于身心健康、学习进步的生活作息制度；指导学生自己的事情自己做，促进学生建立合理的生活规范，学会过有意义、有质量、有内涵的大学生活。

（四）心理疏导

心理疏导主要是关心学生的身心健康，及时帮助学生消除和克服心理障碍，激发他们自尊、自爱、自主和各方面蓬勃向上的愿望。

导师通过每次的导师课及日常的线上线下交流，了解学生的心理状况，创设宽松的心理环境，鼓励受导学生学会自我表达和释放压力，定期进行有针对性的心理咨询和指导，缓解学生的心理压力，消除心理障碍；提高学生对挫折、失败的心理承受力，指导受导学生学会与同学、老师的正常交往。众所周知，疏导的核心是沟通和倾听，让学生敞开心扉，是每个成功疏导者的最主要诀窍。

三、课程亮点

(一)从"实"出发

信阳学院全体领导、教师从学校实际、岗位实际和专业实际出发,为学生提供"订单式"的一对一服务和指导,根据学生特点因材施教,对学生从思想到生活开展循循善诱的言传身教。全体领导、教师同心同向同行,自觉行动,关爱学生,身体力行地践行社会主义核心价值观,潜移默化地对学生产生影响,把思想政治工作做在日常、做到个人,使学生坚定理想信仰,坚定"四个自信"。

(二)用"新"设计

导师们根据学生成长需求,用心设计"套餐+点餐""规定+自选""拼盘+果盘"等形式新颖、内容丰富、特点鲜明的导师课程,通过理论宣讲,引导教育和实践相结合,在思想引导、专业辅导、生活指导、心理疏导等方面为学生提供专业化、亲情化、系统化、个性化的指导和服务,引导学生在理论与实践中得到成长。

(三)纵"深"融合

导师们将全员导师制与本职岗位工作深度结合,探索一条"教师人人做导师,学生个个受关爱"的教育管理之路,导师在为学生解惑答疑的同时,又不断提升自身的教育教学水平,更新教育教学理念,进一步提升教学科研能力,为进一步提升学校优势贡献自己的力量。

四、授课效果

全员导师制,从激发学生的内在动力入手,利用心理暗示效应,促进学生综合素质提高,校园安全和谐文明,教师专业教育水平提高,效果显著。

(一)校园文化日益浓厚,学生更加明理守信

全员导师制把师生之间的"距离"缩短,学生更加尊敬老师,热爱学校,处处能听到"老师好、同学好"的亲切问候。现在,学生学习的内动力大,信心充足,目标明确,课堂效率提高了。读书学习蔚然成风,精神状态旧貌换新颜,学生自主学习、主动探求的风气正在日益形成。信阳学院的全员导师制也引来周边兄弟学校来校观摩和学习。

(二)育人理念日益提升,教师更加关爱学生

学校把全员导师制作为课题实施,立足学校实际,立足学生实际,边学习,边研究,边实践,不断改进工作方式,提高了导师的育人艺术,提高了育人素质,实现了教师从关注学生学习成绩到关注学生全面发展的转变,从学生被动接受到主动学习的转变,从面向少数到面向全体的转变;并且导师们在全员导师制工作中切实为学生解决生活中遇到的难题,如笔者曾两次带受伤的学生去医院检查,并支付医疗费用,为学生减轻经济与心理上的压力,同时也为学生家长减少了担忧。

(三)政策措施日趋完善,成果更加丰富多彩

导师们将导师制与本职工作深度结合,撰写了多篇论文和心得体会。其中,由信阳学院施昌海教授主持申报的"新时代高校全员导师制精准育人机制研究"成功获批全国教育科学"十三五"规划 2019 年度教育部重点项目,是全员导师制理论研究和实践积累的重要体现。本课题研究将为全员导师制进一步完善机制、科学发展,提供相应理论支撑和实践服务。

总之,全员导师制已经成为信阳学院亲情化人、思想育人、行动示人的德育工作重要方式。导师们以导师课为抓手,身体力行地践行着社会主义核心价值观,和学生们一起成为坚定信仰者、积极传播者、模范践行者。

(作者为信阳学院数学与统计学院统计学教研室主任)

依托信阳红色资源引领全员德育课程建设

苏家兵

一、信阳学院全员导师制背景

2018 年 5 月 2 日,习近平总书记在北京大学师生座谈会上的讲话中指出:"要把立德树人内化到大学建设和管理各领域、各方面、各环节,做到以树人为核心,以立德为根本。""要把立德树人的成效作为检验学校一切工作的根本标准,真正做到以文化人、以德育人,不断提高学生思想水平、政治觉悟、道德品质、文化素养,做到明大德、守公德、严私德。"由此可见,信阳学院的全员导师制符合时代要求,工作相对开展较早,对学生有着积极的引导作用。

信阳学院全员导师制是由全体师生共同参与的一项综合性"三全育人"项目,在学生课程、科研、实践、文化、网络、心理、管理、服务、资助、组织等方面的育人功能,打造十大一体化育人机制,通过校内选聘教师担任大一新生的导师,每月一次课程,教师或讲授或带领学生实地开展课外调研活动,课程结束后学生要写心得体会,教师批改。旨在通过课程的开展在学生育人功能上开展第二课堂。

全员导师制在信阳学院开展已六年有余。六年多来,通过不断优化完善,该项目已成为信阳学院新时代育人工作的重要品牌,取得了一系列的成绩。在学生人格塑造、心理健康、价值观引领、专业学习等诸多方面有着积极的作用。尤其是项目开展在大一新生入校之际,贯穿整个大一过程,学生正处于从高中生到大学生的角色转化过程中,该项目在新环境、新专业等相对陌生的形式下开展,如雪中送炭般及时。

二、信阳当地红色文化资源简介

信阳地处河南省南部,全市总面积1.89万平方公里,辖2个区、8个县。根据第七次人口普查数据,截至2020年11月1日零时,信阳市常住人口为623.4401万人。处在豫南的信阳,是大别山革命老区的核心区域,谱写了伟大壮阔的革命史诗。鄂豫皖苏区是仅次于中央苏区的第二大革命根据地,从星火燎原到建立政权,从坚持斗争到北上长征,从抗日战争到解放战争,无论是在建党初期、土地革命时期、抗日战争时期还是在解放战争时期,"28年红旗不倒"的奇迹见证了中国革命历史的艰难困苦与波澜壮阔。

红色资源是历史的见证,是不可再生的文化资源。信阳境内遗存革命历史类旧址达709处之多,革命文物数占河南省的80%以上。据不完全统计,信阳有鄂豫皖苏区首府革命博物馆、红二十五军长征出发地、许世友将军故里、鄂豫皖苏区首府烈士陵园、鄂豫皖革命根据地旧址、郑维山将军故里、鄂豫皖革命纪念馆、金刚台红军洞群、王大湾会议会址、红四方面军总部旧址、箭厂河列宁小学旧址等诸多红色文化资源,有着重要的历史文化价值和政治价值。

红二十五军的发源地就是信阳何家冲,这支军队曾创下诸多不朽功绩。

一是长征中几支长征队伍中最先到达陕北的一支工农红军,成为长征先锋。

二是长征中唯一一支增员的中国工农红军。长征途中,抗击敌人30多个团的围追堵截,不仅没有减员,到陕北时,部队还增加了800多人。

三是长征中唯一一支创建了根据地(豫陕、鄂陕边区十余县)的中国工农红军。在全国各革命根据地大部分损失的情况下,在鄂豫陕边区播下了红军种子,创建了鄂豫陕革命根据地。

四是长征中唯一一支发展地方游击师——红七十四师的中国工农红军,为中国工农红军增加了新鲜血液。

此外,信阳新县被称作"红军的故乡,将军的摇篮"。著名红色革命歌曲《八月桂花遍地开》《三大纪律八项注意》由这里唱遍全中国。从新县和大别山区走出了349位共和国将军,养育了许世友、李德生、郑维山等43位新县籍将军和50余位省部级以上领导干部,留下了董必武、刘伯承、邓小平、徐向前、李先念、刘华清等老一辈无产阶级革命家的战斗足迹。

红色资源是我们党和国家弥足珍贵的财富。党的十八大以来,习近平总书记在地方考察时遍访革命故地、红色热土,反复叮嘱要用好红色资源、传承红色基因。2019 年 9 月,习近平总书记在河南调研时指出,鄂豫皖苏区根据地是我们党的重要建党基地,大别山精神等都是我们党的宝贵精神财富。这些宝贵的红色资源精神财富给信阳学院全员导师制的课程开设提供了大量的学习资源。

三、依托信阳红色资源引领德育课程建设

(一)走进红色教育基地开展研习课堂

让每月一次的导师课程走进红色教育基地,就近开展红色文化研习。离学校较近的鄂豫皖革命纪念馆、红二十五军长征出发地何家冲红色文化基地等,都可以带领学生参加研习,让学生面对面、真情实感地去体验红色文化。这样可以较为直观地获得红色文化带来的视觉和心理感受。

同时,这些基地里保存有较为完备的红色文物,如红军使用过的衣物、枪支弹药等,通过对红色历史的发展描述,加上讲解员对红色文物的讲解,可以使课堂更为直观地还原当时的历史,也能促使学生对红色历史的了解更为深刻,其意义和价值巨大。

(二)借助新兴媒体进行红色教育学习

新媒体有着传播速度快、覆盖面广、形式多样等的鲜明特征,此外,新媒体不受时间、空间等的限制,可以随时随地地进行学习。学校利用微信公众号、短视频等有助于学生及时观看学习红色教育。利用新媒体进行红色教育学习应遵循以下几点。

1.注重真实性

缅怀革命先烈,弘扬宣传他们的革命精神和光辉业绩,讲好信阳红色故事,传承红色基因,这不仅仅是我们应尽的历史责任,更是我们事业继往开来、发扬光大的迫切需要。新媒体虽是没有围墙的传播渠道,但不能歪曲事实。导师要在严谨、真实的基础上进行内容整合,在历史的真实性上讲好故事,诠

释"红色精神",使红色资源真正地传递到德育课堂上来,让学生乐于接受。

2.突出创新性

在课堂内容准备上可以图文结合的形式介绍革命先烈的英雄事迹。可以把《八月桂花遍地开》的歌曲加入进来,以人物传记的形式找寻素材,制作并推广给学生。可以在当地的史志办和博物馆里找寻相关的红色素材进行制作,进而进行推广和传承。

3.突出多样性

在借助新媒体进行红色教学学习的过程中,应结合所选用的新媒体的特点进行内容制作。如微信朋友圈的图文结合的转发功能,抖音的视频直播功能。在制作上考虑新媒体的特点,有利于内容的传播。

4.重视互动性

可以和所带导师课程的专业结合起来,让学生用新媒体的形式完成作业。在基于所选内容的真实性的基础上,让学生收集整理相关资料进行新媒体内容的制作。导师做最终的审核,在技术上、内容上做指导。这样可以充分调动与展现学生的积极性和掌握新媒体的能力。以本人所带的导师课程学生为例,多为数字媒体艺术专业的学生,他们对软件的掌握能力是比较好的。让学生用所学知识进行创作,上导师课程的时候让学生逐一发言,导师课老师对作业进行点评与总结,给予分数评定。从而增加与学生导师课课程的互动,达到导师课程的育人目的。

"师也者,教之以事而喻诸德者也。"教师应成为社会道德的模范践行者和忠实实践者,以及为学生锤炼品格、学习知识、创新思维、奉献祖国的引路人。高校教师其本职工作是教书育人。教师是第一责任人,从某种程度上来说,教师的业务素质和个人能力决定了学生的学业水平和道德修养。导师制教师应加强个人修养,对信阳的红色资源有充分的了解,在导师制德育育人环节应注重理论实际,拓展教学资源,丰富教学方法,以身示范,德育先行,切实做好本职工作,从行为和主旨上加强引领性。

(三)党员教师率先垂范起到带头作用

1.率先垂范,以身作则

教师队伍的素质,直接决定立德树人的成效,必须切实加强和改进教师思想政治工作,引导教师努力成为先进思想文化的传播者、党执政的坚定支持者、民族精神的传承者,更好担负起学生健康成长指导者和引路人的责任。

党员教师是德育教师中的骨干力量,要起到率先垂范的带头作用。在授课中要以身作则,严于律己,真真切切地讲好每次德育课程。

2.严于律己,提高修养

"水之积也不厚,则其负大舟也无力。"想给学生一碗水,教师自己必须有一桶水,甚至一缸水。这就要求教师必须始终处于学习的状态,站在时代发展前沿,不断积累储备知识。教师要提升教学技能,拓展职业发展渠道。学校相关部门要引导和帮助教师学习掌握科学知识,提高内在素质,不断提升业务能力和全员导师制课程质量。

3.统筹规划,做好沟通

党员教师要积极地为和学生的沟通交流架设桥梁,夯实师生之间尊重、理解和关怀的基础。教师要理解学生成长中遇到的问题,把传授知识和解决学生思想困惑结合起来;建立更加完善的教师荣誉体系,利用新媒介讲好信阳红色故事,发挥身边榜样的力量,营造红色德育课程文化,形成良好的风气;提升学生的参与感,传承好、发扬好信阳当地的红色文化。

综上,高校在坚持立德树人的根本任务前提下,要不断融入当地文化,用好当地资源,特别是德育育人的红色资源,在学生个性鲜明和纷杂的社会环境中切实做好德育工作,培养出价值观正确、丰富知识、有能力、有作为的当代大学生。信阳学院也应用好全员导师制平台,做好育人引领和课程建设,在课程内容上立足本地,传承当地文化特色,融入当地红色资源和文化,切实做好德育教学和价值观引领,打造信阳学院全员导师制课堂,优化课程内容和授课方式,结合当地文化,坚持不懈、持之以恒地为社会培养更多符合当代大学生特色和社会需求的即具备专业文化知识素养和品德健全的合格型人才,为新时期高校人才培养建设和质量添砖加瓦。

(作者为信阳学院美术与设计学院副教授)

高校"潜移默化"式思政教育的新模式

许露露

为贯彻落实中共中央办公厅、国务院办公厅《关于深化新时代学校思想政治理论课改革创新的若干意见》,2020年5月,教育部印发《高等学校课程思政建设指导纲要》,要求高校担负起培养社会优秀人才的责任,把思想政治教育贯穿人才培养体系,将社会主义核心价值观、中华优秀传统文化等融入高校人才培养中,引导学生树立正确的三观,增强社会责任感,做社会主义的建设者和接班人。信阳学院开设的"全员导师课程"是对学生进行生活指导、专业指导、思想引导、心理辅导的课程。通过该课程,让学生的学习与德智育交融,培养当代大学生树立正确的世界观、人生观和价值观。"全员导师课程"中融入思政元素,对于当代大学生的思政教育效果十分显著。探究如何将课程思政内容引入"全员导师课程"的教学过程中,对于培养出思想觉悟高、三观正的高质量人才,显得尤为重要。

一、课程整体设计原则

"全员导师课程"的整体设计不仅要着眼于对学生进行入学之后的生活指导、专业教导、心理辅导等适应性问题,还要将德育要素如社会主义核心价值观、思想修养、职业道德等教育贯穿全课程,促进学生成为全面发展的高素质人才。因此,"全员导师课程"的设计应遵循首要目标、核心目标和终极目标的原则来设计。

（一）首要目标

引导学生入学后对新环境的适应是首要目标。通过"个人成长职业规划""寝室是我家""诚信考试,从我做起""开展读书交流会活动""月是故乡明,情是亲人浓——中秋节"等主题活动,帮助学生在从高中生活转入大学生活之后,对大学离家后的集体生活、不同于高中的自我学习等尽快适应。

(二)核心目标

提升学生在校期间的道德素养是核心目标。通过"感恩父母——父亲节、母亲节""携手夕阳——到养老院(或孤儿院)献爱心"等活动培养当代大学生要具有热爱祖国、热爱中国共产党等基本公德,尊老爱幼、孝顺父母的为人道德,诚实守信、谦虚谨慎的个人品德;通过"参观鄂豫皖革命纪念馆"主题教育,让学生学习优秀传统文化,感受红色情怀,弘扬革命精神,树立正确的时间观、人生观和价值观;通过"国庆节——观看国庆节阅兵仪式"的主题教育,培养学生的爱国主义,增强民族自豪感和荣誉感,提高学生团结意识,践行社会主义核心价值观,提升学生的道德素养,等等。

(三)终极目标

培养学生成为全面发展的高素质人才是终极目标。通过全员导师课程中的每一个主题的学习,引导学生养成严谨的职业精神,培养学生的爱国主义精神,增强民族自豪感和社会责任感;培养学生爱岗敬业、诚实守信的社会主义核心价值观;通过本课程教学内容的学习和教学活动的实施,培养学生在学习和工作中的合作交流的思想意识,使学生具备在工作和生活中乐于与他人团结协作共同完成目标的团队精神;等等,使其成为全面发展的人才。

二、课程整体设计

"全员导师课程"的开展,不仅要关注学生的日常生活、专业学习、心理疏导,也要注重学生思政素质的培养。如何将思政要点与全员导师课程巧妙地融合,是需要花费心思的。教师需要时刻关注社会中的思政要素,将课程思政要素采用灵活的教学方式,在润物无声中达到"三全育人"的目标。在教学设计中,首先对课程中的主题背景进行详细的介绍,然后引入课程思政案例,从而达到对学生综合素质的培养,具体课程设计如表1。

表1　全员导师课的课程主题与思政内容融入点的整体设计

全员导师课的课程主题	思政目标
感恩父母——父亲节、母亲节	理解父母、尊敬父母,体会亲情的无私和伟大,用实际行动来回报父母的爱
参观鄂豫皖革命纪念馆	让学生学习优秀传统文化,感受红色情怀,弘扬革命精神,树立正确的三观
开展读书交流会活动	培养学生的语言表达能力,敢于大胆尝试,养成开朗的性格
观看影视剧——《觉醒年代》	培养学生正确的历史观、民族观、国家观、文化观,激发爱国主义热情
携手夕阳——到养老院(或孤儿院)献爱心	弘扬中华民族尊老爱幼的优良传统,培养学生的社会参与感
月是故乡明,情是亲人浓——中秋节	了解中秋节的来历,挖掘传统节日的内涵,体会浓浓的团圆气氛,弘扬祖国的优秀文化,激发学生热爱家乡的情感
国庆节——观看国庆节阅兵仪式	通过观看阅兵仪式,培养学生的爱国主义精神,增强民族自豪感和荣誉感,提高学生的团结意识,践行社会主义核心价值观
诚信考试,从我做起	诚实守信是中华民族的传统美德,让学生关注诚信对于人生的重要性,加强诚信意识教育,塑造良好道德品质

三、教学方法

(一)传统讲授教学法

该方法以教师讲授为主,学生讨论为辅,在教师的引导下,培养学生诚实守信、爱岗敬业的精神。

（二）视频观看教学法

该方法以视频观看为主，如观看电视剧《觉醒年代》，培养学生正确的历史观、民族观、国家观、文化观，激发爱国主义热情；又如观看"国庆节阅兵仪式"，培养学生的爱国主义，增强民族自豪感和荣誉感，提高学生的团结意识，践行社会主义核心价值观。

（三）实地考察教学法

该方法是让学生亲眼看、亲手做。如组织学生参观"鄂豫皖革命纪念馆"，让学生学习优秀传统文化，感受红色情怀，弘扬革命精神，树立正确的三观；又如在"月是故乡明，情是亲人浓——中秋节"主题活动中，组织学生亲手制作月饼。

四、授课思路

"全员导师课程"的授课思路如图 1 所示。

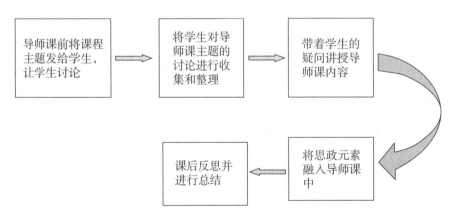

图 1 "全员导师课程"的授课思路

　　总之,"全员导师课程"在高校是一门教学内容丰富、教学方法灵活的课程,该门课程是引领学生步入大学生活的"敲门砖"。将思政元素融入"全员导师课程"中,不仅能进一步落实教师立德树人的使命,也有利于学生树立正确的世界观、人生观和价值观,培养出有职业素养、知识技能强的人才。

（作者为信阳学院商学院教师）

学史增信　以史育人

王燕红

"中国近代史"注重学生对中国近代历史的基本理论与知识的掌握,强调学生对中国近代社会特点和发展规律的认识。提升学生利用史料分析历史事实、探索历史问题和研究历史问题的能力,使之逐渐内化为学生自身的价值观和情感体验;进而激发大学生的爱国主义情感与历史责任感,增强其建设中国特色社会主义的自觉性。本课程着力培养德智体美劳全面发展的社会主义事业建设者和接班人,培养目标与当前大学生思想政治教育和道德教育目标紧密关联,亦与全员导师课育人主题有极强的共通之处。

一、课程育人目标

"中国近代史"课程按照价值塑造、知识传授和能力培养融为一体的人才培养总体要求,课程育人团队抓住教师队伍"主力军"、课程建设"主战场"、课堂教学"主渠道"。围绕"五大方面",即专业教学、思政育人、科研能力、社团活动、社会实践;做到"四个强化",强化顶层设计、队伍建设、育人理念、实践教学;实现"三大联通",联通课内课外、线上线下、校内校外,打造"中国近代史"课程育人大格局。

(一)培育核心素养,体现针对性

"中国近代史"课程思政既是历史学科核心素养的要求与体现,也是落实立德树人根本任务的重要范畴。本课程思政主题聚焦专业思政总目标,兼顾课程自身特点和具体目标,各司其职又形成合力。其中爱国主义教育元素,人类命运共同体观念元素,文化认同与文化自信建设元素以及人生观与价值观教育元素的塑造,和本门课程的定位正好契合。坚持以学生为主体、教师为主导的教学理念,构建"三典式"内容模式,精讲教学内容,增强内容育人实效,把握时代脉搏。构建"三段式"进程模式,优化教学进程,提高进程教学实效。

（二）突出协同育人,体现全程性

"中国近代史"借鉴教学系统论的理论,以促进学生主体性为导向,建构起以专业课程为核心、公选课程为纽带、红色社团和实践教学基地为载体的完整教学链。教学团队与党建团队相融合,以党建做引领,找准坐标和方向;思政教师与专业课教师相融合,弥补专业教师思政方法上的局限。团队共同研发体现思政要求的课程标准、共建思政课程资源、共同教研,实现对学生思政育人的全时段、全内容、全范围覆盖,切实落实立德树人教育目标。

（三）丰富育人载体,体现时代性

"中国近代史"在课程思政建设中,积极创建研究性课堂。在课程模式上,具体分为知识构建课堂模式、主体互动课堂模式、线上线下课堂模式,以此培养学生自主性学习能力。通过育人资源的课程化及思政化,将校本资源和校外资源有机融合。"云参观"与近代史相关的纪念馆、沉浸式交互体验馆和历史遗址全景作品等,使学生身临其境感悟红色精神。

（四）创新教学方式,体现多元性

积极实行启发式、参与式、研究式、直观式、讲座式教学模式,形成三维互动式(师生互动、生生互动、师生与多媒体互动)新模式。情境再现式、案例探究式、问题讨论式、相互辩论式、课堂问答式、现场交流式、沉浸体验式等多种教学方法在教学过程中的结合运用,使理论具体化、观点问题化、过程互动化,使课程内容的理论性和实践性、知识性和思想性紧密结合起来。

二、育人实施方案

在"中国近代史"中落实"立德树人,专业育人"的教育原则,聚焦课程思政建设和教学活动,充分体现历史学科特色,使思政教育元素融入教育教学全过程。育人团队围绕"中国近代史"中的重点问题和关键点,以专题形式组织教学,既突出重点,又兼顾系统性;关注学术前沿,针对学术讨论中的热点问题,深入开展以问题为中心的教学分析,积极探索讨论式教学模式,开阔学生视野,提高学生认识历史事实和问题的能力,培养学生历史意识,体现思政要点的落实。

(一)革新教学观念,渗透思想引领

梁启超曾说:"史学者,学问之最博大而最切要者也。国民之明镜也,爱国心之源泉也。"要将民族精神、民族气节和人文意蕴嵌入"中国近代史"教学中,革新教学观念,围绕"一个中心,两个结合,三个贴近"的教学原则,以提高学生的综合素质为中心,结合专业和学校实际,贴近学生、贴近社会、贴近历史,充分体现"知行合一"的理念,把社会主义核心价值观的内容融入课堂,达到渗透思想的引领作用。

以三维目标和课程理念为依据,确立本课程的重难点。重点:了解中国近代历史的基本发展进程、掌握重大历史事件发生的因果联系、重要历史人物的评价,认识到在中华民族面临深重灾难的关头,各阶层探索救国救民的艰辛历程,培养学生的民族责任感。难点:对重要历史人物的评价和对重大历史事件的分析;中国近代化曲折的历史历程及其分析。有效突破教学重难点能够使学生深刻领悟中国近代史课程中隐含的重要思想政治教育内容,使他们在掌握基础知识和基本技能的基础上受到良好的思想政治教育的熏陶,发挥其他学科不可替代的德育功能。

(二)改进教学方式,体现学史明理

注重课程资源开发,改进教学方式。实践证明,高效的历史教学与高质量、有价值的历史课程资源密切相关。利用影视资料和大别山红色乡土资源、历史文物、历史遗址遗迹等物质资源,激发学生学史明理的兴趣。例如:利用视听媒体资源,真实再现社会场景,激发学生的学习兴趣,引起学生的共鸣,使学生更好地了解近代中国的兴起。借助网络教学资源,开发线上平台资源的引入,例如,网易与MOOC教学资源涉猎面广、全面、详细,借助该资源供学生辅助学习,对拓展教学的宽度和深度有积极作用。开展线上线下混合式授课的探究,发掘一切可用资源,打造无界课堂。将思政要点,自然融入其中,发挥全方位育人作用。

上学期因疫情防控需要,有近四周的教学以线上教学为主,老师们借助钉钉、雨课堂及学习通等线上教学平台展开教学,学生反馈较好。信阳地处大别山革命老区,上学期任课教师带领学生前往鄂豫皖革命纪念馆开展实践教学活动,通过此类活动,使学生在传承红色基因、提高政治素质的同时,能切身感受到学习中国近现代史的现实意义,提高了教学质量。

（三）充实教学内容,打造精准教学

高校教学需要量体裁衣,才能打造精准教育。首先,教学准备要充分,在修订教学大纲、制订教学计划,形成性考核布置等环节,注意主要思政要素的理念渗透和内容设定。授课方案中每节课的设计都应明确思想政治教育的融入点,体现课程思政目标。在具体教学中开展教学研究活动,"第二课堂"科学设计能够体现"课程思政理念"的课外活动。同时,在作业布置和辅导答疑安排上,体现课程思政教学效果的巩固。

其次,在确定教学重点、难点和疑点时,注重提高学生综合素质,结合专业和学校实际,贴近学生、社会和历史,充分体现了"知行统一"的理念。这样的思维方式,梳理和整合了中国近代多变、丰富、复杂的历史,应当采用既遵循历史发展基本脉络和规律的专题体系,同时也考虑到对重要历史事件和重要历史人物的叙述和评价。

再次,教学内容讲授中,突出人物活动在近代中国兴起中的作用,在"中国近代史"教学中重视对历史人物的描写和评述,可以对和平年代成长起来的当代大学生起到警示作用,产生很大影响,并呼吁和感召当代大学生,培养他们良好的爱国主义意识和强烈的民族自豪感,鼓励和引导大学生树立远大理想和远大抱负,为建设更加富强的国家和社会做出贡献。

最后,开展学术训练,锻炼学生思维,体现认识能力的提高。培养学术史观念,恪守学术道德。加强阅读原始资料的训练,让学生了解、利用原始资料出处,并要求学生通过搜索原始资料进行课程展示,锻炼学生搜集史料、阅读史料和分析史料的能力,发挥史料的实证功能。

（四）创新考核形式，增强考核实效

"中国近代史"在课堂表现、课程作业和期末考核中，倡议学生反思质疑，敢于发表独立的论题见解，探究论题的史料鉴定。移情设置情境，整合课程资源，形成新的问题情境，形成新的问题视角，研究知识的激活与迁移，挑战思维的灵活性。形成性考核作业中要求学习小组认真查找、收集、阅读资料，自主探究。内容要求选题恰当，观点鲜明，思路清晰，富有学术争鸣性，有一定的分析、归纳、整理、提炼能力。条理性要好，能够清晰地表明观点。在授课讲到相应章节内容时，完成学术讨论课堂训练。

三、课程育人特色

"中国近代史"围绕"三全育人"格局和"两性一度"要求，逐步构建全方位、多维度、立体式的特色育人体系，形成富有时代特征、地域特质和学校特色的个性化、高品位的实践育人品牌，进一步增强学生工作和思想政治教育的吸引力和感染力，为培养高素质人才提供可靠保障。

（一）构建党建思政引领体系

立德树人是教育的根本任务，党建引领是思想政治工作之要。校党委坚持以党的政治建设为统领，深入推进"'四个意识'导航，'四个自信'强基，'两个维护'铸魂"攻坚行动。"中国近代史"课程育人团队要做好课堂建设、队伍建设、校园文化建设、网络建设四项工作，坚持知识灌输和思想引领相结合、课堂教学和社会实践相结合、显性教育和隐性教育相结合、助学助人和育才育人相结合、网上发声和网下引导相结合等"五个结合"，有计划、有步骤地推进全员、全过程、全方位育人。

（二）形成"三维立体"育人模式

"中国近代史"课程要大力实施课程教学改革，通过体系式学习、融合式讨论、案例式教育、项目式研讨、针对性解读，打造"理论主课堂+实践大课堂+网络新课堂"课程群，创新"主体激活、教材鲜活、教法灵活"教学改革，让

课堂育人真正"实"起来、"活"起来、"动"起来。坚持课程育人小课堂和社会大课堂相结合,构建课堂教学、网络教学、实践教学"三维立体"的育人模式。

（三）创建"互联网+课程思政"教学体系

"中国近代史"因疫情原因开展线上授课,课程团队利用"云课堂"开展"云育人",积极落实"停课不停学,停课不停教"要求,将战"疫"故事转化为加强爱国主义教育、社会责任感教育、生命教育、感恩教育的"鲜活"教材,推进在线教学与课程思政深度融合,积极构建后疫情时代"互联网+课程思政"教学体系。

（四）打造课程思政实践教学创新课

"中国近代史"课程团队,落实以学生为中心的育人理念,深化实践教学课程化、体系化、信息化建设,着手打造一门融理论讲授、参观体验、现场教学、动手实践、志愿服务为一体的课程思政实践教学创新课,增建一批特色鲜明的实践教学基地。

（五）深挖乡土资源,传承红色基因

乡土史课程资源中的红色资源也是一种重要的思想政治教育资源。信阳学院所处革命老区,红色文化资源具有时代性、多样性、丰富性和与人义性的显著特征,将其融入"中国近代史"课程,可增强理论的深度和温度,提升实践的高度和广度,对传承红色基因、培育革命精神具有重大的现实价值。

四、课程授课效果

通过思政示范课程的建设,促使学生在"中国近代史"课程学习中,接受潜移默化的思政教育,收获专业知识与技能的同时,更快地成长为一名具有健全人格、践行社会主义核心价值观的近代新青年。将所学知识更好地转化为行动能力,具备学习能力、思维能力、表达能力、实践创新能力等的综合素质。

（一）以核心素养为引领，专业思政与课程思政协同育人

本课程以学生发展核心素养为目标，积极开展线上与线下混合式教学，提高学生参与度和互动效果。将核心素养嵌入课程思政建设的各个环节中，以高质量课程思政建设有效支撑高水平专业思政建设，促进耦合育人功能实现及其价值最大化。

（二）以爱国主义为主题，筑牢立德树人之魂

河南省现有全国爱国主义教育示范基地二十多家，同学们参观学习，重温党的光辉历史、接受革命传统教育，传承红色基因、赓续红色血脉。口述访谈，聆听英雄故事，有助于激发青年大学生爱国主义情感，使青春的心跳与爱国的情怀同频共振。

（三）以校园红色话剧为火焰，再燃新时代红色激情

校园红色话剧是高校开展育人工作的一种创新艺术实践。采取校园红色话剧与第一课堂融合，巩固学生在校园红色话剧中的主体地位，形成艺术与高校思政工作的同频共振，构建高校课程思政与红色艺术实践联动的教育大格局。

（四）以"四史"教育为契机，让青年力量赋能乡村振兴

信阳学院所处的革命老区精心打造"四史"学习教育红色线路乡村振兴专线，通过组织学生参观，让学生在"看、听、做、思"中深刻领会乡村振兴战略的内涵和意义，感悟信仰之力、理想之光、使命之艰、担当之要。使学生能在未来工作中积极投身美丽家园、绿色田园和幸福乐园建设，并努力在实施乡村振兴战略中走在前列、做出示范。

（作者为信阳学院社会科学学院教师）

浅析信阳学院全员导师制课程育人机制

谢　鑫

2020 年教育部出台了《高等学校课程思政建设指导纲要》,明确了培养什么人、怎样培养人、为谁培养人是教育的根本问题,立德树人成效是检验高校一切工作的根本标准。落实立德树人根本任务,必须将价值塑造、知识传授和能力培养三者融为一体、不可割裂。全面推进课程思政建设,就是要寓价值观引导于知识传授和能力培养之中,帮助学生塑造正确的世界观、人生观、价值观,这是人才培养的应有之义,更是必备内容。

信阳学院导师制建立之初,导师更多承担保护者的角色。导师工作的目的在于引导同学们能过上有益的生活,不为他人增添烦恼,不陷入学习困难,最重要的是使学生具有坚定的信仰和爱国热情。信阳学院导师制遵循基本的大学理念,一方面,培养智慧与理性全面发展的人,其核心目标是培养学生的适应新环境与自立、独立思考能力。另一方面,导师制建立了师生沟通与交流的平台,使导师们能够对每一届新生的特点有所了解,减少代沟造成的沟通障碍,对教师教学产生很大促进作用,从而使学生各方面的能力都能得到提高和发展。

一、导师制课程育人机制概述

信阳学院导师课是由导师定期对学生的学习、道德、生活等各个方面进行个别指导的教学制度。导师对学生的指导并不仅仅局限于学生的学业,还涉及学生的行为、道德、学习、生活等多个方面。如在品行方面对学生进行指导,包括学生的着装、仪表是否符合大学的规范等。

每月设导师课,主要是讨论一月内学生所取得的学习成就、存在的问题、解决的途径,交流学习过程的体验和感悟,或者是学生生活中、思想上存在的问题,以此为学生创造一个阐述和表达观点、思维的环境。在这个过程中,导师主要是做好引导工作,听取学生对各类问题的看法和认识,启发其独立思考,教师所做的不是讲述大道理,而是倾听学生的看法和内心的声音,引导学生走上健康成长的道路。教师的主要目的是通过此过程使学生学会思考,学会发现问题和分析问题,并探索解决问题的途径。导师所做的就是要让学生知道到哪里去寻找他所需要的资源和方向目标,并综合利用这些资源进行再次引导,使同学们在尽快适应大学生活前提下,找到适合自己的路;或者在生活上或思想上给予建议或答疑,让学生能够有安全感和追求新知的向往,不断提高自己,以便提高在大学的生活、学习质量。

这种师生间的有效互动可以为学生的大学生活提供基本保障。信阳学院导师制下的学生生活学习模式的特点可以为构建大学生生活学习文化建设,提升大学本科教育质量提供有效保障。

二、导师制课程育人机制典型案例

导师课不同于普通课堂教学,是没有传统教材的课堂,不以传授知识为目标。师生之间、生生之间的交流是每次生活导师活动的主要内容,师生交流的载体是学生目前所遇到的困惑,包括生活、学习、人际交往等方方面面。导师活动以师生双方的互动为基础,师生间的讨论是导师教学的基本形式。导师的作用就是引导学生适应和创造新生活。学生的身份是学习者,导师的身份是向导,其教学的核心是使学生的适应新环境、独立思考能力不断升华。既充分体现了教师在学生成长过程中的主导性,又充分体现了学生在这一过程中的主动性。

导师课每月主题不一样,可以结合时代需要确定,如当前加强大学生思政教育,我们确定的主题是"学'四史',守初心",在学习"四史"过程中让学生明了中国共产党也遭遇过历史挫折,但都能正视和解决实际问题,使自己变得更加正确、更加强大,成为中华民族伟大复兴当之无愧的最高政治领导力量。"四史"从史和事、道和魂、理和路的角度,深入阐释了"三个为什么",即中国共产党为什么"能"、马克思主义为什么"行"以及中国特色社会主义为什么"好",能够有力地维护马克思主义在高校意识形态的指导地位。

学习新中国史,使学生明白在新民主主义革命时期,中国共产党带领人民进行了艰苦卓绝的革命斗争,彻底推翻了帝国主义、封建主义、官僚资本主义三座大山,建立了新中国。中国共产党创造性运用马克思主义国家学说,根据我国社会主要矛盾的变化,中国共产党提出了社会主义现代化奋斗目标,推动制订和实施国民经济和社会发展五年规划纲要,引领新中国走上了国家富强、人民幸福的正确道路。中国共产党为了推进社会主义制度自我完善和发展实行了改革开放政策。中国共产党自诞生以来不仅领导中国人民为了实现中国梦而探索、努力奋斗。中国共产党也是引领世界社会主义发展的重要政治力量。"四史"是中国共产党和中国人民用鲜血、泪水和汗水写就的,充满苦难和辉煌、曲折和胜利、付出和收获,这是中华民族发展史上不能忘却、不容否定的壮丽篇章,也是中国人民和中华民族继往开来、奋勇前进的现实基础。同学们只有深入了解这段历史,才能更深地爱党爱国。

三、导师制课程育人机制建设

(一)导师课课程目标

课程目标要由单一促进大学新生适应大学生活目标拓展为与思政目标并存,课程内容结构符合学生认知规律,主题选用体现课程的"思政内涵"。信阳学院导师课的目标是对学生进行思想熏陶和价值引领,促进学生思想上积极转变,树立和巩固正确的三观;帮助大学新生适应生活,尽快投入大学学习生活当中;同时增进师生交流,便于更好地教学,为社会主义建设培养更多更好的人才。

(二)导师课课程设计

根据导师课程特点,充分挖掘和运用课程所蕴含的"思政"元素。深挖大别山精神及时代价值蕴含课程思政教育元素,合理融入课程主题,设计专题式、案例式等多种教学方法,把价值引领与文化传授融合起来,探索有效的多样化的课程教学方法设计。

体现以学生为主体。在导师课活动中,教师始终坚持倾听学生心声,让学生树立"我是信阳学院人,为信阳学院发展做贡献,也是为祖国建设奉献的精神",提建议,发表看法,为建设共同美好明天而奋斗为宗旨开展课程设计。

(三)导师课课程亮点

以"迎评促建"为契机,把价值引领纳入专业人才培养目标,形成专业培养引领、学生活动带动、导师课实施的课程思政教学模式。传承并弘扬当代大学育人特色,实现知识传授、能力培养与价值引领有机统一,推动"教学"向"育人"转化。结合学生所学专业性质特点,明确课程思政教学思路、内容和方法,充分发挥导师课在育人中的重要作用。在导师课实施过程中,重点放在激发学生的兴趣和求知欲,为学生营造自我体验、自主学习的环境。注重培养学生积极主动性、为国分忧的情怀,在亲身参与中增强爱国热情和为国奉献的精神。

课程实施形式多样,如导师课中学校提倡相互观摩,共同提高;也可以几名老师一起开展导师课,每名导师主持活动的一部分,导师课活动形式生动活泼,让师生一起在愉快欢乐的气氛中得到提高,师生能够在互动中"一起学、一起玩、一起成长"。通过交流讨论、教学观摩、督导评价等方式为教师提升工作能力提供支持,一举两得。

马克思指出:"人们自己创造自己的历史,但是他们并不是随心所欲地创造,并不是在他们自己选定的条件下创造,而是在直接碰到的、既定的、从过去承继来的条件下创造。"这说明传承与弘扬是创造与发展的重要前提条件。我们在开展导师课活动中,不仅要紧密结合时代政治热点,而且要密切联系生活实际,结合传统节日开展各种活动,如冬至吃饺子、端午节包粽子等学生喜闻乐见的活动,寓教于乐,使同学们在欢声笑语中体验传统文化的美好。

(四)导师课授课效果

坚持质量导向,建立导师课评价机制,注重育人目标的达成度和学生的满意度,保证导师课实施质量。把人才培养效果作为课程思政建设评价的首要标准,明确教学设计、育人因素、教学方法、教学效果等方面的评价指标,定期对课程实施情况进行评价,学生评教,教师评学,形成动态化、常态化、滚动式评价模式,使全流程、全要素可查可督,得到不断完善和提高。

三、结语

通过导师课程思政实践,培养了学生的爱国主义情怀,爱校、爱家情怀,增强了学生为社会主义建设而奋斗的责任感和使命感。将思政教育、生活教育与专业教育相融合,有助于满足新时代国家和地方人才培养的迫切需求。

（作者为信阳学院教育学院副教授）

充分发挥全员导师课的育人功能

王　刚

一、充分认识开展导师课的重要意义

在大一学生中开展导师课具有重要的意义。2017 年 2 月,中共中央、国务院印发《关于加强和改进新形势下高校思想政治工作的意见》(以下简称《意见》),《意见》指出,高校要坚持全员、全过程、全方位的"三全"育人方针,把思想价值引领贯穿教育教学全过程和各环节,形成教书育人、科研育人、实践育人、管理育人、服务育人、文化育人、组织育人的长效机制。2020 年 4 月教育部等部门《关于加快构建高校思想政治工作体系的意见》,指出要健全立德树人体制机制,把立德树人的根本任务贯通到学科体系、教学体系、教材体系、管理体系中。

因此,我国的高等教育要全面贯彻党的教育方针,坚持走有中国特色的社会主义教育道路,要回答"培养什么人、怎样培养人、为谁培养人"这个根本问题,发展人民满意的教育。为了培养德智体美劳全面发展的综合型人才,使学生既有崇高的理想信念和价值观,又有丰富的理论知识和实践能力,就必须开展全员导师制。近年来,信阳学院高度重视导师课的开展情况,坚持走"德能兼备"的道路。经过广大教师的积极申请,学校选择了一批教学经验丰富、甘于奉献、在师生中有较高威信的教师做导师,引导学生积极向上、健康发展,取得了较好的效果。

二、开展导师课要有明确的目标定位

(一)导师课的课程定位

1. 导师课的能力目标

导师课是对人才培养方案课程体系的重要补充,发挥了第二课堂的重要作用。第一课堂是以课程体系的形式,直接提高学生的专业知识和专业能力。导师课是在导师的指导下实现"三全育人"的目标,它有力地促进了第二课堂的德育效果。在导师课的总体目标下,学生认识到大学阶段与高中的区别,明确了大学阶段的学习目标,增强了学习与生活中的安全观念,形成了诚信考试的意识,增强了对电信诈骗的识别能力,等等。

2. 导师课的素质目标

通过开展导师课,学生确立了正确的人生理想,有了明确的学习目标和任务,很多同学把考英语四、六级、考研作为努力目标,并能对今后的发展做出进一步的人生规划。同学们在努力学习的同时开始关注社会热点问题,增强了理论联系实际的意识,锻炼了分析与解决问题的能力。

(二)导师课的思政目标定位

开展导师课与课程思政目标不存在冲突现象,它与课程思政的目标都是一致的,都是为了加强对学生的理想、信念和价值观教育。通过党史学习教育,同学们加深了对党的光辉历程的认识,增强了同学们的道路自信与理论自信。通过导师课,还能培养学生的爱国情怀,激发爱国热情。通过安全教育,同学们能意识到日常生活中的安全问题,增强了同学们对安全的重视,做到防患于未然。同时,导师课还增强了同学们的法治观念,以宿舍为主题的导师课增强了他们的责任感和集体荣誉感,在专业与理想畅谈中培养他们的职业理想。

三、导师课的课程设计与实践

(一)导师课的课程设计原则

1. 坚持以人为本

导师课是三全育人的一个重要环节,课程设计要坚持以学生为中心。为此,导师要积极转变观念,认识到自己既是知识的传播者,更是学生德育成长的引导者,充分践行"教育是一种服务"的理念,为学生的全面成长成才服务。

2. 课程内容与专业知识相互补充

导师课的课程性质决定了它的内容要突出德育性,因此在德育课的指导过程中,淡化专业知识的讲授,增加德育方面的潜移默化功能。导师既可以依据学校发布的固定主题来开展,也可以自选有意义的题目。

3. 教学方式灵活多样

由于信阳学院的德育课是小组制授课,一般每个导师指导的学生是10—12人,因此可以采取灵活多样的授课形式。导师可以采取讨论式、座谈会式、实地参观式等形式,以发挥同学们的主体地位,让同学们主动思考、亲身感受,增加导师课的实际效果。

(二)导师课的内容安排与课程思政元素提炼

专业课教师要挖掘课程当中的思政元素,导师课更要与课程思政相结合。这种结合不是生搬硬套地加入课程思政的内容,应当是把课程思政的内容有机融合到导师课当中,做到课程思政和导师课在育人的效果上实现相互促进、相互补充、相辅相成。根据学校发布的2021—2022学年的导师课主题,通过梳理主要内容,依据有机融合的原则提炼的课程思政元素如表1所示。

表1　导师课的内容安排与课程思政元素提炼

序号	导师课内容	课程思政元素
1	一见倾"信"	明确大学生活的目标和任务,树立人生理想
2	我的宿舍我的家	树立集体荣誉感,形成团结友爱的精神
3	欢乐过寒假,安全"不放假"	牢固树立安全观念,增强安全防范意识
4	寒假归来话收获	把寒假乐趣分享给大家,增强自我展示能力和分析精神
5	学"四史",守初心	学习"四史",增强初心和使命感
6	防范电信(网络)诈骗	识别电信和网络诈骗,增强风险防范意识
7	诚信考试,从我做起	认真复习迎接考试,培养诚实守信精神

(三)导师课要灵活采用多种教学方法

以往的专业课课堂教学方式大多是PPT加板书形式,这种教育方式以教师的知识传递为主,学生只是被动地接受,不仅不能突出他们的中心地位,且学生参与的实践活动也较少。导师课要多方面、多角度地提高学生的参与度,才能达到德育教育入耳、入脑、入心的效果。例如:进行爱国主义精神的主题教育,可以采取实地参观法。导师可以组织学生去参观大别山革命纪念馆等场所,让学生实地接受教育。在进行人生价值观教育时,可以结合大学生活与高中的对比分析,让同学们展开讨论,然后让他们逐一说出他们的理想和目标。在进行雷锋精神宣传月主题教育时,可以播放雷锋精神与事迹的视频,然后让同学们写出观后感想,并在导师课上宣读出来。

四、导师课的效果

导师课充分利用了多方面力量、整合了多种资源,使学生在思想道德、心理素质、行为规范等方面得到全面发展。它把专业知识教育与思想品德教育结合起来,提高了学生的积极性与参与程度,改变了学生在课堂上的被动局面,达到了学校"全员育人"的要求。导师课是把学校的德育任务从辅导员身上转移到导师身上,导师可以发挥"用心沟通,情感交流,以德引导,以行示范"的原则,对学生从思想上进行引导,在生活上给予指导,在心理上进行疏导的一种德育方式。导师课改变了专业课老师"只教不引导"的局面,导师通过"一对一"式的引导,满足了学生成长过程中的个性化需求,符合德育润物细无声的特点。

（作者为信阳学院商学院副教授）

新时代背景下民办高校"大思政"育人格局的探索

王超群

构建"大思政"育人格局是新时代高校思想政治教育工作的新的任务和要求,作为民办高校更应该肩负起时代赋予的使命和担当。在现实看来,构建"大思政"育人格局面临着从认识、实践到机制等多方面挑战。信阳学院作为地方民办高校,积极参与地方发展,全方面挖掘地方资源,以全员导师制作为基础性引领,筑牢"大思政"育人主阵地;坚持"三全育人"一体化设计,打造"大思政"育人生态圈。经过多年推进全员、全过程、全方位育人,为民办高校思想政治教育工作走出一条创新路径。

一、"大思政"育人的时代背景及内涵

习近平总书记在全国高校思想政治工作会议上指出,高校思想政治工作关系高校培养什么人、怎样培养人、为谁培养人这个根本问题。要坚持把立德树人作为中心环节,把思想政治工作贯穿教育教学全过程,实现全程育人、全方位育人,努力开创我国高等教育事业发展新局面。立足新时代、把握新方位、开创新局面,要把高校思政教育放在世界百年未有之大变局、党和国家事业发展全局中来看待,要从坚持和发展中国特色社会主义、建设社会主义现代化强国、实现中华民族伟大复兴的高度来筹划,要融入青少年终身学习、全方位受教的过程中来对待。构建"大思政"育人格局,需要高校以系统性整体性发展理念,加强顶层设计,上下凝聚共识,统筹协调,充分发挥各个体系的功用,形成合力,整体推进。新时代"大思政"育人呈现出持续加强改进、不断创新的发展态势。

二、构建"大思政"育人格局面临的挑战

（一）认识层面

一是对"大思政"的内涵价值认识不足。有些高校对"大思政"教育理念认识不到位，还不能站在为党育人、为国育才的高度来认识"大思政"。部分教师教育理念滞后，认为思想政治教育与专业教育无关，忽视了在知识传授过程中对学生的价值引领作用。

二是"以生为本"的育人意识不强。高校思想政治教育必须坚持以生为本。以生为本的"大思政"就是在思想政治教育中坚持学生的主体地位，以学生的需求和学生的全面发展为导向。实际情况是，好多高校弱化了学生个性化需求，没有立足以生为本，未能发挥学生在"大思政"格局的推动作用。

（二）实践层面

一是大部分高校思政教育主要集中在党建部门、学工、思政课上，其他专业教师、管理及后勤人员对思政育人责任不清，很难有效参与到学校思政育人工作中。高校还不能很好地将社会、家庭、学生等育人资源整合成"大思政"育人共同体。

二是专业教育与思政教育融合度不高。长期以来，思想政治教育与专业教育相互独立。许多专业课老师认为，思政教育应由思政老师与辅导员来做，专业课老师教好专业知识即可。虽然有部分教师意识到位了，也不能将思政元素和专业知识很好地有机融合。

（三）机制层面

缺乏全员育人的工作机制。有高校尚未建立健全党委统一领导下全员参与的"大思政"工作机制。缺乏系统性的协同育人机制。"大思政"格局的构建是一项系统性工程，需要高校在实践中不断的改革与优化。当前，如何全面统筹教育教学各环节、人才培养各方面的育人资源和育人力量，建立健

全系统化"大思政"育人长效机制仍值得持续探索。

三、"大思政"育人格局系统构建——以信阳学院为例

信阳学院作为一所地方综合大学,一贯坚持社会主义办学方向,紧紧围绕立德树人根本任务,充分发挥校城融合的优势和特色,深入挖掘地方资源,构建起了具有校本特色的"大思政"格局,多年的全员导师制,为全面推进全员全过程全方位育人,为探索思想政治教育工作走出一条创新路径。

(一)坚持高位推动,优化顶层设计,描画全力以赴、全情投入的全员
　　　育人新蓝图

信阳学院坚持社会主义办学方向和公益性原则,紧紧围绕立德树人根本任务,坚持因事而化、因时而进、因势而新,不断提升思想政治教育亲和力和针对性,形成了理事会高度重视、党委统一领导、党政齐抓共管、各职能部门积极参与的大思政(全员育人)工作格局。

强化制度保障。结合校情实际,学校召集师生座谈调研,和学校领导一起研究制定了实施学生学习生活导师制的一揽子规章制度,明确了工作的目标要求和推进步骤,为全员导师制的实施统一了思想认识,创造了良好环境,提供了有力保障。

(二)坚持落实落细,找准工作抓手,打造同频共振、心灵共鸣的思想
　　　政治工作新方式

找准工作抓手,夯实工作基础。全员导师制的组织实施以导师课为依托,学工部根据学生成长规律和思想政治工作的新形势新要求提出关于每月导师课主题的指导意见,每位导师结合学校意见、学生需求、专业特色等,精心设计并完成了内涵丰富、形式新颖的导师课授课任务。让形式多样的爱国教育、传统文化、思想教育贯穿于导师课的育人课程授课过程中,心理团辅、专题讲座、志愿活动、内容丰富的身心之旅是导师课不变的主题。

（三）坚持"三全育人"一体化设计，打造"大思政"育人生态圈

1. 构建全员育人共同体

学校依托党委统筹领导的全员育人机制，学生工作处牵头，思政教师、专业教师、辅导员等全体教职员工之间加强联系，紧密配合，共同参与全员导师工作，承担育人职责。建立学校、家庭、社会、学生四位一体的协调联动育人格局，打造育人共同体。企业、学生、教育专家、专业教师共同参与人才培养。

2. 紧抓全过程育人关键环节

学生从入学起，每位学生都安排一位导师，把思想政治工作贯穿导师课及教育教学全过程，推动"思政课程"与"课程思政"同向同行，协同育人，对人生目标、价值观、世界观、人生观进行正确引导。并发布《信阳学院"课程思政"教学设计编制指南》，指导教师完善教学设计，深度挖掘课程思想政治教育元素，强化育人导向。完善"课程思政"育人评价体系，在质量监控体系中，把"课程思政"纳入评教、评学指标，纳入领导干部听课、教学督导听课、同行听课评价指标，纳入学生教学信息员监测指标，设置相应观测点。

3. 凝聚全方位育人合力

畅通主渠道、筑牢主阵地的同时，全面聚合育人资源，深化融合，形成育人合力。通过将导师课对思想政治引领、科普科创、公共艺术、学生社团、志愿服务和社会实践等活动进行有效融合，积极推进学校第二课堂建设，提升学生综合素质；拓展校内校外融合，加强学校—企业—政府三位一体的联动，发挥校内外各类德育基地、实践基地的育人功能；深化线下线上融合，深化"在线教学"改革创新，依托"两微一端"建强媒体矩阵，创新"云服务"。推动学生发展与城市发展融合，开展"大学生—城市"对话机制，广泛开展城市志愿服务和社会实践活动，依托城市产业结构开展就业和创新创业指导和服务，学生在融入城市、服务城市中获得自身发展，助力地方城市发展。疫情防控期间，涌现出一大批高校大学生助力地方疫情防控的先进个人、感人事迹。

全员导师制以全校教师共担育人职责为基础，以弘扬社会主义核心价值观为主旋律，落实"五育并举"要求，以实践育人助力学生成长成才为目

标,以文明和谐校园文化为载体,以导师课为抓手,积极实践、精准育人,在思想引导、专业辅导、生活指导和心理疏导等方面为学生提供帮助,受到了上级领导、社会各界普遍好评和广大师生的热烈欢迎。

(作者为信阳学院大数据与人工智能学院教师)

践行课程思政　提升育人实效

张玉柯

2016年,习近平总书记在全国高校思想政治工作会议上指出,要坚持把立德树人作为中心环节,把思想政治工作贯穿教育教学全过程。信阳学院全员导师制以学生为本,全面落实立德树人根本任务,将因材施教和个性化培养融入学生教育管理和思想引导中,加快形成全员育人、全程育人、全方位育人的新局面。广大教师自觉担负起思想政治教育责任,把育人放在首位,确立知识传授与价值引领同频共振的教育理念,着力寻找课程内容与专业伦理、职业操守、人文精神、家国情怀、社会主义核心价值观等德育元素的触发点或融合点,并通过典型案例的设计运用,在教育教学中实现价值引领与知识传授、能力培养的有机融合,通过润物无声的隐性方式,自然而然地实现课程思政的任务要求,引导当代大学生树立科学的思维方式、理想信念和价值追求。青年强则国家强,高校教师肩负着为党育人、为国育才的使命,在全员导师制工作中应践行课程思政,引导学生与祖国共成长。

一、坚守立德树人,点亮学生职业梦想

"芳林新叶催陈叶,流水前波让后波。"每一代青年都有自己的人生际遇,都有时代赋予的历史使命和责任担当。今天,广大青年恰生逢其时,重任在肩,既拥有广阔发展空间,也必然经历风雨考验,更承载着伟大时代使命。广大青年学生在求职路上要坚定理想信念,站稳人民立场,练就过硬本领,投身强国伟业,坚决做求职路上的勇敢者、奋进者、开拓者、奉献者。

（一）引导学生树立崇高的职业理想

马克思在《青年在选择职业时的考虑》中指出："在选择职业时,我们应该遵循的主要指针是人类的幸福和我们自身的完美。""人类的幸福"和"我们自身的完美"要求青年在选择职业时要将个人价值与社会价值辩证统一起来,抛弃只看薪酬等物质化观念、只重自我实现等个人利己主义行为,因为离开了祖国需要、人民利益,任何孤芳自赏都会陷入越走越窄的狭小天地。

（二）培养学生历史使命感

马克思说："我们的使命绝不是求得一个最足以炫耀的职业,因为它不是那种使我们长期从事而始终不会情绪低落的职业。""抗疫"中,全国医务人员冲锋在前,无私奉献。有多次请战援鄂的汶川女孩佘沙、从村里骑行四天三夜300公里回武汉的"95后"女孩甘如意、牵头建立医护服务群主动接送医护人员的快递小哥汪勇、赶回家乡和父亲并肩作战的北大学子黄羽佳、双脚被泥水浸泡得发白起皱的"00后"新兵郑新新、无数奔走在社区街道路口的志愿者,关键时刻体现出强烈的使命感。青年大学生应该从幸福生活和社会实践中增强自己的历史担当和历史使命。

（二）强化学生责任担当

"苟利国家生死以,岂因祸福避趋之!"堪当大任的青年一定是有担当的青年。在抗击新冠肺炎疫情中,以"90后"为代表的青年一代成为主力军,充分展现了新时代中国青年的精神风貌。马克思曾说："我们选择职业的过程中会受到各种社会关系的影响,我们需要认真考虑所处的时代,社会环境可能带来的各种正面和负面的影响。"从范仲淹的"先天下之忧而忧,后天下之乐而乐",到顾炎武的"天下兴亡,匹夫有责",都生动诠释了中华民族敢于责任担当的精神品格。作为个人成长与实现社会主义现代化强国征程同向同行的大学生,要在关心关注中真正了解国家和民族从站起来、富起来到强起来的斗争史、奋斗史、发展史,正确认识中国国情、关心社会发展、响应国家需要,在择业中正确认识自我、勇担社会责任意识。

（四）转变学生就业观念

青年大学生经受了磨炼，收获了成长，更切身体会到了"志不求易者成，事不避难者进"的道理。2020年7月7日，习近平总书记给中国石油大学（北京）克拉玛依校区毕业生亲切回信，肯定他们到边疆基层工作的选择，对广大高校毕业生提出殷切期望，明确指出："前进的道路从不会一帆风顺，实现中华民族伟大复兴的中国梦需要一代一代青年矢志奋斗。"青年要不畏艰难险阻，勇担时代使命，把个人的理想追求融入党和国家事业之中，为党、为祖国、为人民多做贡献。

中小城市、家乡故土、西部地区、基层一线同样是干事创业的天地，大学生要有大众化的求职观念。例如，"大学生志愿服务西部计划"等机会，都值得用青春为之奋斗。对于大学生而言，要实现自己崇高的职业理想，就要紧密联系现实，尽己所能，从身边事做起，从日常生活做起，使崇高的职业理想成为一言一行的基本遵循。

二、提升品德修养，展现教师人格魅力

（一）在党史学习教育中坚定理想信念

习近平总书记要求全党要高度重视党史学习教育各项任务，高校教师在学好党史、用好党史，引导广大青少年对党史学习的认同、创新党史学习的方式方面更有责任和义务。首先，教师要有前瞻性思考、整体性谋划和具体性举措。党史学习要积极规划党史学习的内容，创新学习的形式和要求。其次，教师要抓住党史学习教育的大好时机，在学习中积极发挥模范带头作用，对马克思主义理论要学深悟透，提升自己的理论水平。党的百年历史是无数的共产主义者用血肉、汗水和泪水铸就。红色政权是来之不易的，一路走来有苦难和曲折，更有胜利和荣耀。在和平时代，我们需要知道我们来自哪里？怎么来？要去哪里？在新时代，教师要深入研读党的历史，从百年党史中汲取力量，给学生讲清楚中国共产党为什么"能"、马克思主义为什么"行"、中国特色社会主义为什么"好"。最后，在纵向比较中学习，从中华民

族的历史长河中总结经验教训。中国共产党为什么能从诞生时的50多名党员发展到现在的9500多万名党员?中国共产党为什么能取得革命的胜利,领导人民建立中华人民共和国,使人民成为国家和自己命运的主人?中国共产党为什么能始终保持旺盛生机与活力,跳出历史上"其兴也勃焉,其亡也忽焉"的历史周期规律?要让学生真正理解这些问题,空洞的说教、教条的理论很难有好的效果。这就需要教师有深厚的历史文化底蕴,熟知中国几千年的发展史,在纵向比较中认清楚历史规律和发展大势,以生动的事实解读历史发展规律。中国共产党的执政地位是在长期艰巨的革命斗争中得以确立的,教师要带领学生深刻认识党的性质宗旨,探寻中国共产党一百年来是如何做到"江山就是人民,人民就是江山"①。

(二)在拓宽视野中回应学生需求

对不同学科、不同专业的学生,教师要真正做到因材施教,提升教育效果,就要有宽广的视野。首先,教师要有知识视野。不仅要掌握马克思主义理论基础,还要广泛学习其他学科、领域知识,实现各学科知识的融会贯通、灵活运用。另外,要掌握现代新媒体技术,创新思政教育新范式。其次,当今国际社会风云变幻,经济全球化和政治多极化不断加剧,面对更加复杂的外部环境,教师要有国际视野。把中国的发展放在一个客观的国际比较中,解读中国与世界的关系。不仅要善于利用国内外的事实、案例、素材,总结世界各国的经验教训,而且要通过横向比较突出中国的优势和基础。在比较中回答学生的疑惑,从而使学生进一步认识到社会主义制度的优越性和中国共产党的先进性,增强实现中华民族伟大复兴的信心。最后,要加强实践锻炼。长期在校园生活的教师实践经验比较匮乏。因此,应该通过多种方式参与社会实践,开阔视野,丰富人生经历,增加对社会的了解。只有这样,才能在面对学生时游刃有余、深入浅出地阐释人生道理,让学生欣然接受。

"自信人生二百年,会当水击三千里。"当代青年尤其是大学生是一个民

---

① 习近平:在党史学习教育动员大会上的讲话[EB/OL].(2021-03-31)[2022-04-22].http://www.gov.cn/xinwen/2021/03/31/content_5597017.htm.

族的希望和国家的未来。新时代新征程新使命对高校教师提出了新的更高要求,教师必须坚持立德树人目标,以情动人、以理服人,以对教育的热爱和对学生的关爱拉近与学生之间的情感距离,在润物无声、化育无形的过程中增强思想政治教育实效。

(作者为信阳学院马克思主义学院副教授)

新时代地方本科高校全员导师制
就业育人模式探究

扈耀文

据教育部统计,2022 届高校毕业生规模预计达 1076 万人,同比增加 167 万人。毕业生人数首次突破千万大关,规模和数量创历史新高。由于目前就业的结构性矛盾尚未得到根本缓解,"就业难"与"招人难"现象并存,不同专业、行业和地区间用人需求差异较大,当前高校毕业生就业形势依然严峻复杂。这就要求高校要进一步深化教育教学改革,全面提高人才培养质量,努力实现人才培养、社会需求与就业的良性互动。

引导大学生把个人理想追求融入党和国家事业之中,为党、为祖国、为人民多做贡献,必须聚焦立德树人根本任务。高校立身之本在于立德树人,信阳学院全员导师制以学生为本,坚持把立德树人作为中心环节,将因材施教和个性化培养融入学生教育管理和思想引导中,通过创新思政育人精准指导的人才培养模式,把思想政治工作贯穿于教育教学全过程,实现全员育人、全过程育人、全方位育人。

一、地方本科高校毕业生就业状况分析——以信阳学院为例

信阳学院创办于 2003 年,经过多年的发展,已经形成了以师范专业为基础、以新型应用专业为主干、多学科协调发展的专业集群,为国家和社会培养了一大批创新型、实用型、复合型优秀人才。根据《信阳学院 2021 届毕业生就业质量年度报告》显示,信阳学院 2021 届毕业生毕业去向落实率超过 96%。

虽然目前信阳学院毕业生毕业去向落实率较高,但毕业生就业形势依

然严峻复杂。通过对信阳学院毕业生就业状况调查显示,受疫情和经济形势影响,近年来用人单位对学校毕业生的需求严重下降,毕业生就业在供求匹配上的结构性矛盾愈加明显。同时由于学校师范类专业较多,学生就业大多选择招教、公务员、事业单位等,就业去向狭窄,有意愿去企业就业的学生较少,毕业生就业观念亟待改变。还有部分毕业生获取就业岗位信息的渠道和途径有限,对薪酬、地域等期望值过高,自身定位不准,不符合就业市场实际情况,基层就业意愿不强,"慢就业""不就业"情况严重。在此背景下,探究如何提升学校的就业育人工作水平,对促进毕业生高质量就业具有十分重要的意义。在目前国家以及社会层面对就业创业高度关注的情况下,充分发挥导师作用,以学生为主体,通过多种形式,多措并举,提高学生的就业创业技能与实践能力,全力以赴促进大学生就业创业。

二、地方本科高校在就业工作中运用导师制的意义

(一)实行全员导师制有助于创新高校人才培养模式

导师首先对学生进行学习辅导,开展专业思想教育,端正学生的学习态度、激发学生的学习兴趣、培养学生的学习能力,帮助学生树立终身学习的意识。其次是对学生进行生活辅导,帮助学生适应大学生活,明确生活目标,端正生活态度,养成良好的生活习惯。最后是对学生进行职业指导,帮助学生了解自己的职业兴趣,明确自己的职业能力倾向,提升学生的就业适应能力,为就业做好准备。通过导师制提高学生的学习主体意识和自主学习能力,不断增强学校的育人功能和社会服务功能,创新人才培养模式,牢固树立人才培养的核心地位,进一步推动高校培养创新型人才。

(二)实行全员导师制有助于完善高校学生思想政治教育机制

导师制的组织实施以导师课为依托,学校根据学生成长规律和思想政治工作的新形势、新要求提出每月导师课主题的指导意见,每位导师结合学校意见、学生需求、专业特色等,精心设计并完成了内涵丰富、形式新颖的导师课授课任务。让形式多样的爱国教育、传统文化、思想教育贯穿于导师课

的主旋律中,通过心理团辅、专题讲座、志愿活动等进一步丰富导师课主题。导师制将思想政治教育的大水漫灌改为精准滴灌,导师根据学生的实际情况可以精细引导、辩证施教,学生因为"亲其师"进而"信其道",在这个过程中教师与学生分享彼此的思考、经验和知识,交流彼此的情感、体验与观念,从而达成共识、共享、共进,实现教学相长与共同发展。

(三)实行全员导师制有助于构建全员参与就业工作新体系

就业工作队伍是学校开展就业指导工作的主体,就业指导工作是一项政策性强、连续性强、专业性强的工作,建设一支高素质、职业化、专家化的就业工作队伍是开展好就业工作的基础保证。实施全员导师制将导师纳入到就业工作中不仅能够强化就业服务意识,提高就业指导能力,改善就业队伍结构,保证就业指导人员数量。还能够强化全员就业服务育人理念,提高高校教师思想政治素质、育人意识,形成育人合力,提升整体就业服务水平,构建全员育人就业体系。同时高校以建设高质量的教育体系为契机,深化对导师的管理,不断提高导师的综合业务能力,设立就业创业专项奖励,把导师纳入到学校就业创业体系中,促进就业工作全员化,充分凝聚育人合力,激发就业工作队伍的积极性、主动性、创造性,进一步提升立德树人成效。

(四)实行全员导师制有助于促进学生更充分高质量就业

导师在与学生的交流过程中可以充分了解学生的特长,实时了解学生在学习、生活过程中遇到的困难,及时掌握学生思想心态变化,通过自己的专业领域对学生进行就业形势和择业观教育,引导毕业生认清就业形势,让学生快速了解自己的能力倾向和职业兴趣。还可以根据学生的个性特点,给予学生精准化的职业生涯规划和就业指导,帮助学生转变就业观念,合理进行就业定位,使他们都能找到适合自己发展的工作。导师相对于学生来说更加了解行业的发展形势与前景,在就业指导时能够为学生提供更有价值的信息,为学生选择更有前途的工作。同时导师还可以充分挖掘校友资源,为学生就业赋能聚力,拓宽学生就业渠道,切实提高学生就业质量。

三、地方本科高校全员导师制就业育人现状

(一)导师制就业育人意识缺乏

全员导师制在实施过程中取得良好育人成效的同时也存在一些问题。通过调查发现,导师和学生都未能意识到自身在导师制中的主体地位、能力和价值,导师在指导学生过程中投入的时间、精力和情感不足,不能与学生建立深厚的感情,不能够做到有效了解学生的需求。同时导师在指导过程中缺乏积极性,指导过程形式重于实质,对导师制育人意识认识不足,未能树立全员育人、全过程育人、全方位育人意识,无法及时做到从"学业教师"到"成长导师"的转变。而且学生对导师制和导师也缺乏足够的认识,缺乏学习主动性,无法直观认识到导师制对自己成长发展带来的实质性帮助,与导师交流互动较少。

(二)导师制就业指导力度不够

导师对学生的指导主要集中在学业指导方面,对学生就业发展方面的指导较为缺乏。大部分学生在导师制的实施过程中收获最多的是学业方面,更多的学生希望导师可以在生活、心理情感、思想道德、学业和就业发展方面都能够做出指导,尤其是就业发展指导。导师在指导的过程中没有充分考虑到学生在就业发展方面的强烈需求,加上指导渠道、指导方式和指导频率都不能够有效满足学生的需要,以及对导师制就业育人认识不够,指导内容过于片面,对学生的就业指导力度不够,不能有效平衡学生的外在收获和内在发展需求,无法满足学生全面发展的要求。

(三)导师制就业育人激励机制不完善

导师制的实施离不开制度的保障,通过调查发现,导师制在实施过程中对于导师和学生的奖惩都存在明显的缺位和力度不足的情况。虽然学校对导师有一定补助,但在实施过程中没有形成有效的动态管理,未对导师制后续的执行程度进行有效监督,阶段性评价缺乏,考核评价工作没有落到实

处,对敷衍不认真的导师和表现欠佳的学生都未能采取有效的惩戒措施,使得导师和学生在松散的制度环境下缺乏行为约束力和积极主动性。同时对做出突出贡献和成绩的导师还缺乏有效的激励措施,无法充分调动和激发导师服务育人的积极性。而且由于导师制分散式指导,不同导师投入的时间、精力都存在差异,现有的机制难以有效地保障导师制实施的质量。

四、地方本科高校全员导师制就业育人模式探索

(一)充分发挥导师职能,构建就业指导主力军

地方本科高校首先根据学校人才培养目标,对导师制进行科学的定位,扩大导师选拔范围,打造多元化导师队伍,在选拔过程中着重看待导师的师德师风,将热爱学生、爱岗敬业、道德高尚、专业能力、教学水平作为选拔导师的质量标准。充分发挥导师在学业指导、专业实践、就业引导、推荐学生就业等方面的优势,进一步发挥导师在就业工作中的作用。同时为了加强对学生就业指导与职业规划还可以从校外实践基地引进导师与校内导师形成"双导师"模式,以及依托校企合作单位和学校创新创业中心聘任双创导师为学生参加创新创业活动提供辅导,构建导师就业指导主力军作用。

(二)充分发挥导师指导作用,实现就业指导内容系统化

地方本科高校要根据学生的成长发展规律,将全员导师制育人工作贯穿到学生学习成长全过程,根据学生不同时期的发展需要明确不同阶段指导内容,实行"全程分阶段"指导方式,实现对学生全方位、全过程、精准化培养。在大一阶段主要侧重于对学生适应大学生活环境、培养学习与科研兴趣、学会学习方法等方面的指导;在大二、大三阶段侧重于指导专业理论构建和强化提升科研能力,通过指导学生参与创新创业活动,提升专业实践与创新能力;在大四阶段主要侧重于毕业论文的撰写与就业求职方面的指导,以及对有考研及深造需求的学生群体提供可行建议。在这一过程中,必须要把学生思想政治教育与核心价值观引领贯穿到整个人才培养环节。

（三）寻求多种途径，实现就业指导形式多元化

地方本科高校要针对学生多元需求进行个性化指导，不仅要让导师在课堂教学时间为学生提供指导，还要深入推进"互联网+就业"模式，不断完善专业化、精细化线上服务，开展线上职业咨询和就业指导，拓宽就业信息渠道，创新出更为有效、个性化的就业指导方式。根据不同学生就业需求，采取线下活动线上同步直播和线上公开课的形式，为学生提供就业政策宣讲、就业指导课程讲座、优质企业带岗招聘、实地参观学习、精准就业帮扶指导等一系列就业指导服务，帮助学生更加充分和高质量的就业。

（四）完善考评激励机制，激发导师就业指导积极性

地方本科高校要想全面调动导师和学生参与导师制活动的积极性，需要进一步健全导师制的考评和激励机制。首先要依据导师制的目标和要求，立足学校与导师实际，合理设计考核内容，根据导师完成情况和要求执行情况，对其进行考核。其次学校需要成立专门的导师制考评小组，对导师制的开展情况和任务完成情况进行监督和管理，建立起科学合理的考评机制。在完善考评机制的同时还需要建立相应的激励措施，满足导师差异化需求，提高导师群体参与就业指导工作的主动性，进一步提升育人水平，促进学生全面发展。

（作者为信阳学院招生就业处教师）

深化实践育人 践行育人初心

周 欣

导师制度是高等学校在思想政治教育改革中实行的一种教育教学措施。这一制度侧重于对大学生在德育、人文修养等方面的培养,在德育思想理论领域加强对大学生政治理论、理性思维和人文素质的养成。全员导师制是信阳学院全面落实立德树人根本任务,由全体师生共同参与的一项综合性"三全育人"项目,根据课程、科研、实践、文化、网络、心理、管理、服务、资助、组织等方面工作的育人功能,打造有十大一体化育人机制。

在高等教育内涵式发展的新时代,探索"三全育人"模式的重要性凸显,作为应用型本科院校的信阳学院,通过第二课堂、课外教学实践等活动开展情况搭建实践育人模式,将思政教育融于实践,努力实现第二课堂与第一课堂协同育人,使应用型本科院校的实践育人能力得以提升,人才培养质量得以提高。本文简述高等学校开展实践育人工作的价值意蕴,围绕实践育人中提升学生学科竞赛和创新创业能力、社团活动和社会工作能力、专业技能和求职就业能力这几个方面阐述了高等学校实践育人的实现与意义。

一、高校开展实践育人的价值意蕴

(一)做到明确理论与实践结合

高校社会实践一般是利用专门的时间,组织学生参与到各个专业所对应的社会岗位和社会实践场所中,对所学知识进行验证性实践的教学环节。在该环节中,学生将会脱离传统的教学环境,与真实的社会从业人员进行沟通和交流,在真实的工作岗位中验证所学和所想,并且能够在实践过程中为社会创造效益,为自身积攒专业方面的实战经验。综合而言就是在社会实践的过程中,学生需要将专业课中学到的理论知识,充分与真实的社会环境结合,或者在工作岗位中验证自己对于专业的独特看法。学生可以在参与社会实践的过程中,有效夯实自身积累的专业理论知识,并将理论知识逐步转化为专业技能。

(二)有利于对大学生进行道德塑造和精神激励

当代的大学生大部分从小就生活在衣食无忧的家庭环境中,在这个物欲横流的时代,部分大学生慢慢形成了错误的世界观、人生观和价值观。当下,大多数在校大学生有充足的业余时间可以进行支配,他们可以参加各种活动来提高自身的综合素质能力。新时代大学生参与实践活动,不仅可以在社会实践中灵活运用课内学习的文化知识,更重要的是可以在开展实践活动的过程中践行志愿服务精神;明确志愿服务理念,充分发挥实践育人功能的积极作用,用精神激励促进大学生去发现和认知自我。为了满足新时代大学生在学习、生活中不断超越自我、不断实现自我的需求,高校社会实践育人工作要充分发挥育人功能,通过宣讲志愿服务精神,引导新时代大学生在志愿服务过程服务社会、超越自我、实现自我的同时,提高自身精神境界的认知能力。例如,参加疫情防控服务活动,在实践活动过程中,新时代大学生不仅会充分认识到实践活动的真正意义,明确自己的价值观,而且志愿精神也会成为他们今后在学习、生活、工作中不可或缺的一种宝贵精神。

(三)社会层面肯定大学生社会实践价值

高校设立各种专业,不断提升专业教育的质量,锻炼学生的实践能力,本质目标就是给社会输送更多符合社会发展、国家建设需要的专业人才。高校在为社会培养专业人才时,就必然会对社会的反馈具有一定需求。高校需要社会对高校改良和优化校内的教育教学体系。因此,高校社会实践育人的基本目标,也包括令社会层面肯定的大学生社会实践价值。经过调查发现,这一目标所对应的预期成效是,当学生完成社会实践任务后,能够创造真实的社会效益,也就是学生形成了"有价值"的创造能力。

二、实践育人功能的实现及意义

实践育人理念对于加强对大学生的思想引领、促进教学研究与改革以及提升人才培养的针对性和有效性具有深远的影响。导师要积极推动育人于行,可以围绕实践育人环节,从提升学生的思想政治和道德素养能力、吃苦耐劳和抗压抗逆能力、沟通表达和适应环境能力、学科竞赛和创新创业能力、社团活动和社会工作能力、社会实践和志愿服务能力、文体艺术和身心发展能力、专业技能和求职就业能力等方面入手。本文主要从提升学生学科竞赛和创新创业能力、社团活动和社会工作能力、专业技能和求职就业能力这几个方面入手,深入探索高等学校实践育人功能的实现。

(一)提升大学生的社团活动和社会工作能力

实践育人要充分发挥团体育人的优势,社团实践活动是大学生归属感最强的一种实践活动,旨在丰富学生课外知识与培养兴趣爱好,丰富校园文化生活。目前信阳学院共有五十六个学生社团,如考研学习社团、模特社、馨雅华艺话剧社、贤山国学社、羽毛球社团、闪亮轮滑社、玄墨书法协会志愿者服务协会等等,分为兴趣爱好类、社会实践类、学术科技类、爱心公益类、文化艺术类和运动健身类。

大学生是一个极具创造力的群体,只要给予支持并善加引导,很容易出成果。信阳学院给学生社团提供创新活动室,并配备专业的指导老师,加强对学生社团活动的组织和指导,同时加强对学生社团活动的过程监督和成果管理,形成以老带新、保持活力和创造力的学生社团,确保实践育人四年不断线。在导师的引领下,学生积极参与社团举办的各种活动,信阳学院的风华文学社出版了《风华物语》,南山诗社出版了《青春絮语》,玄墨书法协会受邀参加的全国书法大赛、全国青少年书画大赛中,信阳学院学生都取得了优异的成绩等。

(二)提升大学生的学科竞赛和创新创业能力

高等学校实践育人的最主要任务在于提升大学生的创新创业能力。实践育人要根据学科特色、专业特点,指导大学生积极参加各级各类学科竞赛和创新创业大赛,通过项目驱动,以赛促学,锻炼大学生的创新实践能力。以赛促教,探索人才培养新途径。以赛促创,搭建产教融合新平台,构建以学生发展为中心的创新创业教育体系,不断推动信阳学院大学生创新创业教育工作的蓬勃发展。在导师的鼓励和支持下,信阳学院学子积极参与各种创业大赛,2020年"创青春"大学生创业大赛自启动以来,来自各学院报送的3项主体赛事的参赛作品共101个,其中,大学生创业计划竞赛78个、公益创业赛18个、创业实践挑战赛5个。

当前,导师指导信阳学院大学生的学科竞赛和创新创业的能力素质各有不同,需要对现有的师资队伍进行进一步的完善,可开展一些创新创业教育专题培训交流会,开拓教师们的视野、培养其创新意识和创新能力。学校可以通过创新能力竞赛与社会实践结合的方式,营造以学生发展为中心的创新创业教育环境,充分挖掘学生潜能。

(三)提升大学生的专业技能和求职就业能力

高等学校实践育人的另一个重要使命,就是有针对性地培养大学生适应未来就业的专业技能。学校导师要鼓励学生积极参与与专业技能相关的各项讲座、培训活动,有意识地根据个人发展需求,考取相应的技能等级证和从业资格证,举办相应专业技能的学科竞赛,检验学习成果,给学生提供更多的"练武"的平台。学校定期邀请一批教学名师、社会杰出人士和优秀校友进校指导,广泛开展各类学习培训、技能提升活动,开展各类就业指导选修课,提升大学生的求职就业能力和竞争力。在全国职业教育工作会议上,习近平总书记倡导坚持产教融合与校企合作,学校要加大校企合作的力度。学校要充分调动多方资源,如教师资源、校友校董资源、家长资源、地方企事业单位资源等,积极推进校企共建平台的建设,签订校企联合培养协议,导师积极引导学生参与校内外基地实践,为将学生推荐到企业实习创造机会,使学生尽早明确就业方向,确保培养的学生与现代企业的需求无缝对接。

三、结语

　　高等学校实践育人对于增强大学生服务国家、奉献社会,形成创新精神和解决实际问题的应用能力,发挥着无可代替作用。在"三全育人"视野下的大学生社会实践教育,要从根本上解决师生、家长和社会的理解偏差,引起社会各界的主动重视与广泛参与,形成实践育人的合力。学校从制度上完善实践育人的学科体系和评价体系,健全管理体系和激励制度,加强师资队伍的建设和实践育人路径的探索和创新,设定实际可行的专业实践目标,做到全过程育人。导师让学生在实践教育中得到收获、得到锻炼、得到成长,专业特色紧密结合地方产业特色,以培养学生创新和实践能力为目标,将专业教育和高校人才培养目标与实践育人有机地、科学地相结合,做到全方位育人。

(作者为信阳学院文学院辅导员)

浅谈信阳学院全员导师制实践育人机制的意义

盛士蔚

信阳学院自建校以来便确立了具有国际视野的应用型大学的目标。根据国家"大众创业、万众创新"的战略布局,信阳学院依托全员导师制实施了一系列"双创"实践育人模式,逐步形成了极具特色的创新创业教育体系,并进一步探索和深化"双创"教育改革,努力提高全员导师制实践育人机制作用,增强学生双创能力。培养高校学生的创新创业能力,也是落实相关教育政策的根本任务。建立健全"双创"人才的建设与培养符合应用型高校的理念一致。创新创业教育不仅能够培养新时代大学生的主观能动性,将所学到的专业知识与实践切实结合,更有利于学生的全面发展,同时也提升了高校毕业生的核心竞争力。

一、全员导师制实践育人机制实施路径

多年来信阳学院积极响应时代号召,不断探索"双创"育人培养模式,建立健全"双创"教育实践机制。依托全员生活导师制在校内外积极举办和参与各类创新创业竞赛,通过竞赛来激发学生的课程热情,同时提升学生的实践能力。同时打造专业指导教师队伍,以此促进学科研究,可能能力以及教师的专业性和实践能力;其中导师作为整支队伍的枢纽,要积极组织学生参赛,提升团队的协作能力。经过几年的探索实践,逐步搭建起"创新创业协同培养平台"。以培养学生创新创业能力、合作协调能力、参赛能力为目标,采用校内外结合的方式和线上、线下结合的方式,把创新创业教育做成有系统、有规范的优质教育体系,打造良好的"双创"实践育人环境,从而提升学生的综合创新能力。

二、立足问题实质,积极探索实践育人培养模式

随着专业教育的快速发展,本科教育进入新时期后对高等学校教育提出了更高的要求。学生不再一味地重理论,轻实践。以往以传统专业实践为主,实训实践课偏少的传统教育模式,已经不能够满足新时代人才培养的需要。同时缺乏实践经验累积的教育模式也容易让学生产生不感兴趣、没有方向的心理。

在多项毕业生报告指数中,已明显发现社会实践类教育,创新创业精神培养迫在眉睫。信阳学院把人才培养作为学校的中心任务,积极探索有关"双创"育人的路径,摸索出以"专业为主,团队为辅,以赛促学"的实践育人体系。通过依托于不用的专业为背景,以专业课教师作为指导老师,以导师作为指导顾问,辅导员积极协调,打造出一支多角度多功能的专业团培,积极培养学生的参赛热情和实践探索能力。明确了学生专业能力的培养思路:重视基础专业教育,提升服务质量,把创新创业的学科教育巧妙地融合在学生的人才培养中,整合优势团队利用学生会团体组织建立起"创新创业社团",举办以小院为单位,全校综合竞技的层级创新创业赛事,使比赛和社会实践成为创新创业教育的第二课堂。同时组建一支具有专业性的创新创业导师团队,辅导员配合协调搭建"创新创业共同培养平台",至此"以赛促学、以赛促教"的实践教学模式已基本形成。

三、建立健全导师实践育人机制,促进实践教学开展

全员导师制在培养创新创业中,主要是培养学生的专业素养。信阳学院以做好教学工作为主要抓手,夯实学生基础知识,以及专业性的素养;同时打造完备的创新创业空间与实验室,提升学生的实践技能;教师指导专业竞赛,全员导师全程服务比赛,从而提升学生团队的综合实力和创新能力。

信阳学院在"双创"工作中,把学生竞赛运用到日常教学中,共分为四个阶段:第一阶段是知识培养。以集中授课与实践竞赛相结合,在夯实专业基础的同时,激发学生的专业兴趣。第二阶段是技能训练。学生通过学校提

供的双创实践场地与平台,运用实践教学与组织比赛等多角度来训练和提升学生的双创能力,进一步巩固学生专业技能。第三阶段是开放实践。结合"校级创新创业大赛"和校外各项比赛培养和挖掘创新创业人才。第四阶段是学科竞赛。学科竞赛是检验学生基础知识是否夯实的重要衡量,教学上注重鼓励学生积极参与学科性竞赛,培养创新团队学生的能力。通过四个阶段的培养,丰富学生的专业知识与技能。将教学中的"教学、训练、比赛、提升"结合起来,促成协同发展的"双创"育人体系。

四、以赛促学,以老带新,亦师亦友,合理推进学风形成、促进学习兴趣

在"双创"教育中把学科竞赛作为主要抓手,对学生进行分段式培养。学生从大一阶段开始接触各类比赛,经过四年的培养,形成浓厚的学习风气,提倡"以老带新"的学习模式。

在知识技能的学习阶段,将知识类竞赛作为检验学生基础知识的手段之一,促进学生的基础学习和知识掌握。在技能训练阶段,结合各类双创比赛,教师和辅导员通力合作推动学生团队的发展,有利于推进学生的自主学习风气。在实践教学上,通过一些完整的实践案例分析对分散难深入的知识与技能延伸拓展,对推动后期的各类竞赛打下坚实基础。

通过多角度多方面的协调发展,整体提升了学生们的专业性。在"双创"教育循环发展的过程中,逐渐形成了高年级学生与低年级学生合作,以学生团队为主体,辅导员协调,教师指导的学习风气。在学习氛围浓厚、专业技术夯实的基础上,形成了独特的"双创"育人体系。多年来,信阳学院将"双创"教育作为校园文化建设的重要组成部分,将"以赛促学"作为重要教学抓手,取得了傲人成绩。

在带的全员导师制学生中,笔者有幸与几名同学一起见证了实践育人机制的魅力。从开始的一窍不通,到带着他们查阅资料,修改项目策划书,演算数据,一遍遍地现场模拟。初赛时的紧张,赛后的总结、反思、修改;复赛时的踌躇满志,晋级后的喜悦;决赛前谈心与鼓励,赛后的硕果累累。

五、立足实践育人机制,提升"双创"教育综合软实力

信阳学院自推动培养学生"双创"工作以来,将"创新创业驱动力训练"作为激发学生创造力的动力来源,因此在多项学科竞赛中学生均表现出色。实践体验学科竞赛是提升学生专业素质的内在动力,也提升了整体团队的综合竞争力。通过多年的实践实训,已形成了良好的"双创"育人机制,把对学生的培养从书本运用到实践,从基础到丰富内涵,对高度专业的理论技能知识,通过实践体验让学生充分领悟。也通过实践教学平台考核"双创"育人体系的整体化。"以赛促学、以赛促教"全面配合,培养了高水准、高素质、行动力强的创新创业人才。

(作者为信阳学院马克思主义学院教师)

实践育人对大学生创新创业能力培养的影响

豁 艳

实践育人是高校育人体系中不可缺少的一部分,对大学生进入社会有一定的指导意义。高校通过导师课组织开展创新创业实践育人模式,能够培养大学生的创新精神、创业意识和创新创业的能力,能够积极配合和服务国家的创新发展战略,同时实践育人对大学生综合素质的提高有着显著作用。

新时代国家对大学生创新创业教育有着新的要求,创新创业实践育人模式在高校中得到了新的应用。高校致力于开发学生的第二课堂,以此拓宽创新创业新的教育模式。社会实践、社会活动及校园开展的各种社团活动都属于学生的第二课堂,有助于学生开阔眼界、提高综合能力、丰富大学生活和充实社会体验。这些实践育人活动在大学生创业教育活动中的应用,将有利于提高大学生的创新创业意识和思想,真正助力于学生开展创新创业。

一、实践育人的内容和意义

实践育人是大学生成长成才和发展过程中的重要组成部分,高校在进行实践育人过程中有着多方面的阻力,通常以强化实践教学、建好教育实践基地来改变原有的实践育人模式。部分学者认为高校实践育人是以马克思主义实践观为根本依据,引导大学生坚定跟党走中国特色社会主义道路的理想信念和不断增强服务国家服务人民的社会责任感、勇于探索的创新精神、善于解决问题的实践能力为基本目标的一种教育实践活动。实践育人能够引导学生充分认识实践的价值,学生在实践的过程中能够认识到合作及团体活动的重要性,能够在实践中肯定自我、完善自我、超越自我,真正实现实践育人的目的。创新发展高校的育人机制、优化人才供给结构等方面来推动高校的实践育人。党的十八大以来,高校实践育人的理论得到进一步的凝练,而我们要重视实践对大学生的培养和重塑的作用。新时代健全高校育人体系,推进实践育人的理论与实践研究具有重大的现实意义。习近平新时代中国特色社会主义思想应全方位融入实践育人的全过程。

国内学者对实践育人的意义有着不同的看法,费拥军认为高校需要切实的践行教育实践观念,将实践育人工作放在教育工作中的重要位置,这是满足学生成才的重要需要,也是社会变化的重要需求;吴刚等人认为实践育人理念的提出为高校加强和改进育人工作、提升育人质量提供了正确的方向,推动学校与社会里的固有思维做出良好的改变,进而体现出实践育人的地位及功能。

二、实践育人对大学生创新创业能力培养的积极作用

在大学开展大学生创新创业教育,应注重实践。通过实践教学才能使学生得到真正的锻炼,提升其综合创新创业能力。学生要成为一名合格的创业者,拥有其应该具有的创业观念和创新创业决策能力,并且在实践过程中获得创业的工作方法,这些能力和素质只有从实践中才能更好地获得。

(一)创新创业实践帮助大学生树立创新创业意识和理想

一个理想的建立需要通过学生在实际的实践活动中自主活动,而不是在课堂中千篇一律地将创新创业教育的目的强加于学生。在进行创新创业实践活动的过程中,有志于创新创业的学生,完全有能力在这一过程中实现自己的理想的创新创业目标,因此在进行创新创业教育的过程中,最重要也是最容易被忽略的就是对大学生进行创业理想的形成的教育培养。

学生在进行创新创业实践活动中受到老师的鼓励,可以认为是对大学生的外在激励。在进行创新创业理想形成的教育时,将这种外在激励转化为学生的自我激励,以此大学生的创新创业品德和素质才能在实践活动中得到有效的提高,而创新创业团队的精神,也可以在这个过程中得以形成和发扬。高校开展大学生创新创业教育工作的理想目标,也能够在这一活动

过程中得以实现。通过对大学生的创新创业理想培养，就可以将大学生不成熟的、不自觉的、不系统的就业理想转化为具有清晰意识目标的就业创业信念，而大学生在这一过程中受到了持续激励，无论是来自外界的鼓励，还是内心的激励，这将有助于提高大学生创新创业的能力和意识。因此大学生只有充分地进行创新创业实践活动，才能真正树立正确的就业创业理想和观念，这一效果也是课堂教育所无法达到的。

（二）创新创业实践益于培养大学生的创业决策能力

在创业过程中，从客观到主观的认识评价活动中心理观念和理论都是值得探讨的一部分，而创业决策则侧重于表现从主观到客观的创新创业意识的综合实践活动。创业决策是一种特殊的创业意识。它不是创业者对创业实践活动中的主观感受、心理体验、价值判断，或者是理性抽象；它是围绕创业目的所开展出来的预测决策计划，以及控制等一系列更加具体的思维过程。大学生只有通过创新创业实践，才能真正将抽象的理论教育学习和观念转化为可操作的具体思想工具，这样也就有助于提高大学生的就业决策能力。

三、实践育人对大学生创新创业能力培养的策略

在导师课当中开展创新创业教育是当前比较热的主题。在开展创新创业教育时，需要高校教师应用开拓思维，进行改革创新。在开展教育过程中，不仅要克服传统的教育方法，应对创新创业能力提升的不足，同时还要对新的教育方式和思路进行评估，规避存在的风险。

（一）不同专业不同年级的学生，分层次地参加创新创业活动

在高校导师课中开展创新创业教育是必不可少的，这也和其他的学科教育一样都存在一个循序渐进的过程。需要分阶段对学生的创新创业的意识和能力进行培养。可以依据不同专业的学生进行相对应的专业设计实践活动，同时对不同年级的学生也涉及不同的实践活动。做到有的放矢地将创新创业教育活动融入高校的实践活动中，使同学们在参加实践活动过程

中得到锻炼,不断加强学生的创新创业意识和能力,从而增强对创新创业的重视程度和积极性。高校在进行创新创业实践活动的设计时,既要符合高效的实际教学要求,又要使这一活动充满趣味性,以吸引学生的兴趣。在创新创业教育中,要鼓励学生们自己动手设计活动,充分发挥学生的主观能动性,确保实践活动的质量。

(二)加大教育投入力度,注重创新创业教育的专业性和针对性

在导师课和创新创业教育当中,教师应当充分利用科研项目和研究课题,对学生开放,鼓励学生加入。首先,引导学生参与导师的科研项目和课题整个流程,这样有助于提高学生的创新创业能力;其次,在高校中有相当丰富的创新创业竞赛,例如"挑战杯""互联网+"等大学生创新创业活动,以及众创空间对学生创业项目的扶持,这些内容都可以贯穿在学生的创新创业教育实践活动当中,使创新创业教育和比赛实践有机融合,从而激发学生在创新创业教育上的主动性和创造性。

(三)重点建立培养大学生创新创业能力的实践基地,达成校企结合平台

高校在开展大学生创新创业教育过程中存在一定的缺陷,如教师缺乏实际创新创业实践经验,缺乏相应的资金扶持和人力资源,因此高校在创新创业过程中无法做到尽善尽美。而一些社会组织和企业则拥有这些高校所缺乏的优势,那么高校可以主动与社会或企业达成合作,共建校内外的创新创业实践基地,这样就有利于高校开展创业创业教育,也有利于一些有创新创业能力的学生能够有充足的条件去开展创业实践。同时这些创新创业实践活动在企业的帮助下,也能转化为一些经济效益,从而使学生体验到创业活动所带来的成就感,进而达到高校开展大学生创新创业实践活动的目的。大学生通过创新创业实践获取的经济利益也会反哺给高校和企业。而高校和企业就可以投入更多的资金去进行大学生的创新创业教育,以此达到良性循环。

综上所述,在导师课和开展创新创业教育时加强实践育人活动,正在逐渐被各类高校应用和研究,这使得高校的创新创业教育工作水平达到一个

新的高度,并且取得了突出的教育结果。本文就实践育人对大学生创新创业能力培养的作用和策略进行探讨,将有助于加强高校在创新创业实践活动上的推广和应用,但具体的创新创业实践活动还需要结合专业特点来进行分类探讨,需要进一步完善。

(作者为信阳学院文学院辅导员)

浅析导师制对培养高校学生就业意识的作用

陈晓倩

就业意识是大学生在高校树立正确价值观的重要思想内容,德育教育不仅是大学生立德树人的重要精神先导,教育成果也将在大学生今后的职业规划和交往中体现。对大学生的就业意识培养不仅有助于缓解我国长期存在的就业压力,而且有助于在新的竞争环境下培养大学生的忧患意识和劳动精神。

我们的目标是将德育培养不仅体现在大学生日常学习生活中,也要体现在大学生的职业规划中,引导大学生有意识地成为有理想、有道德、有抱负的社会主义接班人。

一、案例分析

(一)艺术类学生状况分析

1. 就业状况分析

根据 2021 届、2022 届信阳学院美术与设计学院毕业生的就业情况来看,目前就业受到疫情影响仍然严峻,校园招聘岗位数量减少,岗位竞争激烈,就业难度增加。随着“双减”政策的出台,教育培训行业发生了很大变化。工作结构调整和裁员,直接导致大量艺术毕业生难以进入艺术教育机构。相反,师范类学生考教师编制当老师、考公务员事业编、考研、专升本的比例大幅上升。而且现在高校毕业生大多是独生子女,家庭经济条件良好,再加上艺术类学生个体差异性较强、艺术类专业特点强,所以时常对工作或工作岗位较挑剔,希望专业能够完全对口。由此观之,2021 届、2022 届艺术类毕业生的就业问题不容乐观。

2. 就业意识分析

就业意识中"高期望、慢就业"的思想深化,就业观念不成熟,部分艺术专业毕业生存在"毕业即失业"的现象。家长和学生本人对工作稳定性的期望值很高,更多的家长宁愿让孩子继续深造。另外,专业技能不能胜任岗位要求、专业与就业岗位不对口、薪资水平差异分布明显、就业单位裁员或毕业生离职率高、偏远地区就业意愿低、就业单位性质分布不均等问题也日益显现。

3. 信阳学院美术设计学院学生就业情况分析

根据信阳学院美术设计学院2021届毕业生就业满意度调查情况,美术学、视觉传达设计、环境设计、数字媒体艺术4个专业(含专科升本科学生)共536名毕业生,在职业期望匹配度、福利待遇、专业适合度、就业岗位满意度上与往年96%的就业率以及85.5%的就业满意率相比,2021年的就业率和就业满意率都有所下降。2021年大多数学生由于就业活动大幅取消、企业用人需求锐减、岗位工资待遇降低、岗位技能要求提高等多方面原因,不得不降低就业要求。当然,在实际的就业过程中,也存在"无业可就"、"有也不就"、就业岗位选择失衡、学生就业受挫、逃避就业等问题。

(二)指导学生职业生涯规划竞赛案例分析

1. 室内设计师职业规划指导案例

经过筛选我有幸成为学校全员导师制的导师,也认识了很多大一的学生。当我和导师班的学生互动时,发现了室内设计专业的学生小叶正处于大一的迷茫期。虽然她对美好的大学生活充满了期待,但她的满腔热情却因为未知的目标而无处施展。通过导师课和班级上的交流,我和小叶逐渐建立了信任关系。通过我的陈述,她了解到了学校的大学生职业规划生涯大赛,渐渐有了参加的想法。在我的鼓励下,小叶决定参加学校组织的大学生职业规划生涯大赛。但由于职业规划和专业认知有限,普通话和学生个人性格限制,止步于院级比赛。比赛结束后我鼓励她继续学习专业知识,抓住高效练习的机会。大二那年,新一期大学生职业规划生涯大赛开始后,我首先想到的是小叶。在帮助她仔细分析总结了去年的比赛情况和她的优缺点之后,小叶终于重拾信心,结合前一年的比赛经验、大一大二的专业知识,继续参加了大学生职业规划生涯大赛。

2.引导树立正确的职业生涯规划观

首先,让小叶对自己的兴趣、性格、能力、知识等因素进行直观的分析,帮助她认识自己的性格特点和潜在价值,逐步明确自己的职业发展方向和发展路径,同时为小叶毕业后的就业提供方向。指导其撰写职业规划书时全面对比分析自己的综合优势和劣势,对自己的目标职业进行市场调研,明确设计行业的市场需求和自己在这个环境中的定位。此时小叶意识到了自己的能力与社会对设计师能力需求存在差距,这有助于她提高职业竞争力,同时也有助于她提高未来求职的成功率。

在比赛准备阶段,我帮助她多次对职业规划和PPT进行修改;把身边的专业资源分享给她;在模拟路演过程中不断引导,帮她准备路演需要的工具;分析模拟中出现问题的原因并提供解决方案和思路。这些经历让小叶充分感受到了老师和学校对大学生职业规划的重视,以及对艺术生就业意识的培养。

3.个性化辅导措施

由于缺乏室内设计的实践经验,小叶在专业模拟的过程中专业信念薄弱,太过理想化。我帮她预约了一位经验丰富的设计师,引导她到设计师的工作室进行实地体验。她在现场看到了勤奋的绘图员和谈判设计师,他们自信地向客户展示他们的设计成果,以及做设计时的设计理念,这使得她对自己的职业更加憧憬,并对自己的未来充满了期待。在实际设计工作中的实践,使得她意识到目前她的许多想法放到实际工作中不能现实,同时也让她明白了想法和现实的差距,明白了实践的重要性,明白了做好职业规划对以后就业创业的重要性。

在引导的过程中,我耐心地倾听她的想法,给予她相应的肯定,给她很大的鼓励和信心,让她更加勇敢自信地去表达自己的想法。遇到困难时,我不会直接告诉她答案,也不会帮她解决,反而会给她提供一些思维上的引导,让她发散思维去寻找答案,给她选择的权利和主动权。这将有助于开拓她的思维,改变她的思维方式,提高她的创新意识和思维。最终在小叶和我的共同努力下获得了校级三等奖。

4.案例反思与成效

赛后,跟小叶交流得知本次比赛她收获颇丰。在比赛中看到了很多优秀的选手,他们每个人都自信地展现着自己的优势、特长及对未来的规划。这使得她奋发向前,提升自己的决心变得更加坚定,同时也明白了一份好的职业规划的重要性。

她的抗压能力和心理素质得到很大的提升的同时,也学会了合理分析问题的办法。当她疑惑自己是否要考研时会分析自己考研的真实目的以及考研的意义,结合目前的社会行情和社会对设计师的需求及要求,会结合自己的能力、考研需要的实力、考研路上的阻力,以及家庭情况等进行综合性分析,做好考研可行性报告,同时也做好失败的心理准备。

除此之外,她的设计能力、观察能力、执行能力也有了很大的提升,会自发观察和发现人们在生活中的需求。寒假中她发现奶奶晚上泡脚时,自己很难将自己的裤腿掀起来,就会去调研、观察询问其他老年人是否会出现相同的问题,随之会发散思维去考虑如何解决这个问题。例如,将老年人的裤腿改成纽扣或拉链的形式,这样老年人只要解开扣子或拉开拉链就可以轻松地将裤腿掀起来。在电视中看到 VR 眼镜可以让人进入全景游戏空间,她也会想能不能将这门技术运用到旅游行业中,让现在的老年人以及没有经济能力去旅游的人在家体验到环游世界的乐趣。看到那些被互联网时代抛弃的老人、村里孤独的空巢老人、没有独自生活能力的老人、在养老院里生活困苦的老人,会去查询国家老龄化趋势以及老年人占比;去现有的养老院进行调查,对老年人的想法及需求进行实地调研;思考如何让老年人感受到互联网时代和人工智能带来的便利,如何才能让老年人开心养老等问题。同时也会尝试写创业策划书,主动查阅寻找国家的相关支持政策。

二、案例启示

导师制是培养有理想、有道德、有修养的大学生的重要手段,大学生就业创业是关乎国家未来人才发展战略的重要方面,在就业意识教育中的德育培养更是中国面对世界日趋激烈的竞争中的人才培养的重要手段,是传承中华优秀传统文化和实现"中国梦"的重要途径之一。导师制对培养学生就业意识具有积极作用。

(一)拓宽师生沟通渠道,加强艺术生就业意识的引导

在实际就业实践中,影响学生就业的因素很多。一般来说,可以分为两个方面,即学生内部因素和外部环境因素。学生内部因素主要指自身专业素质、专业实践能力、就业价值观、职业规划和岗位薪酬的期望值等方面,而外在环境因素主要涉及国家就业政策的引导和扶持、学校老师和就业单位推荐、行业发展状况、岗位人才需求、社会对于高职毕业生的态度、父母的建议和就业意向以及性别、生源地、父母的学历和家庭经济条件等因素。因此,在日常的学习生活中对学生的创业意识培养、引导就显得尤为重要。

(二)促进实践育人落实,强化专业化实践教育培养

首先,德育课导师以理论教学为参考,实践教学为手段,通过理论与实践的结合,帮助学生树立正确的三观的同时,提升学生就业意识,引导学生用学科理论知识武装头脑,扎实学科基础的同时,立足现实、脚踏实地、审时度势,以实现中华民族伟大复兴为己任,开拓自己的知识领域,多学科融合,积极主动地投身就业创业实践中,积累经验,为以后的职业发展打下良好的社会基础。

其次,德育课导师在高校向学生渗入德育教育时,强化理论与实践的结合,引导学生积极投身校园实践、社会实践,结合专业学科强项和学生专业特点,开展多维实践活动,以校企合作模式为平台,为学生搭建校园企业、校园实践基地等项目,尤其是实践性较强的艺术类专业,有利于提升学生的学科优势,把创新创业中的德育引导、激励、监督内涵充分发挥。

三、案例总结

导师制是培养有理想、有道德、有修养的大学生的重要手段。大学生就业是国家未来人才发展战略的重要方面。就业教育是中国在日益激烈的国际竞争中培养人才的重要手段。也是传承中华优秀传统文化,实现"中国梦"的重要途径之一。导师课程的设计不应该是一个空有美名的摆设,应该

尽可能合理匹配导师及所带学生的专业,利用好每月一次跟学生近距离交流沟通的宝贵机会,了解低年级学生的学习、思想、生活、心理等基本情况,根据学生情况将高校学生应有的就业意识、专业特点、专业特长以及应该具备的专业素质进行说明引导,以真正落实导师制工作的作用,发挥对培养高校学生就业意识的引导作用。

(作者为信阳学院招生就业处教师)

第二篇

学研相济协同育人　优化机制平台宽广

导师制"服务育人"助力大学生成长成才

陈立新

高校思想政治工作中的"服务育人"有广义和狭义之分。广义上的"服务育人"强调高校各职能部门与高校的教职员工都具有服务育人的职能和义务。2015年,信阳学院适时推出导师制,以导师课为平台与学生开展面对面座谈,主动了解学生学习生活情感所需,及时回应学生诉求,形成密切联系学生、为学生办实事的长效服务机制。

高校思想政治工作是一个系统工程,只有各要素之间的结构关系和运行方式达到最佳状态,育人效益达到最大化,才能满足学生对美好校园生活的向往。把导师制融入"十育人"和"三全育人"理念之中,提供靶向服务,增强供给能力,积极帮助解决学生学习、生活、情感中的困难,在服务中育人,在育人中服务,既有理论意义又有现实意义。

一、理论意义

实现人的自由全面发展,是马克思主义追求的根本价值目标。[①] 马克思强调:"人们创造性的实践活动的最终目的就是为了实现人的价值,满足人的需要。"马克思始终把实现个体的全面而自由发展视为人类解放和发展的前提和目标。由此可见,学校是学生自由发展的环境和条件,学生在学校这个大整体中能获得自由而全面的发展。习近平总书记曾说每个人都有人生出彩的机会,高校要充分重视和发挥服务育人功能,把服务育人的理念贯穿到各项育人工作当中去,营造良好的育人环境,导师要善于发现学生的闪光

---

① 杨春贵. 马克思主义与社会科学方法论[M]. 北京:高等教育出版社,2012:207.

点和比较优势,具体问题具体分析,尽己所能,帮助学生实现个性化发展。

人本主义理论强调自我价值的实现,是坚持"以学生为中心"的服务育人理念的重要体现。国家在发展、民族在复兴,站在第二个百年奋斗目标的新发展阶段,社会对人才的需求呈现高质量发展的要求,因此必须提高劳动者的素质。大学生的成长成才需求和全面发展意识不断增强,传统教育中约束和管理学生的方式已经不能满足新时代大学生的成长需求。因此,学生工作要从约束管理型向服务引导型转变,各高校亟须提升服务育人在思想政治工作中的作用,秉承以生为本的理念,以学生的成长发展为重。习近平总书记在庆祝中国共产党成立100周年大会上的讲话中指出:"新时代的中国青年要以实现中华民族伟大复兴为己任,增强做中国人的志气、骨气、底气,不负时代,不负韶华,不负党和人民的殷切期望!"只有不断更新完善服务育人理念,完善高校思想政治工作服务育人机制,才能做好大学生教育管理与服务育人的工作。

二、现实意义

大学阶段,是人生发展的重要时期,是世界观、人生观、价值观形成的关键时期。面临着怎样处理好各方面的关系,做什么样的人等人生课题。[①] 在以往的学校德育工作中,集中灌输多,启发引导少;理论讲解多,自身实践少;大报告、讲座等集体思想工作多,针对个人、有的放矢少,造成德育方法缺少灵活性,工作缺乏针对性。[②] 信阳学院导师服务育人机制通过提供"私人订制"式的服务,为学生的学习和生活保驾护航。构建适合学生身心全面发展的新型德育服务体制机制,改变传统的学校德育工作渠道单一、方法机械的局面。成长的道路上不落下任何一个人,这是导师制服务育人的基本要求。

---

① 本书编写组.思想道德与法治[M].北京:高等教育出版社,2021.
② 崔志林,刘卿.基于新形势背景下青少年德育教育实效性的探讨[J].才智,2018(11):148.

（一）生活上的指导

现在新入校大学生一般都是"00后"，独生子女占比较大，自我主体意识突出，处理人际关系的能力较弱，跨区域上学属常见现象。脱离父母的生活陪伴和高中老师的学习管理，大部分同学会有很强烈的不适感，作者通过导师课与学生座谈了解到，很多大一新生没有了父母和老师的"安排"，进入大学不知道该干点什么，从最开始的"放飞自我"，渐渐进入无所适从、不知所措，最后陷入了一种迷茫状态。这会导致四年光阴如白驹过隙，那时同学们则追悔莫及。辅导员或者班主任管理和服务的群体规模一般在200人左右，并且事务性工作非常多，难以顾及每一个同学，因此大学生在刚刚步入大学校门的时候，需要一个亦师亦友的专属角色的陪伴和指导。导师应提高政治站位，提升服务育人责任意识。通过平等话语权营造良好的对话环境，导师和学生之间不是课堂上的师生关系，没有紧张严肃的教与学的压力；不是生生关系，没有评优评先的竞争压力；不是亲子关系，不必实时谨慎小心隐瞒心事。思政课教师担任导师的优势在于，可以给学生提供"订单式"服务。笔者会通过QQ、微信、无记名调查问卷等方式，在保护学生隐私的前提下，了解学生个人实际情况，有针对性地进行个别沟通和交流，达到德育目的。

1. 合理消费

每个同学家庭条件不一样，消费习惯和消费心理也不一样。2019年，笔者曾经带过的公共课的一个学生，该生家庭富裕，奢侈消费，担任学生干部，却被同寝和同学孤立。此外，现阶段同学们还都是消费者，不是财富的创造者，应理性认识大学阶段的主要矛盾，把重点放在学习和个人能力提升上，而不是搞拜金主义，奢侈无度。当然，在与历届学生的接触中也遇到过一位家庭条件特别差的孩子，性格孤僻，不爱说话，每次的导师课活动也非常被动，这样的学生应该是导师关注的重点。一方面，提醒他们可以申请助学金、助学贷款或者勤工俭学等，减轻学费压力；另一方面，鼓励他们好好学习，争取评优评先，获得奖学金和其他荣誉。让他们有归属感和获得感，把有限的精力投放在学业和个人发展上，并且度过充实且美好的四年大学时光，学有所得、学有所成。

2. 正视婚恋

大学生是国家发展的重要生力军,他们的婚恋观不仅折射出个人的人生观和价值观,也影响着未来中国社会婚姻家庭关系的发展趋势。加强大学生婚恋教育,有利于构建和谐稳定的社会关系,为人口素质提高奠基。

现在不少影视作品灌输歪曲的爱情婚姻观,网络媒体报道的娱乐明星的婚外情、闪婚闪离等错误的婚恋观念,潜移默化地影响着大学生。全国政协委员于欣伟认为:"当前大学生婚恋情感教育缺失,对感情和性的认识大多停留在生理卫生知识层面,在面对感情和恋爱挫折时,容易出现偏激失控,甚至做出极端行为。"

导师这个角色已通过平等话语权建构起与学生之间的平等信任关系,通过互联网平台互关动态,分享关于高校婚恋社会热点案例,通过座谈或者群聊等方式开展讨论,在辩论中潜移默化地把正确的和主流的思想观念传递给同学们,及时把错误观念和苗头遏制在萌芽状态。

3. 防范电信诈骗

近年来电信诈骗案件频发,受害群体中高校学生不在少数,其中也包括信阳学院师生。为提高学生防诈骗和反诈骗意识,让学生收集整理大量案例,包括身边被骗学生案例。通过翻转课堂的方式,让学生以教师角色为同学们呈现一堂反诈骗课,提高了学生参与互动的热情,也达到了学习反诈骗知识的目的。

(二)意识形态上的引领

高校是各种社会思潮夺取意识形态话语权的前沿阵地,是国家意识形态建设的前沿阵地。正处于拔节孕穗期的当代大学生担当着中华民族伟大复兴的历史使命和时代责任,是社会主义事业的生力军。他们是祖国的未来,是民族的希望,他们的意识形态应当成为我们关注和研究的重中之重。习近平总书记在党的十九大报告中指出:"大学生意识形态教育是一项极端重要的工作。"加强高校大学生意识形态工作的任务非常紧迫。这就要求我们必须增强"四个意识"、牢固树立"四个自信"、坚决做到"两个维护",科学把握意识形态领域的领导权、主动权、话语权和管理权,筑牢高校意识形态主阵地。导师要把服务的重点和难点放在学生关注的焦点上。要把解决学生实际困难与解决学生思想问题结合起来,通过解决学生实际困难赢得学生信任,从而为解决学生思想问题奠定基础,潜移默化地加强对同学们的形势与政策教育,提高同学们鉴别真伪的能力,锻炼分析问题、解决问题的能力;加强意识形态引领,在大是大非面前坚持正确立场、态度和观点;推动党的创新理论进教材、进课堂、进头脑,加强思想引领,为培养担当民族复兴大任的时代新人做好思想准备。2021年十九届六中全会召开之际,我与同学们通过茶话会的方式共同探讨了全会精神,同学们反应热烈。

(三)学业上的指导

教育部原部长陈宝生在2018年新时代全国高等学校本科教育工作会议上强调,要把人才培养的质量和效果作为检验一切工作的根本标准,对大学生要合理"增负",提升大学生的学业挑战度,激发学生的学习动力和专业志趣,改变轻轻松松就能毕业的情况。给大学生"增负"是提升学校本科教育内涵式高质量发展的第一步。习近平总书记在学校思想政治理论课教师座谈会上强调,"青少年阶段是人生的'拔节孕穗期',最需要精心引导和栽培"[①]。所以高校人才培养要真正落实德智体美劳全面发展,导师应弘扬主旋律,传播正能量,引导学生立鸿鹄之志,做有用之人。

《大学》里开端说"大学之道在明明德,在亲民,在止于至善"。所以大学是一个修身养性、完善自己的地方,让每个人在不断学习中遇见更好的自己,在不断进步中变得更优秀。在大学生入学时,导师可利用自身专业背景现身说法,以自己的专业知识和经验积累对学生进行引导,使得学生更乐于、更容易理解和接受,进而树立正确的学习观念,掌握科学学习方法和技巧。通过案例分享激励同学们能励志而不虚度光阴,引导学生要做好四年学业生涯规划。四年是一个相对不短的时间,如果能在四年时间通过导师提供的"定制服务"和帮助,实现华丽蜕变,努力活成更好的自己,四年以后的你会感谢今天的自己。

当前国家大力倡导大学生合理"增负",就是希望培养出于国于民于伟

---

① 习近平.用新时代中国特色社会主义思想铸魂育人 贯彻党的教育方针落实立德树人根本任务[N].人民日报,2019-03-19(1).

大复兴有用的人才,培养出自由而全面发展的人。因此,导师服务育人的着力点又在于以下两点。首先,要从责任意识层面让同学们认识到青年强则国强,他们就是中国特色社会主义现代化强国建设储备的优秀建设者和接班人;其次,要从职业理想层面加强教育,没有扎实的专业基础,将来也无法成就自己的出彩人生。

三、成效和期待

2021 年 11 月,河南广播电视台教育中原视频号以《信阳学院全员导师制实现了全员育人、全过程育人、全方位育人》为题,对信阳学院"全员导师制"进行了全面报道。信阳学院全面落实立德树人根本任务,将因材施教和个性化培养融入学生教育管理和思想引导中,为新时代教育改革发展和育人模式创新做出了积极贡献。

在学校理事长高云倡导实施下,学校领导和各部门大力支持、全校师生共同参与的全员导师制,受到了广大师生的普遍欢迎,成为学校新时代育人工作的重要品牌。

总之,高质量的服务育人应在服务的过程中检验育人效果。因此,导师需要把自身日常教学管理与服务育人工作与学生成长成才需要结合起来,在生活帮助、思想引领、学业指导等过程中充分发挥服务育人的功能。要努力构建分阶段、有重点、多层次的服务育人体系,真正把服务育人理念和要求落到实处。从新生入学适应性教育开始一直到毕业离校、就业指导等环节,服务育人要发挥"闭环"功能,让学生走进大学时有归属感,毕业离校时有获得感。

（作者为信阳学院马克思主义学院教师）

经典诵读视域下大学生科研素养培育路径探索

胡发萍

　　培育学生的科研素养,是大学教育的重要内容之一。教师如何在教学实践中,钩深索隐至通达,需要探索适合本专业学生发展的可行路径。信阳学院全员导师制和科研管理制度,对于培养学生的科研能力,既提供了制度保障,又指出了实践路径。针对传统教学的局限、大一新生迷茫失措等问题,笔者利用导师课,鼓励学生参加经典诵读,拓宽知识面,适应大学学习模式。在导师制实施基础上,以《中国古代文学》课程教学为抓手,持续推进经典诵读,创新教学理念,利用学校资源和平台,指导学生参与校级科研项目,在合作中逐步实现了科研素养培育这一目标。

一、启动经典诵读,优化课程教学

　　"中国古代文学"是汉语言文学专业的学科基础必修课。本课程目标的终身点是培养学生的核心素养。上海交大学者苏永康说:"课程目标的终身点,是指能够让学生终身受用,10—20 年后仍然有用的知识,也即核心素养。"①由于该课程的知识和理论既抽象且有难度,要实现课程目标终身点,就要以课程为媒介,对传统教学过程、模式与方法进行大胆突破和创新,激励学生改变已有学习模式和方法。为此,笔者与学生通过开展经典诵读活动,尝试创新课程教学。

---

　　①　苏永康:《在线教学新常态下混合式课程的创新之路》,2021 年河南省一流本科课程建设与应用线上培训资料,2021-11-20。

(一)借经典诵读创新课程教学

长期以来,信阳学院"中国古代文学"课程教学,采用的基本上是传统教学模式:教师讲授,学生被动接受。教师讲授也大都依循"概述时代背景—简介作者—生平思想—分析其代表作—总结艺术特点及其在文学史上的地位"的单调模式。学生通常是"一人一书"的固有听课模式,毫无教学前的准备工作,因而不懂老师所云为何,自己需要何为,听过的课程内容,如过眼云烟,很难形成知识网络,何谈能力培养。而且,学生平时不投入时间积累和练习,期末考试前临时突击,通宵达旦地背记知识点,艰难应付考试。

传统教学模式极不利于发挥学生的主体作用和调动学生的积极性,很难培养学生未来终生受用的核心素养,也很难从"老师教"为中心转变到以"学生学"中心的教育新理念。为此,笔者与学生讨论商量,决定开展课程专题活动——经典诵读。该活动的目标,旨在激励学生通过诵读《中国古代文学》经典篇目,以作品为载体,培养学生知识、能力和情感态度价值观。具体而言,知识方面:积累对文学的感性认识,增加专业知识;储备丰富的中国古代文学和作家作品的相关文体知识、语言及修辞知识、人文精神和艺术追求。能力方面:在诵读作品的过程中,养成鉴赏和批评文学作品的能力,涵养文学素养和人文素养,促进自身的成长,提升人格境界,培育综合素质。情感态度价值观方面:增强文化自信,具有自我认同感和文化归属感,激发民族自豪感和坚定爱国心,学习经典作品所体现的优秀人文精神传统,提高思维品质和审美悟性。总之,经典诵读活动,让学生在具体实践中,以作品解读该课程的知识与理论,提升学习过程中的参与感、获得感和成就感。

(二)用组织管理助力经典诵读

首先,启动"经典诵读"。自2017年始,笔者组织自己所带导师组大一新生与大二学生一起开展"经典诵读"专题活动。其目标是学生自愿参与,参与者每学期诵读经典作品100篇,出口即熟练吟诵。其中,50篇选自每学期的《中国古代文学作品选》,具体篇目由同头课教师确定,学委、班长整理电子版并校对,学生保存资源,随时使用。

"经典诵读"启动仪式上,邀请正在参与诵读及已经读研的同学,分享诵读经历与体会,并对大家遇到的共性问题,如因为惰性不能坚持、不理解作品、诵读困难、进度缓慢等情况,进行开放式讨论,学长、学姐会分享、交流自己的经验和做法,激励学弟、学妹积极参与此项活动。

其次,管理"经典诵读"。一是具体时间与地点安排。周一至周五每天清晨7:00—7:30,地点选择第一节无课的教室,时间地点基本固定,学生有规律可循。二是笔者与班长、学委主动参与,团队协作,营造氛围。三是参与者互相激励,乐观坚持。

最后,受益"经典诵读"。五届新生和大二学生参与此项活动,在日常诵读中,无为而为,受益良多。一是学生诵读经典,由量变带来质变,潜移默化地提升了专业素养和文学修养,很好地为"中国古代文学"课程学习打下基础;二是经典作品的积累,助力了学生未来的考研选择。一些同学,因为曾经参与了"经典诵读",储备作品丰富,基础扎实,考研继续深造。三是大学的这些学习实践与经历,同样适用于他们未来的教师职业。他们凭借自己的实践和方法组织此类活动,带领学生学习和传承中国传统文化,得心应手。四是此项活动既培养了学生的自主学习能力,又很好地服务了课程教学改革,提升了课堂教学效果。

二、坚持经典常读,推进教学科研

文科类课程学习,需要大量阅读。对于古代文学课程,尤其要常读经典。实践证明,学生参与经典诵读,既有助于课程学习,培养专业兴趣,也可帮助学生在质疑和解决问题中,体验科研探索过程。

（一）辅助课程教学,培育专业兴趣

"工欲善其事,必先利其器"[1],笔者与学生一起开展的经典诵读,就佐证了此话。学生积累了经典,师生能在交流讨论中,解决课程教学内容与重难点,教学效果呈现良性循环态势。学生因掌握了"中国古代文学"课程内容,

---

[1]　论语[M].杨伯峻,杨逢彬,注译.长沙:岳麓书社,2000:147.

积累了较扎实的专业基础。因此,能更轻松应对课程学习,在考试中取得优异成绩。

近几年的考研笔试,文科类都有大综合一科考试,内容涉及汉语言文学专业所有课程,一些同学因大一、大二参与了经典诵读,"中国古代文学"课程基础较好,成为考研的一大优势。如李兰兰同学,在研究生面试时,从容对答面试主考的问题一:你们在大学里开展过古代文学的专题活动吗?她自信地介绍经典诵读活动。问题二:诵读辛弃疾的词《摸鱼儿》,说说作品中的典故。她吟诵流畅,典故解释清楚,面试成绩优异,被顺利录取,圆了读研梦。曾思莹同学在选择专业和学校时,由于基础扎实,自信地选择南昌大学的中国古代文学专业,复习备考轻松,顺利通过笔试、面试,被学校录取。平新浩、李雨芳等同学也因"中国古代文学"基础扎实,分别考取福建师大、河南大学的文献学、语言学及应用语言学专业。李梦娟同学在考研笔试中,因经典诵读积累作品丰富,在作答古代文学一科时,恰当运用作品,充分阐述,该科满分150分,她取得了139分的好成绩。她与笔者交流学习体会时,深有感触地说:"古代文学一科,受益于经典诵读,特别感激老师带着同学们共同走过的那段学习经历,诵读经典让我积累了扎实的专业基础,未来也会在学习和研究中继续坚持这种读书方法。"

2020年,在新冠肺炎疫情影响之下,在线教学成为常态化的教学模式,在线学习融入课程教学成为一种新的发展趋势。笔者与导师组学生与时俱进,尝试将经典诵读与在线学习平台进行关联,变革学习方式和学习体验。同样是经典诵读,我们运用雨课堂平台建立激励机制,学生每完成一篇经典诵读,给予相应的学习奖励,记录于雨课堂,学生实时看到自己积累的学习数据,感受到完成学习任务后的收获和快乐。于是,在线技术与日常读书如盐入水般地融入专业课程的学习,经典诵读就有了趣味性,学生的积极性和专业兴趣,逐渐培养起来。同时,学生在诵读中获取的知识和能力,也是他们未来长久受用的核心素养。

杜威有一个著名的观点,"教育即生长"[①],从学生发展成长的角度而言,

---

① 杜威.民主主义与教育[M].王承续,译.北京:人民教育出版社,1990:45.

教育是让学生在求学阶段感受到学习是幸福而有意义的事情,并以此为幸福而有意义的一生创造良好的基础。从这个层面来说,经典诵读活动,让学生感受到了学习的快乐和意义。

(二)敢于质疑发问,尝试解决问题

笔者秉持的教学理念是,鼓励学生以质疑态度读书和学习,即使在课堂教学中,也欣赏学生发问。对其中有价值的问题,指导学生查阅相关资料,尝试研究和解决。经典诵读实践有效地培养了学生的这种学习习惯。

2018—2019 年,导师组同学进入大二,所用教材中引文有个别讹误。于是,我鼓励学生认真阅读、质疑教材,标记问题。

对发现的问题,逐一进行查证,由徐彩丽等同学对照权威版本原典,订正教材引文错误。例如:

"《商君书·外内》曰:奚谓肖道,为辩智者贵,游宦者任,文学私名显之谓也。"应为:"奚谓淫道?为辩知者贵,游宦者任,文学私名显之谓也。"(蒋礼鸿.商君书锥指[M].北京:中华书局,1986:128.)

"《鼎》九四曰:'鼎折足,覆公饨餗,其形渥,凶。'"应为:"《鼎》九四曰:'鼎折足,覆公餗,其形渥,凶。'"(餗:鼎中的食物。)(周易[M].冯国超,译注.北京:商务印书馆,2017.)

"《卫风·伯兮》引文:'自伯之乐,首如飞蓬。岂无膏沐?谁适为容!'"应为"自伯之东,首如飞蓬。岂无膏沐?谁适为容!"(诗集传[M].朱熹,注.北京:中华书局,2011:52.)

"石碏谏卫桓公宠州吁,……",应为:"石碏谏卫庄公宠州吁,……"(公子州吁是卫庄公宠妾的儿子,卫桓公应是卫庄公之子。)(杨伯峻.春秋左传注[M].北京:中华书局,1981:34.)

"执古之道,以御语今之有。"应为:"执古之道,以御今之有。"(老子道德经校注[M].王弼注,楼宇烈,校释.北京:中华书局,2008:32.)

"将仲子兮,无逾我里,无折我树杞。岂敢爱之?畏我父母。仲可怀也,父母之言亦可畏也。"应为:"将仲子兮,无逾我里,无折我树杞。岂敢爱之?畏我父母。仲可怀也,父母之言,亦可畏也。"(诗经[M].葛培岭,译注.郑州:中州古籍出版社,2007:88.)

以上六处举例,说明教材引用原典存在问题。发现这些问题,首先,学生需要有质疑、发问的精神和勇气。其次,学生发现教材引文讹误,能根据善本进行校正。发现、校正讹误的重要基础,是学生熟悉原典文本及引文中人物的关系。最后,校对一本完整的教材,需要熟悉大量的经典,这得益于学生经典诵读的积累。可以说,基于课程教学开展的经典诵读,虽然形式上看似是诵读单篇作品。但是,借助一定的教学活动,就应用到解决学生的实际学习问题中,诵读经典累积的力量就能彰显出来。

当我们将整理的教材问题,呈给作者和出版社编辑时,他们表示一定会逐一修订,优化教材。我们师生基于经典诵读对所学教材进行的校正,使学生在实践中明白了如何质疑和发问,以及怎样解决问题,真正学到了方法,其中的成就感和收获感,不言而喻。

三、参与课题实践,培育科研素养

师生基于课程教学开展的经典诵读,发现了很多值得研究的问题。笔者利用学校的科研平台,鼓励学生积极申报大学生科研项目,研究其中的问题,锻炼科研能力。

(一)生师交流讨论,申报校级课题

肖菲和巴霖霖是我导师组的学生,她们通过申报校级课题,研究经典诵读过程中发现的问题。

首先,引导她们筛选问题,锁定一个作家,关注作家的流寓经历。其次,从知网、读秀、维普等资源库搜索阅读相关的研究成果,分析问题研究现状,梳理尚未研究或研究较少的问题,作为课题研究角度。最后,根据信阳学院科研处大学生课题申报文件要求,指导撰写课题申报书。

以上三点,只是理论和理想状态的课题申报思路。实际上,对于从未尝试科研的俩同学来说,"看花容易绣花难"。笔者耐心地通过谈话、交流、讨论,指导她们确定选题:萧红香港流寓文学作品特征和薛涛诗歌中花意象的典型意义。申报书的撰写,老师要认真批阅其中的内容,给出建议,指导她们反复修改完善。从选题到完成申报书、获批立项,师生往往需要多次面对面或在线交流,其间需要花费大量的精力和时间。

老师手把手带着学生参与科研,学习一项崭新的事情。从不明白、不知如何下手,到完成申报书,学生在反复的追问和实践中进步和成长。老师在与学生的对话和交流中,启迪学生的智慧,授之以"渔",培育学生的学术素养。

(二)师生互动合作,经历科研过程

完成课题申报和立项,接下来的漫长工作,是老师指导学生进行课题研究。首先,指导学生阅读作家原典,从课题申报的角度梳理有价值的资料,按照论文规范分类整理。其间,老师分类解答、指导学生阅读和整理资料遇到的问题。其次,阅读已有成果,搜集研究所需的资料。最后,根据课题研究思路,结合资料,撰写、修改论文。

笔者从论文逻辑、结构、语言、论证、引言和结论等各个方面,对论文进行细致指导。如肖菲论述萧红香港流寓时期的创作特色,将其流寓香港的创作与在故乡时的创作进行比较论证时,存在行文观点不明确,论证逻辑不清晰,内容多是对作品的解读和赏析,缺少文献支撑,语言冗长,语句不连贯,符号使用不规范等问题。笔者就结合作家作品和论文观点,指导她一次次修改,直到观点明确,语言流畅,语句简洁,逻辑清晰,符号规范,才稍微放一放。过几天,再读再修改,不断完善,直到文从字顺,格式规范,行文完整,方可定稿。巴霖霖同学除了以上问题外,在论证花意象的典型意义时,虽然写成了作品赏析,但是缺乏客观和理性的思维,需要老师具体指导修改思路。

完成论文后,笔者在刊物选择、开具发票、发表周期等方面给出具体建议,指导学生完成成果转化、课题结项、科研经费结算,直到学生拿到结项证书,才算完成本次课题研究。两位同学基于解决经典诵读遇到的问题,在实践中体验了科研过程和方法,积累了学术素养,拿到了科研奖励,感受到了学习的快乐和收获。

四、结语

在培养学生科研素养的路上,借助导师制,激励大一新生融入大二同学的经典诵读专题活动。有了大一为期一年的积累,到了大二,笔者以课堂教学改革为契机,激励学生在参与教学的过程中,坚持阅读经典,发现问题,并通过申报校级科研项目,在实践中解决问题,完成课题结项,获得科研奖励。学生在循序渐进的实践中,体验了学习的苦与乐,积累了终生受用的核心素养。教师在与学生的合作中,探索出利用学校导师制和科研平台,培养学生科研素养的具体实施路径,实现了教学相长。未来教学中,笔者将与学生一起继续利用导师制,坚持经典诵读,反思、迭代、优化课程教学,践行"三全"育人和以学生为主体的教育理念,更好地培育学生的学科和科研素养,实现立德树人根本教育目标。

(作者为信阳学院文学院教师)

科研育人,让学生插上理想的翅膀

王玉磊

育人既是高等院校的日常工作和任务,也是高校思想政治工作开展的优势。科研育人是三全育人的重要环节,具体来说,就是在高等教育中,教师通过指导学生参与科学研究活动,培养学生在科学认知方面的素养,提高其参加科学研究及解决实际问题的能力;同时,以全面提升学生的思想品德、意志品质、人格操守、职业道德等作为科研的指导方针,最终实现立德树人的根本目标。

全员导师制是信阳学院全面落实立德树人根本任务、打造十大育人体制的重要举措,是新时代育人工作的重要品牌。旨在让每一届全体新生一入校就能及时受到全校师长的深情关爱、精心指导,为四年的大学生活开好头、把好关、"扣好人生第一粒扣子",打牢基础,从而顺利实现德智体美劳全面发展,成为有用之才。

大一新生在入校前常常对大学生活有着无限美好的憧憬。多数新生在高中时对所报考的学校和专业不甚了解,期望和现实的差距总是存在的。由于自身没能尽快实现角色转换,常常会感觉无所适从,从而容易被各种错综复杂的现象模糊了视线,迷失自我。作为一名导师,针对这种情况,我从"为什么要读大学""大学到底学些什么""大学我该如何学"这三个方面出发引导学生明确学习方向,实现从应试教育到素质教育的转变。大学学习的目的是掌握一定的专业知识和技能,提高自身的素质。实现这一目标就要从学好专业课,提高专业技能,培养高尚道德情操,锻炼组织社交能力,提高身体和心理素质等方面去努力。在学习内容上注意寻找自己的学习兴趣,除完成正常的学习任务外,应根据自己的兴趣养成发现问题、思考问题、研究问题的习惯,变被动学习为主动学习,提高学习的自觉性和自主性。

2017级的小张同学是我的一名学生,我既是他的专业课老师,也是他的导师。我们不仅在生活中交流较多，而且在学习中讨论也比较频繁。交谈中我发现他比较喜欢数学，尤其是数学建模这一块。于是就在平时学习中提出一些常见的生活问题，引导他先从数学语言去描述，然后利用数学知识去解决，潜移默化中融入数学建模的思想。比如，在学习数学分析课程中闭区间上连续函数的零点定理后，我提出了在生活中"椅子在不平的地面上能否站稳"的问题。显然生活经验告诉我们，如果椅子只有三只脚着地，放不稳，然而只要挪动几次，就能够四脚着地，放稳了。那么这一现象能不能用数学语言来证明呢？提出该问题后，我们一起做了一些合理的假设：椅子四条腿的长度一样，椅脚与地面接触处可视为一个点，四脚的连线呈正方形；地面高度是连续变化的，沿任何方向都不会出现间断；对于椅脚的间距和椅腿的长度而言，地面是相对平坦的，使椅子在任何位置至少有三只脚同时着地。之后利用这些假设，我们就可以用数学语言把椅子四只脚同时着地的条件和结论表示出来。最后，再利用所学的知识零点定理对它进行证明，从而解决这个问题。此外，我们还进行一定程度的反思，例如四脚的连线呈长方形的情况该怎么办？旋转轴在哪里？四脚绕旋转轴时怎么变化？通过这些反思，引导他从不同的角度去思考问题、解决问题，在解决问题的过程中提高学习能力，进而让他体会各知识之间的相通性，掌握其内在联系，极大地促进了他的认知结构的发展与完善。经过一年多的理论知识学习之后，我又从专业课的某些知识点出发，给他一些比较难的题目，让他从中发现问题、思考问题，进而举一反三。同时他也从中编制一些题目，让我来做，形成一种互动模式，潜移默化、逐步地提高他分析问题、解决问题的能力。

当然，学习中不可避免地存在困难学生面对不同程度的困难会产生不同的情绪。当困难"高不可攀"时，易气馁、恐惧；获取知识过易会盲目自满，这些都容易挫折学生学习的积极性。要使每个学生都以积极的情感对待困难，应注意到学生的差异性，分层设置障碍。就同一问题可设计不同层次的问题，使每一个学生都对其中的一些问题给出自己的想法，并应用鼓励、表扬等手段，逐步培养学生克服困难的信心和勇气，并通过学生的劳动获得成功，让他们享受解决问题后的快乐。因此，在教学时我以"努力跳一跳，够得着"为原则设法创造多种方法和各种渠道，让学生通过自己的努力和他人帮助，最终获得成功；让学生体验到苦尽甘来的欣喜与快乐，逐步形成自信而不自大的心态。

马克思说:"有一种唯物主义学说,认为人是环境和教育的产物,因而认为改变了的人是另一种环境和改变了的教育的产物——这种学说忘记了:环境正是由人来改变的,而教育者本人一定是受教育的。"因此,作为高校教师,要坚持教育者先受教育的原则,积极践行社会主义核心价值观,严守学术道德,强化科研自律,严谨治学、求真务实、诚信敬业,全面担负起对所指导学生在思想政治和学术等方面全面成长的责任,切实做到把学生科研能力的提高与思想品德的提升紧密结合起来,使学生的思想品德在科学研究过程中潜移默化地形成,从而达到科研育人的目的。

(作者为信阳学院数学与统计学院副教授)

践行"科研育人" 助推高质量人才培养

殷秀萍　黄成勇

一、当前高校科教结合协同育人发展现状

科研育人,简言之就是以科研的方式培养人才,教师带领学生参与科研项目,向学生介绍前沿的学术热点问题,在师生共同完成科研任务的实际操作过程中向学生传授科研经验和方法,逐步提高学生的科研能力。科研育人,可以引导学生养成在学习中研究、在研究中学习的良好习惯,增强学生通过实际操作来分析和解决实际问题的能力,激发学生创新创造的热情,从而培养具有严谨科学素养和一定研究能力、适应国家需求和社会需要的优秀人才。

科研育人通过营造良好的学习氛围和研究风气,提升学校的育人水平和学生的综合素质,是新时代高校落实立德树人根本任务的重要手段,也是新时代高校改革创新发展的内在要求。

在近几年由中共中央办公厅、国务院办公厅以及教育部印发的关于高校学生培养意见和培养纲要中,也都强调了要将科研育人落实到新时代社会人才的培养实践全过程。为此,如何使人才培养更加契合时代发展诉求,呼应国家现代化发展主题,将科研与教学相融合,良性互动,提升人才培养质量,是摆在当前高校教育面前的一项重要议题。然而,随着社会现代化的发展,高校在具体实施科研育人培养中也面临一些难题。

(一)学生科研基础薄弱

大多数本科生在高中阶段以应试教育的学习和训练为主,相对来说缺乏对自身创新精神和创新能力的培养,导致创新意识较弱,创新能力相对不

足。而在高校的改革进程中,对学生心理健康的关注不够、培养市场需要型人才的针对性不强、科研成果转换的力度不大,导致学生科研实践投入较少,科研积极性不高。

(二)师资队伍建设有待提升

高校通过将教师晋升和科研成果挂钩,激励教师投身科研,这给教师带来极大动力的同时也使教师对待科研出现功利化倾向,教师群体治学态度出现问题。这将影响学生的科研态度,甚至让学生对待科研充满负能量,进而影响整个高校的科研氛围。尤其是对学术质量的把握和提升产生极大影响,学术成果会变得经不起检验。

(三)育人过程的持续性不足

目前科研育人并未发挥育人的长效机制,各阶段关于科研方面的教育相对独立,不能融会贯通,形成系统。学生在入学之后迷茫而散漫,没有明确的学习规划,不能着眼于相关专业的学术积累,导致后期的科研基础薄弱。大多数学生都是进入硕士阶段才开始大量学习相应知识,本科生缺乏相应的科研锻炼。

二、深化科研育人,强化学生培养

作为民办高校,培养高质量应用型人才是学校的基本立学宗旨。因此,在科研育人的探索中,为培养学生的应用性能力,进一步挖掘学生的创新意识,强化学生学习的严谨性,以及更好地满足社会发展的需求性,我校紧跟时代节拍,推进了全员导师制,将科研育人贯彻其中,大力开展各类科研训练活动,不断推进教学改革,将科研育人要素深入学科教学中,并通过制定符合学生学习的完整科研环节和程序,以及相配套的评价体制和机制,鼓励本科生积极参加科研创新,充分激发学生们的学习探究意识,塑造学生们的科学精神,在服务社会的基本价值理念之下,让学生学习、成长,投身于现代化建设,从而打造出了具有信阳学院特色的育人品牌。

（一）深化教学驱动科研育人

为更好养成学生的动手实践能力，充分将学生的思维和行动调动统一起来，教师则要注重塑造学生多方面的能力，运用一定的手段和方式，让学生由感兴趣到参与，再到自己动脑动手完成相关研究或任务，这就需要教师寓教于研，研中施教。为此，教师要时刻关注当前社会发展趋势，在平时多加整合相关科研资源，以及相关领域的前沿科技成果，并能够运用有效手段，将之渗透到日常的教学实践中去，使之成为优质教学资源，既助力我们的课堂教学，也能够让学生潜移默化地关注现实发展动向和需求，并有意识地投身到研究实践中去，从而达到我们现代化的创新型、实践型人才目标的培养。在开展全员导师课中，学校基于我们的人才培养目标，更好地适应创新型发展要求，推行了学生科研创新方面的全过程"导师制"，学生们从大一开始，学校就为每一个人都分配一名导师，作为专业教师进行全过程全方位的引领指导。此外，还开展各类相关项目教育，通过这些项目或者活动，来引导学生发现问题，然后以问题为导向，进行项目活动研究，从而培养学生自主学习、科学思维、敢于创新和适应社会等综合能力。在此过程中，教师为参与科研项目的学生进行指导，帮助学生形成系统化认识，让学生学会从不同角度发现和解决问题，以此来强化学生的研究精神和实践动手能力，为他们后续参与科技创新夯实了基础。

（二）搭建平台拓展科研育人

在科研育人视域下，我们的教育教学要转变以往单一的知识灌输，要注重向学生传授学习方法，要让学生更多地通过在相关理论知识的指导下，积极开展学习实践；科研也要改变单纯的看重科研成果，要更多地通过研究实践全过程，让学生具备这种活动能力，使科研更好地成为一种教学载体，让学生和老师在相互合作和探究中，形成良好的科教关系，实现教学相长，从而更好促进学生创新思维和能力的培育。为搭建平台拓展科研育人，信阳学院广泛开拓大学生校外实践教育基地，打造有效实践平台，为学校师生科研提供基础保证，还在校内广泛开展相关学生实践活动，如大学生创业大赛、大学生学科竞赛、大学生技能竞赛等等。为更好引领教师和学生的创新发展动力,学校还着手成立了创客空间,投入一定量的空间和资源,为学生提供创业平台,将学生创业项目和科技社团整合统筹起来,并向全校师生全免费开放平台资源,形成独具特色的校园创新区。但是,当前学生们还存在一些客观短板,如社会经验不足、社会锻炼不够等,这使得学生在进行创新创业发展时,由于缺乏对当前社会发展趋向性和社会需求性的科学研判,导致在此过程中,一些创新项目容易与市场需求相脱节,甚至不具备一定的社会实用性。为此,学校还成立了校企联合实践基地,将学生创新项目与企业相对接,并邀请企业参与到学生的项目开展中去,从而更好地将学生发展和社会发展有效链接,强化发展成果。

(三)强化队伍提升科研育人

为更好提升科研育人,信阳学院深入贯彻把人才资源作为第一资源,以培养现代化发展所需要的实用型和应用型人才为培养关键,加快新型化的师资队伍建设和科研团队建设,为人才培养构建强大的师资保障。学校为更好推动创新型人才培养,近些年也不断地在加大师资力量的扩充和师资结构的调整,按照相应学科发展要求,严把教师资格和准入制度,同时启动实施"硕博人才引进计划"、参与信阳市"招才引智计划",不断完善教师评聘和考核机制。此外,为更好打造科研型师资队伍,学校运用各种手段和方式,不仅引导教师积极掌握科技创新发展前沿动态,而且在学习导师制度下,构建师生一体化的科研团队,共同关注科研发展趋向,塑造集体攻关、联合攻坚的科研团队意识,强化团队研究实践活动和成果。学校还制定了关于科研工作的发展目标要求,以学科发展特点为基础,提供相应的学科建设平台和发展资源,在有效加强学科应用性的推动之下,切实通过师生们的科研创新,促进学科发展以及相应的研究成果转化。为更好提升师生们的科创动力,学校还不断完善科研体系,构建科研网络信息平台,以供全校师生共享共创,还加大科研经费的管理和投入,提高学科建设与科研工作的绩效比例,通过多方面的支持和大力推动,形成了全校科教成风的良好氛围。

三、结语

新时代,社会发展步入新的历史方位,而在这一新的社会发展背景之下,在推动科研育人的征途中,也要在不断地探索和实践中走向新时代发展。信阳学院秉承创新型应用型人才培养目标,践行开放创新的办学精神,通过开展全员导师制活动,从各个方面加强学生的全方位培养,尤其是将科研育人融会贯通到学生的全过程培养中去,同时又将思政教育、人才素质培养目标融入科研素质培养过程中,将本科生教育与社会发展趋向协同起来,引导本科生参与研究创新实践活动中去,通过科研活动的全过程和学习的全方面体验,让学生有更强的学习意识和社会发展认知,从而了解个人以及社会发展需求,强化学习动力。学校最大限度地整合各种科研资源,创造良好的开放性学术氛围,形成师生一体化的科研团队,让教师在完成相应的科研任务时,带领本科生共同参与科学研究、发明创造、技术开发等科研创新实践,形成科教结合、良效互动的导师制教育教学,从而助力本科人才培养质量的提高。而在科教融合的教育理念培养中,同时将服务社会、报效国家的伟大志向植根于学生的个人追求和发展之中,引导学生牢固树立敢为人先的科学态度,在学生心中播撒智慧和创造的种子,引领学生以梦为马,走出了一条高质量应用型人才培养的发展之路。

(殷秀萍为信阳学院马克思主义学院教师;黄成勇为信阳学院马克思主义学院副教授)

全员导师制服务育人机制作用分析

赵俊远

中共中央、国务院《关于进一步加强和改进大学生思想政治教育的意见》为我国加强和改进大学生思想政治教育工作指明了发展方向和实施轨道,尤其是 2016 年习近平总书记在全国高校思想政治工作会议上强调:高校的立校之本是立德树人,要坚持把立德树人作为中心环节,把思想政治工作贯穿教育教学全过程,实现全程育人、全方位育人,努力开创我国高等教育事业发展新局面。全员导师制是我校全面落实立德树人根本任务,由全体师生共同参与的一项综合性三全育人项目,根据课程、科研、实践、文化、网络、心理、管理、服务、资助、组织等方面工作的育人功能,打造"十大一体化"育人机制。

高校全员导师制,就是在实行专职辅导员的基础上,充分挖掘任课教师和行政管理人员的德育潜能,不仅要关心学生学业发展,更重要的是要从思想、生活、道德品质、人生规划等方面关注、指导学生健康成长。使大一新生能够更快适应远离家乡的大学生活、更快地融入集体,使学生能够在大学校园内各方面能力得到提升。

一、目前高校全员导师制现状分析

(一)现代大学生特点分析

现代教育观点认为:以学生的发展为本是新课标的核心理念。作为一名高校教师应该面对全体学生,关注每一位学生,了解每一位学生的基本情况,注重每一位学生的成长,发展每一位学生的个性,只有这样才能做到"因材施教"。

1. 自我意识强

目前在读大学生大多为"00后"独生子女,备受父母宠爱,他们不仅喜欢有个性的事物,而且在着装、兴趣爱好、言行举止上也具有强烈的个人特色。很大部分学生群体性责任意识较弱。

2. 实践能力较弱

目前大学生的抽象思维能力特别是辩证思维能力高度发展,思维的独立性和批判性、逻辑性与创造性等品质逐步完善。思维敏捷,善于发现问题,提出问题,能够较为全面地分析问题。但是由于学生大多为独生子女,在家的动手能力弱化,缺乏实践经验,解决实际问题的能力较弱,缺乏团队意识、人际沟通能力且自我认识能力较弱。

3. 抗挫折能力低

当代大学生从小就过上了衣食无忧的生活,当他们从高中步入大学校园后,才发现人才济济,竞争压力极大,成绩并不是唯一的评判标准,原本以成绩为荣的学生会觉得备受打击。目前大学生社会阅历浅,考虑问题存在片面性,有时候在面对一些问题时难以及时进行自我调节,会产生消极的态度和行为,抗挫折能力较弱,对学生的未来发展极其不利。

(二)全员导师制推行现状

信阳学院自2015年起根植自身实际,创新工作思路,开展实施全员导师制育人工作。坚持工作以大一入学新生为教育主体,以每月一次的导师课为抓手,每名导师在思想、专业、生活等方面为学生提供专业化、系统化、亲情化的指导。

1. 定期与学生展开沟通

导师定期与学生进行近距离沟通,了解学生每个阶段的具体情况以便于了解学生生活学习情况及心理变化,让学生感受到老师的关心。

2. 组织团建活动

见面交流方式多样化,在保证安全的前提下,适当组织学生参与一些活动,增加学生之间交流的机会,通过活动提高学生沟通交流等方面的能力。

3. 教师广受益

全员导师制真正实现了教学相长,导师根据沟通等方式了解学生并进行精细化的引导,辩证施教。师生双方可以平等交流、相互沟通、互相启发、共同进步。从而能够实现共识、共享、共进、共同发展。

二、以指导学生升学、就业为例浅谈服务育人机制作用

将"育人"贯穿在从学生进入校门到毕业走上社会的全过程。当学生刚踏入大学校门那一刻,就应该给学生灌输就业与择业的意识,结合学生自身及家庭情况进行就业指导和引导,使学生了解所学专业就业前景,帮助学生提前做职业生涯规划。当应届毕业生完成了在学校学习的过程,毕业生能否顺利毕业再就业、如何就业、升学等成为导师的关键性工作。把握好考研调剂、复试和公务员政审等的重要节点,做好面试指导和配合录用单位对学生的考核。关注关心学生毕业离校情况,尤其是离校后要一如既往做好毕业就业服务工作,指导学生办理改派、落户和调档相关事宜。学生毕业不代表学生工作的终止,毕业后的学生工作也是全过程育人的一部分。

(一)对考研学生进行全过程指导

根据每个学生的实际情况,指导有考研意向的学生尽早准备考研事宜。目前就业形势严峻,考研升学成为大部分学生毕业首选,但考研是一段沉默的时光,一段需要付出努力和汗水的时光。决定是否考研一定要有自己清晰的目标,不能盲目地跟风,需要给自己精确的定位和理由,考研需要学生明确自己的目标,这样才会有前进不懈的动力。3月份会与有考研意向的学生进行择校交流,帮助学生明确自己的目标及意向院校。帮助学生了解所学专业相关院校招生信息动态,鼓励学生根据自己学习情况和基础适当选择学校,对跨专业考研学生进行专业情况分析,帮助学生完成学校和专业的选择。定期对考研学生进行心理疏导,监督学生努力学习、坚持目标的同时观察学生状态,对有困难学生给予帮助。做好考研学生冲刺阶段辅导工作,对存在心理压力的学生进行指导及慰问。在学生整个考研的过程中帮助学生克服困难、被成功录取,同时使自我教学责任心和使命感得到提升。

（二）对应届毕业生进行就业指导

学校、家庭、社会都应承担起解决大学生就业工作的职责,以学生为出发点,形成推动就业的合力。从大一开始给学生灌输要提前为就业做准备的思想,尽早做好职业生涯规划。鼓励学生在整个大学学习过程中多参加与专业相关的社会实践活动。为有考公、考编、选调生等意向的学生提供指导和学习监督。将就业指导和相关服务工作贯穿于教育工作的始终,渗透于学生工作的方方面面,加强学生的就业积极性、自主性和参与度,切实提高就业工作的实效性,稳步推进大学生就业工作。关注毕业生的思想动向、生活现状和心理健康问题,及时施策。学生在毕业阶段会产生多种不同的问题,如学业未完成的焦虑问题、即将走上社会的心理适应问题、求职失败的受挫心理问题、生活上的困难问题等。

三、实行"全员导师制"的作用

（一）引导学生适应新生活

为使学生更好地适应新的学习生活环境,学校组织"开学第一课入学教育"工作,使学生对所学专业有初步的认识和了解,以便学生对今后学习和生活进行具体规划。组织安排与所指导学生进行第一次见面活动,面对面与学生进行交流,了解学生的基本情况,引导学生制订大学四年生活的计划及未来发展规划。使对学生教育从过去的"粗放管理"变为细致引导,特别是一些有心理问题的学生,在指导过程中会使他们在思想观念、学习态度、人生规划等方面有明显的改变。

（二）促进师生交流

大学教育与中学教学有所不同,学生与任课教师的交流机会较少,推行导师制最大的优点就是提供了学生与老师近距离交流的平台,符合因材施教的原则,老师能够通过自身的人生经验分享等去切实地影响学生。学生面对疑惑时导师能够及时给予解答。教师兼任导师,在与学生沟通的过程中也提高了自身的思想业务水平,增强了工作的责任感,对于教师自身也是一种提升。

(三)促进学生全面发展

导师制克服了过去单独的辅导员教育管理工作不足的问题,学生教育由过去的远距离教育变为近距离、面对面、一对一的指导交流。消除了学生对老师的距离感,营造平等交流的氛围感,更直接地对学生进行人生学习规划指导,更全面地了解每一位学生的发展情况,鼓励学生积极参与其擅长的活动,有利于学生全面发展。

四、结语

导师工作是意义深远且烦琐、复杂的工作,"责任心"是有效完成工作的保障。尽管导师的工作能力有所不同,但其目的只有一个,那就是帮助学生健康成长,在大学四年生活中不断完善自我,为将来升学或踏入社会做好全方位的准备。全员导师制的推行对于教师也是一个成长与锻炼的机遇,在指导学生的同时,从学生身上也学习到了许多新鲜的事物,能够使自己不断更新,不断学习新鲜事物。本科生导师制尊重学生个性,注重学生个体综合素质和技能的培养,真正实现了教书育人、教学相长的教学理念,是现代创新教育的一种新兴模式,也是新时期学生工作有效实施的强大保证。随着高校教育体制改革的不断深入,相信本科生导师制也一定会在实践中不断完善,发挥其积极的作用,从而更有力地促进我国素质教育的发展和创新型人才的培养。

(作者为信阳学院商学院副教授)

服务育人理念下构筑师生双向平等沟通渠道

文成业

党的十八大以来,习近平总书记围绕"培养社会主义建设者和接班人"作出一系列重要论述,深刻回答了"培养什么人、怎样培养人、为谁培养人"这一根本问题。面对时代新命题,教师要牢固树立服务育人新理念,将服务育人贯穿于育人全过程之中,积极探索服务育人与学生日常事务管理深度融合路径,全力构筑良好的育人生态体系,切实履行好"为党育人、为国育才"的光荣使命。在深入推进全员导师制实施背景下,本文从服务育人理念出发,结合实际案例,试图分析导师如何通过构筑师生双向平等沟通渠道的服务育人举措促进学生成长成才。

一、案例陈述

大一新生小冯同学自选宿舍时抱着随意的心态选取,未能与本班同学同寝,而是与五位大二学姐混寝。由于学习、生活习惯不同,加之自身性格孤僻自闭、不善表达,导致与宿舍室友沟通不畅,经常发生小摩擦;进而产生想换宿舍的想法,但因害怕老师不同意,未选择与班级辅导员或公寓办负责老师进行沟通协调,而是自己与班内同学沟通协调,想换到有空床位的原班级宿舍,但均未得到同学同意。

二、案例分析

案例中的小冯是一名大一新生,因宿舍人际关系问题,产生换宿舍的想法,但该生没有选择与辅导员沟通,通过正当的宿舍调整程序更换宿舍,而是选择私自更换宿舍,来实现自己的诉求。致使该生出现这种行为的原因主要有:一是对老师缺乏信任感。小冯作为大一新生,入学时间较短,与老师之间的信任基础还不牢靠,不愿意向辅导员老师倾诉自己遇到的困难。二是对老师存在敬畏感。受传统权威型师生关系的影响,小冯认为老师是权威型、命令型的管理者,并未将其作为自己成长成才的人生导师和健康生活的知心朋友,对辅导员老师具有一种天然的敬畏感,抱着"能避则避"的疏远心态,对辅导员始终保持一种距离,不愿寻求老师的帮助,进行正当程序的换寝。三是缺乏双向平等沟通渠道。小冯虽然在新生第一次班会上获取了辅导员老师的电话、微信等联系方式,但由于缺乏信任感和存在敬畏感,不愿意主动联系老师。与辅导员老师见面一般都是班会、查寝等集体场合,缺乏面对面交流沟通的渠道。

三、解决思路

信任、平等、和谐的师生关系是在活动和交往中逐步建立起来的,是师生间进行有效沟通的前提条件,因此要积极探索构筑师生双向平等沟通渠道,营造信任型、平等型的师生交流氛围,加强与学生之间的情感交流,增强师生间的信任度。在全校深入推进全员导师制实施的背景下,笔者从导师的角度出发,将导师课作为师生双向平等沟通的重要渠道,通过"加强交流、建立信任,精准需求、解决问题,耐心疏导、暖心回访"等举措,为小冯提供全方位、个性化的指导和帮助。

四、具体措施

(一)加强交流,建立信任

尊重学生、学会倾听、平等对话是与学生有效交流沟通、建立信任关系的重要原则。通过同学、室友等多种渠道了解到小冯在校的学习生活情况后,适时开展以"正确处理宿舍人际关系"为主题的导师课,在课堂中教育引导学生"宿舍是你们在学校的家,宿舍成员之间要相互尊重、理解包容、团结友爱,一个互相信任、互相关心、互相帮助的和谐稳定的宿舍环境,是你们在学校生活和学习的重要保障",并以宿舍人际矛盾的过往案例为引,让大家谈一谈在宿舍学习生活、人际关系处理中所遇到的困难,引导小冯能够与笔者进行交流沟通。在小冯讲述的过程中,笔者耐心倾听,不轻易做出判断,尽力去理解其每一句话,弄清小冯到底需要什么,尽量真诚地进入学生的内心世界。通过导师课的交流沟通,笔者与小冯建立起了基本的信任。与学生建立平等的信任关系,让学生不畏惧、不害怕,交流时不隐瞒、不伪装,双方真诚交流、坦诚相待。

(二)掌握需求,解决问题

秉承与学生双向信任的学生工作理念,尊重学生相信学生帮助学生,在解决实际问题中解决学生思想问题,在办实事好事中不断增强思想政治教育的效果。通过交流沟通,建立了基本的平等信任关系之后,小冯对笔者的信任感有所增强,与笔者进行真诚交流、不隐瞒、不伪装,笔者也借此详细了解了小冯与室友间的矛盾、为更换宿舍所采取的举措以及实际需求。笔者首先对小冯私自换宿舍的行为进行教育,通过对话诱发小冯思考,"'没有规矩,不成方圆',规矩对学校而言,就是学校的规章制度,无论是老师还是学生都必须严格遵守学校的规章制度,宿舍调整学校有明确的规定和正当的程序,其实你完全可以通过正当的程序来实现自身的合理诉求……";其次与学生共情,引导小冯信任老师,学会正确的处理问题方式,"老师具有一定的管理属性,但更多的是服务属性,老师从某种程度上来讲就是为学生在学校学习生活提供服务的,老师也是从学生时代过来的,因为大家生活习惯不同、性格不同等,难免会产生一些纠纷,也清楚由于混寝,可能与班级内同学交流互动较少,融入不进去班集体,这些你都可以来找辅导员反映,我相信辅导员也会尽心尽力地帮助你协调解决……";最后解决问题,组织一次学生、辅导员、导师的沟通交流会,将之前走访和现场沟通所了解的情况向小冯的辅导员反映,鼓励小冯现场向辅导员表达自己换寝的诉求,最终在辅导员的帮助下,按照正当程序提交调整宿舍申请,解决这一实际问题。

(三)耐心疏导,暖心回访

在帮助小冯调整宿舍后,笔者作为导师通过微信、电话等方式对小冯进行疏导,鼓励小冯要主动打开心扉,多与班级同学、宿舍室友交流沟通,积极参与班级、宿舍集体活动,并叮嘱小冯在以后学习生活中如果遇到问题,一定要信任老师、信任学校,第一时间向老师反馈,采取正当合理的措施来解决实际问题。同时笔者定期对小冯的新宿舍进行走访,详细了解其在新宿舍的学习生活情况和人际关系情况,并引导宿舍其他同学多关心、多爱护这位"新成员"。目前,小冯性格有了明显的改善,能主动与宿舍成员、班级同学沟通交流,宿舍人际关系也处理得比较融洽,学习生活已经步入正轨。

五、思考与感悟

育人理念是教师履职的指挥棒,是教师工作的精神纲要。习近平总书记在全国高校思想政治工作会议上的重要讲话中指出,思想政治工作要"围绕学生,关照学生,服务学生"。导师也是学校思想政治工作和教育管理工作的重要力量,这就要求导师要牢固树立服务育人新理念,加快从"重管理、轻服务"向"管理与服务并重"转变。作为导师只有站在学生发展的角度,不断强化服务意识,构筑双向平等沟通渠道,才能获得学生信任和依赖,真正做到贴近学生、服务学生。

(一)不断强化服务意识

在信阳学院全员导师制深入实施背景下,导师要坚持心系学生,以学生为中心,把学生放在最重要位置,本着为学生服务的心态开展各项工作,在客观理性的日常工作中融入感性的温度,努力成为学生成长成才的贴心人、知心人和暖心人。导师要充分利用好导师课这一教育服务和沟通交流渠道,以积极主动的姿态和作为,努力做到靠前服务和精准服务,主动关照学生、服务学生,充分了解每个学生的家庭背景、个性特征和心理特点,认真观察学生的细微心理变化,密切关注学生尤其是问题学生的日常动向,提前做好预判工作,在问题发生之前,积极做足防范措施,对学生投入真感情,切实把心思放在为学生排忧解难上,真心实意地为学生服务,兢兢业业,甘于奉献,勇于担当,与学生共同成长进步。

（二）构筑双向平等沟通渠道

教师作为师生沟通互动的主体行为者,必须转变传统的"上位"沟通角色,加快由"权威型""命令型"向"平等型""信任型""交往型"师生关系转变,师生之间的交往不再是居高临下的命令式、批评式、教育式,而是相互尊重、相互信任、相互理解的新型师生关系。在教育过程中,导师要充分发挥全员导师课的制度优势,着力构筑双向平等的沟通渠道,与学生进行推心置腹、坦诚相待的双向平等沟通,摒弃以往的管教姿态,而是要像对待朋友一样对待每一位学生,消除学生的畏惧感、疏远感,提升学生的信任度、依赖度,真正地了解到学生成长需求和权益诉求,为学生办实事办好事,实实在在地提升服务育人成效。

（作者为信阳学院教育学院辅导员）

为得花开尽芬芳　化作春泥润桃李

谷斯妮

毛泽东曾经指出:"我们的教育方针,应该使受教育者在德育、智育、体育几方面都得到发展,成为有社会主义觉悟的有文化的劳动者。"德育具有教化个人、引导人性进而促进社会发展、维护社会稳定的政治性功能。《国家中长期教育改革和发展规划纲要(2010—2020 年)》明确提出了"坚持德育为先、把育人为本作为教育工作的根本要求、坚持文化知识学习与思想品德修养的统一"的指导方针,并倡导"创新德育形式,丰富德育内容"。习近平总书记指出"高校立身之本在于立德树人"①。信阳学院积极探索育人新模式,精心推出"全员导师制"育人工程,贯彻全员全过程全方位育人的长效机制(即三全育人),强化全员参与的育人意识,充分发挥领导干部和广大教师在学生思想工作中的作用,切实履行教书育人、管理育人、服务育人的职责,实现了思想理论教育与实践活动锤炼的有机结合。服务育人机制是促进"全员导师制"的重要组成部分,以满足学生成长发展需求,立足解决学生实际问题,健全科学化、精细化育人体系,进而推动学校"全员导师制"取得更大成效。

---

① 施昌海,余婷婷,王威. 在"三全育人"实践中构建学生喜闻乐见的"全员导师课":以信阳学院为例[J]. 河南教育(高等教育),2021(8):3-5.

一、全员导师制服务育人

（一）全员导师制服务育人的内涵

全员导师制要求在教师和学生之间建立一种"导学"关系。[①] 在教学方式上强调个别指导，在教学内容上强调德智并重，在学习环境上营造和谐、自由和宽松的氛围。全员导师制是学校各级领导、任课教师直接参与受导学生的思想教育工作、学习事宜，帮助其解决生活、学习中遇到的问题，使学生懂得如何做人，明确学习目的，端正学习动机，增强学习能力，提高学习成绩，从而实现学生人人努力、共同进步的目的。

"服务育人"是全员导师制的重要组成部分。服务育人侧重于"服务"，要求通过服务来达到育人的目的。对学校而言，服务的本质是一种培养人的活动。全员导师制服务育人是指在学校育人环境内，学校教育、管理、服务机构的全体教职工在日常工作中以育人为宗旨、以服务为手段，通过营造和谐、良好的生活、学习环境达到培养学生良好身心品质和行为习惯的目的。

（二）全员导师制服务育人的内容

全员导师制服务育人工作要贯穿"五导"，即思想引导、学业辅导、心理疏导、生活指导、成长向导，为学生的健康全面发展提供积极的服务引导。导师要以"全员导师课"为平台与学生开展面对面座谈、交流与沟通，主动了解学生学习生活需求、难处及困惑，及时回应学生诉求，积极主动为学生解决切身问题。努力形成密切联系学生、服务学生，为学生办实事、谋福利、求发展的长效服务机制，为学生营造温馨和谐的学习生活环境，满足学生对美好校园生活的强烈需求。

[①] 陈强，王圣贵，牛会茹.服务育人 引导成长：北京演艺专修学院人生导师制工作实施思考[J].世界教育信息，2012，25（Z2）：54-57.

（三）全员导师制服务育人的原则

一是尊重学生个性特点。导师要善于发觉学生潜力，分析与研究学生的智能、兴趣、爱好、性格等个性特点，通过个性化的教育与引导，因材施教、因人施导，促进学生的个性发展。

二是尊重学生个人人格。导师要尊重学生个人的人格特点，通过建立平等和谐的师生关系，真诚关爱受导学生，解决受导学生在生活、学习中遇到的困难、困惑等问题，成为学生的良师益友。

三是尊重学生发展规律。遵循学生的身心发展特点及认知规律，教育要由浅入深、循序渐进地进行，不可急于求成或武断判断或轻言放弃教育学生，要逐步提高学生的道德修养与学习能力。

四是尊重学生发展需求。导师要以促进学生的终身发展为目标、指向，通过全面了解学生发展需求，认真研究分析学生，与学生共同讨论、协商，确定符合学生实际的发展目标。

二、导师制服务育人典型案例分析

（一）案例

一次导师课结束后，一名学生讲述了她的困境。大学开学时，同一个宿舍的六个人一块儿逛校园、吃饭、上课、聊天，关系亲密、融洽，让独在异乡的该生感觉温暖、幸福。大约一个月后，宿舍因共同话题等原因，双方试图融入无果后，宿舍分为两个"群体"，除了日常生活必备交流，双方在感情上逐渐疏远，这让该生感觉到了失落和沮丧。两周后周末的早上，该生因为室友洗漱声音大影响到自己，便对室友发火，导致大家都疏远了她。后来该生试图主动去交流，室友并不愿与之多说话。该生此时感觉特别孤单、恐慌，甚至越来越害怕回宿舍，害怕面对室友。

（二）举措

导师通过与学生面对面的交流，了解学生的需求，在"思想引导、学业辅导、生活指导、心理疏导"方面为学生提供帮助与服务,引领学生健康成长。在该生遇到的问题上,采取了从思想引导、生活指导和心理疏导方面入手提供帮助与服务的举措,帮该生更好地适应大学生活。

思想方面,引导转换学习方式,把宿舍与室友作为一个知识学习、信息获取的重要平台。处处留心皆学问,大学是一个有着丰富资源的广阔学习平台,除了学习考试内容,要学的东西还有很多。与室友没有共同语言,可能因为自己的知识储备量不够大、见识不够广。在以后的生活与学习中一方面要多留心、多扩大自己的知识面,另一方面可以从室友的谈话中学习知识、增长见识,对于自己不了解的,可以积极主动向室友请教,以学习的态度去面对室友,相信每一个人都欢迎虚心求教、积极学习的人。

生活方面,人与人的相处,需要包容和理解,多一份担当,少一份抱怨。同处一个宿舍,不同性格与生活习惯的人难免会有不习惯,早上起床洗漱动作大的同学可能没注意到还在睡觉的同学,并不是故意的。该生可以提醒而不是去吼室友,室友道歉应及时回应,避免其他室友认为该生脾气大、难以相处。严于律己,宽以待人,建议该生找机会正式向室友道个歉,说明自己当时的处理方式确实不当,以后会收敛自己的脾气,改善自己的处事行为,不随意发火,以后会用自己的行动征得室友的原谅。

心理方面,接受与室友、同学间适当距离感的现实。大学之前,大家的生活都是父母家人给安排的,大家在感情上对家、对父母都会有依赖感。刚进入大学,进入陌生的环境,远离家乡和父母,这份无处安放的依赖感会寄托在相处时间较多的室友身上。随着时间的推移,对大学生活的逐渐适应,不同的性格与经历会让这份室友间的依赖感逐渐变淡、消失。每个人都有自己的理想要去实现,都有自己的目标要去完成,蜕去刚入大学时的懵懂,去走自己的路是必然趋势,也是进步与成长。做好自己,允许室友间适当保持距离,不必为发生过的事情患得患失,一切向前看。

(三)成效

在接下来的导师课中,该生对导师表示了感谢并反馈当前的生活状态。与室友和解后,该生会在彼此时间方便时主动与室友组团去吃饭、上课,虽然不是事事一起,但与大家的关系又亲密了起来。该生很满足当前与室友的舒适距离,关系良好但又不影响彼此忙自己的事情,遇到困难其他室友会一起想办法、出主意。

通过辅导员了解到,近期该生所在的宿舍关系良好,参与班级活动积极,彼此相互帮助、相互照顾,平时的宿舍卫生、纪律和学风表现良好,且在公寓文化节中获奖。

（四）感悟

大学宿舍是学生平时生活中待的时间最长的地方,平均每天在宿舍的时间超过十个小时,也是学生远离父母、远离家乡求学的第一个小窝,是学生学习知识、习惯养成、信息获取、思想交流和休闲娱乐的重要场所,同时也是学生适应不了、出现问题较多的地方。学生适应不了宿舍生活后,不知道该怎么解决,也不愿轻易求助,自己觉得矫情也怕其他同学觉得"矫情"。特别是一些比较要强的学生,他们知道其他同学也都是在努力克服困难、相互磨合,怕在同学们之间留下不好的印象,也怕破坏与室友的感情。

导师课为学生提供了更多的途径去解决遇到的问题。导师既不是朝夕相处的同学,又不是辅导员老师,学生会更信任导师会将事情对学生的影响降到最低,使学生更愿意通过德育老师的指导去解决生活中遇到的难题。

三、导师制服务育人对学生成长成才的作用与影响

（一）隐性教育的方式,促进学生全面发展

高校服务育人的真正作用,就是把思想道德教育、知识教育和专业能力教育统一起来,以潜在的影响因素、隐性的教育方式将教育理念融于校园工作与生活当中。全员导师制服务育人,使得全校教职工为学生的长远、隐性发展提供服务保障,以优质教育环境的营造、物质条件的供给及隐性思想政治动态与舆论的引导,突破传统的教育理念,共同营造与维系高等学校良好的育人环境,成为高校隐性育人的核心要素。

（二）内化教育的途径，促进学生全面发展

所谓品德内化，是指个体通过教育熏陶、社会实践，对一定社会道德原则和规范进行认知、评价、选择、接受和重构，逐渐将社会道德规范转为自身内在的道德素质的过程。高校学生即将步入社会，需要具备良好道德素养情操，需要以一个积极向上、健康社会道德价值观。实施高校全员导师制，有利于高校学生道德品质的内化，实现德育智育的高效结合，提高学业成绩、综合实践能力及良好的社会适应能力。实践证明，这一机制为学生的成长成才提供了有力支撑，通过潜移默化、润物无声的形式让学生形成一种良好的思想道德意识。

（三）融洽关系的构建，促进学生全面发展

全员导师制服务育人有利于增进师生感情，融洽师生关系。在原有的德育模式中，许多学科教师认为自己的工作任务就只是负责某一门具体学科知识的教学，在"全员导师制"育人工程中，组织全校教师共同担任学生导师，全校教师也积极参与德育工作，从而让学生们觉得与导师格外亲切，在心理距离上拉近了师生双方的关系，可以说亦师亦友，师生感情加深，师生关系变得十分融洽，教师工作顺心，学生学习舒心，学校营造了良好的校园文化氛围。

通过对全员导师制服务育人内涵、内容、遵循的原则进行研究阐述，同时结合服务育人典型案例及相应举措，了解到全员导师制在服务育人中发挥着不可或缺的作用，符合学生成长成才的发展规律，是学生全面发展的内在要求。我们要对全员导师制服务育人不断进行研究、学习，深刻践行学校全员导师制的育人工程与育人机制。

（作者为信阳学院外国语学院辅导员）

寓教于乐　其乐无穷

黄　伟

导师制是信阳学院为实现教师对学生在思想引导、专业辅导、生活指导和心理疏导等方面的全方位、系统化、亲情化、个性化的重要人才培养机制。导师制的实施有助于学生求知、共事、做人，通过让导师全面了解和掌握学生的基本情况，及时把握学生的思想动态，助力学生树立正确的世界观、人生观和价值观。与此同时，机制的运行也激发了学生自尊自爱、自信自强和自我管理的能力，促进了"三全育人"模式在每个学生身上的个性化形成。

笔者在近三个学年的导师课上，结合每次课程主题，以服务者的角度整合了以往工作经历中积累的社会资源，以校内课程与校外实践相结合、理论学习与实际操作相结合的方式，全心全意为学生打造生动有趣、场景丰富的各类课程。与此同时，在课程之外与学生积极沟通、互动，倾心竭力在思想上、生活上和心理上排忧解难，具体落实情况总结如下。

一、提前策划，"以老带新"，注重机制创新

在每学期与学生见面前，通过辅导员老师对导师制小组中每位学生的性格特点进行初步了解，提前筹备了作为新生的他们与学长学姐的见面会，在见面会上让高年级导师课小组长作为主持人，先后进行高年级学生特长介绍、新生自我介绍以及新生与高年级学生"结对子"等会议流程。"结对子"采取抓阄的形式，以随机性、偶然性为两批学生带来"意外"的新鲜感，思想上毫无准备会激发新、老生想对彼此深入了解的本能，在相互初步认识后，也会更有针对性地互帮互助、共同学习。

二、用心沟通,正确引导,重在目标树立

刚进入大学校门的大一新生,在经历了高考后,普遍对大学校园充满着美好的憧憬,但由于对具体情况的不了解、不熟悉,让他们很容易迷失学习的方向和奋斗的目标。因此,每个学年中,我都会布置三项课后作业,即一份简历、一封家书以及在大学四年里至少完成一次有计划、有目标的逆袭,以促进他们对上述要求的落实。在平时的课上点评、课后心得评语以及课下电话、QQ、微信等方式的沟通过程中,通过鼓励和引导让学生谨记自己定下的目标,通过实现一个个小目标来向最终的目标迈进。每个人的简历和家书本人全部留档,对于简历中设计的"三年规划"所包含的关于奖学金、考研、入党、社团活动、第二职业技能等目标,持续跟踪关注,及时为他们提供力所能及的帮助,助力他们早日完成逆袭的目标。

三、贴合主题,翻转课堂,重视素质提升

导师课既然开设在课堂学习时间之外,就理应在课程中学到书本以外的知识来拓宽视野并对其进行有效补充。笔者通过平时观察,发现不少已是成年人的大学生对于大学校园这样的小社会缺乏基本的规矩意识,对于特定场合的基本礼仪缺乏正确认知。因此,我们借助网络教学视频资源,以"明德修身、雅言雅行"为主题开设了公共礼仪课程,通过翻转课堂的形式让学生自主发现生活中的一系列不当的语言和举止,并讲述自己在生活和工作中遇到的实例,让学生结合教学视频进行分析和总结,锻炼学生主动学习能力的同时提升了学生的内涵素质,实现了师生共鸣、共同学习的目标。

四、激发兴趣,精选课程,注重能力培养

刚摆脱书山题海的大一新生对课堂教学存在一定的倦怠感,以怎样的形式既能让学生在欢乐的氛围中充满学习的兴趣,又能培养其实践能力是笔者接触学习导师制后频繁浮现在脑海中的问题。联想起自己过往学习和

工作经历,认为参与感更强、更锻炼动手能力的课程更吸引学生的注意力。为此,我们从校外聘请各行业知名的行家里手,采取"走出去"和"引进来"相结合的方式,贴合学校制定的"女生月"以及"成长在信院"两个主题,分别开设了花艺课和化妆课,让学生在生动的场景和活跃的气氛中锻炼动手能力,提升审美水平,并为日后的生活和工作添砖加瓦、锦上添花。

此外,还结合"追梦在信院——信院初遇印象"主题带领学生参观信阳优秀传统文化传承馆,让学生感受到信阳作为革命老区深厚而又独特的文化底蕴,欣赏到学生在文化传承过程中做出的贡献,并让他们亲自动手感受经典的传统技艺,在体验的过程中爱上这座城、这所校,凝心聚力在大学生涯中书写人生的新辉煌。

五、学习借鉴,取长补短,加强沟通交流

笔者一方面会不定期在网上选取优秀导师课程进行学习,另一方面会与优秀导师联合上课,并在过程中学习他人的优点、弥补自身的不足,为自己如何在开展导师制工作中取得更大进步、做出更多创新激励更多成功、成熟的经验。

导师的工作经历,对于笔者而言是一段至关重要的学习、成长过程。随着时代的变迁,当今的大学生在生活和学习上面临的困惑与我们当时有相似之处,但解决办法不尽相同。从学生们写的心得体会中不难看出,他们确实需要甚至渴望有关学习和生活各方面的指导。能够帮助学生们在全面健康的状态下快乐地成长,使得他们提高自己的能力水平,是导师的最大的心愿。

德育工作是烦琐的,道路是坎坷的。导师制虽不能对所有问题一劳永逸,但滴水能穿石、点滴能聚海。只要我们持续工作、坚持学习,结合工作、生活总中的新情况、新问题一如既往地继续推进,相信在今后的工作中,一定能为学生建立起更有深度、广度和接受度的平台,为学生的成长、成才提供更多切实有效的帮助,为人才培养、未来发展奠定更加坚实稳定的基础。

(作者为信阳学院商学院学工干事)

以全员导师制为载体进行新生
学业生涯规划指导研究

王 悦

党的十九届六中会议通过的《中共中央关于党的百年奋斗重大成就和历史经验的决议》指出："党和人民事业发展需要一代代中国共产党人接续奋斗,必须抓好后继有人这个根本大计。"导师作为在校大学生思想政治教育的主要力量,通过做好新生学业生涯规划,使其更快地融于学校生活,进而激发学习积极性,进一步提高学习效率,帮助大学生更好地迈向社会,为国家输送高素质、高质量专业技术人才。本文拟剖析全员导师制在新生学业生涯规划中发挥的重要作用。

一、开展学业生涯规划的重要性

(一)大一是大学生涯的基础与"奠基石"

好的开端影响着最后的结局,大一作为大学生活的第一站,一般涉及大量的公共基础课程,比如大学英语和计算机基础,通过全员导师课摸排了解,很多同学英语基础差,没有学习兴趣。导师可以在最初的入校教育中对学生反复强调英语学习的重要性,并给予相关建议。大学的自主学习模式,也正是从这些基础课程中起步的。公共基础课和学生以往掌握的基础知识极为接近,只是在难度、深度和广度上有所增加。经过对似曾认识的知识深刻的掌握,可以训练和提高大学生的自学能力,同样,这些基础知识又为大学后期的专业学习打下基础。

在入校初期让学生明确这些,才会使其重视这些"看起来学过的知识"。相对于初高中生活来说,大学安排的时间比较灵活,属于学生自己支配的时间也较多,这就满足了自主学习的基础要求。而如何科学、合理组织课外学习时间,对大学生的自身发展来说变得尤为重要,尤其是对于大一新生来说也是如此。因此,尽早对学生进行正确的学业生涯规划,能有效地提高学生的学习内驱力,并科学地安排课外活动,这是大一新生迅速适应大学生活所需要经历的必修课。

(二)大一是整个大学的"蝴蝶效应"敏感期

丝毫的差距都将会产生巨大的影响,这就是美国气象学家洛伦兹提出的"蝴蝶效应"。对于大一新生来说,经过十余年的寒窗苦读最终完成夙愿。"师傅领进门,修行在个人。"大学内紧外松的学习环境、生活氛围,加上缺少了家人的耳提面命,一部分大学新生变得懈怠、盲目,甚至觉得大学生活很无趣。另一部分新生则开始按照自己的兴趣爱好或者学长学姐传授的经验,通过参与各类社团和志愿服务等活动,来逐渐提高和完善自我。多数学生在失去了"高考"这个多年来的学习目标后,没有意识为自己规划学业生涯,为自己确立一个新的目标。而极少数的学生适时制定了自身的新目标,因此在日常学习生活上开始出现某些细微的差异,这种微小的差异带来的"蝴蝶效应"就已开始显示起来,而且更加明显。这也就是大三表现最明显的"分水岭"。所以,尽早正确、适当地进行学业生涯规划引导能使学生明确新目标,从而学会合理规划大学生活,并借助学校的各类教育资源提高自身的整体素养,为今后的职业生涯成长奠定了扎实的基石。

(三)学分制教育模式需要进行学业生涯规划

在学分制教育模式下,对于课程的选择往往具有自主性。所以学生应该合理的利用大学的时间,以避免因为大学时间充裕而觉得无所适从,最后荒废学业而自食其果。学生只有严格按照专业的教学大纲,在科学的学业生涯规划教育指导下制订和实施有利于自身的学习计划,才能够集中全部精力抓紧所有时间学习,以便更迅速地适应大学的一切。因此,学分制教育模式的客观特点要求大一新生必须掌握科学、合理的学业生涯规划,才能尽快适应大学生活。

二、全员导师制工作路径

导师作为学生的引导者和服务者,直接参与学生的学习与发展过程,是对学生最了解的人,也是最了解学生的老师群体。所以,导师才是做好新生学业生涯规划教育工作的最佳人选,在认真做好大学生日常管理工作的同时,积极开展对新生的学业生涯规划教育,具体的工作方式如下。

(一)系统地介绍学校和专业情况,从思想上加强指导

在新生入校的第一节全员导师课程中,首先就以"初遇信阳学院"为主题,系统全面地讲述了学各方面状况,汉语言文学专业的基本现状与就业发展前景,有助于其更及时地熟悉学习与生活氛围,从而缩减其对学校校园环境的适应时间,坚定信念,建立自信并在此成长成才,这也有助于其成功过渡由高中到本科的困惑阶段。同时,对本专业人才培养方法做出了阐述,让新生明确培养目标、毕业条件等,有利于他们做出正确的自身定位与分析。课后又组织学生游览校园,了解学校的基本设施状况,帮助学生更好地适应新生活。后来小 A 同学在导师课心得中写道:"以热爱为鞭,策梦想之骥,初识信院,是一个美丽且占地面积广大的校园。怀着对汉语言文学的热爱,在老师、同学的帮助下,一切都显得没有那么难,也让自己更加热爱最初的选择,以梦为马,不负韶华,保持炙热,坚持下去,更好地谱写人生的新篇章。"学校通过全员导师制,积极地指导学生消除对新环境的畏难情绪和陌生感,并帮助学生形成爱校荣校意识,培育主人翁精神,并提高自我管理与学习能力。

(二)指导学生结合自身实际情况,在理论上加强指导

正确地对自身定位与分析是建立在学生全面认识自身的基础上,而通过全员导师课,可以指导学生全面地发现自己的兴趣爱好。兴趣是教育最好的教师,先把兴趣当作原始动机,然后再从兴趣爱好、专长、个性、领导才能等诸多方面,再运用学科评价方式等加以综合分类与定位。在指导学生进行自我分类定位之时,主要有两个方向:一是以学业为指导。对于在校大

学生,尽管"高考时代"已成过去,但仍然要将学业放在首位。一方面要扎实掌握专业,努力进一步提高专业技能,争取成为专业人才;同时争取取得在专业方面的各种资格证书,以增强自己的行业竞争力。二是以培养技能为指导。如今,社会上所需求的技术人才已不仅局限于专业型人员,更紧俏的是具备多种突出技能的复合型人才,在高校里培训他们的主要目的就是为了使他们在毕业后更好地适应社会。所以,通过科学合理地对学生进行生涯规划引导,培育所需要的"八大能力",即认知能力、交往与沟通能力、表达能力、抗压能力、领导才能、组织与协调能力、实际行动能力,以及人际交往能力等。当学生进行自身定位与分析时,不管是以学业为导向还是以提升素质为导向,通过由导师共同讲解分析测评中有关的理论知识,让学生全面认识之后,再结合主客观条件,进行真实的自我判断与确定,才能有助于学生提高教育生涯规划的正确性与可执行性。

(三)指导学生制定学业生涯规划,在行动上加强指导

在引导新生制定学业生涯规划时,必须坚持以下的指导原则:可行性、灵活性、最优化、共性和个性相结合等。在原则指引下,通过全员导师课,可以分别进行如下步骤:第一,帮助学生做好自身研究方向与定位,以明确学业生涯规划的总目标。第二,按照总目标,制定阶段性任务。第三,按照阶段性任务制定具体规划和落实步骤。第四,按照实际状况,不断调整具体计划和落实步骤。通过制定个人学业生涯规划,学生对大学生活充满信心与憧憬。

(四)建立新生学业生涯规划档案,以强化管理与指导

当学生在完成了自己的学业生涯规划后,由导师对其进行建档、保存;在学生达到了一定的成就或实现一定的人生目标的时候,对其加以充实和弥补;尤其是在学生有些颓废、松懈的时刻,不要因为走得太远而忘记了为什么出发,真正做到"不忘初心、方得始终"。

三、全员导师制育人体会

全员导师课因其形式多样和灵活,且所带学生数较少,比较方便进行研讨交流,每个学生都有机会表达自己的想法并提出相应的意见和建议,使得师生间、学生间建立信任和深厚情感,尽早地对学生开展学业生涯规划,缩短学生适应时间,帮助学生顺利完成高中到大学、少年到青年的转变。

提前引领新生感受考研氛围,激发自主学习活力。还记得入学报到前就有学生说准备考研究生,但他们对其一无所知,所以临近考研日,通过带领新生到图书馆慰问考研学子,让他们身临其境地感受考研备考浓厚的学习气氛,感受学姐学长们努力学习奋斗的拼搏精神,激发新生的自主学习激情和活力。后来学生小 B 在导师课心得中提到:"被学姐学长们那种热火朝天,那种聚精会神读背的学习氛围深深感染和震撼,感觉那种拼劲比高三备战高考时还要足,让自己对大学生活有了清晰明确的目标规划,对以后发展方向的选择有了重新的认识和定位,积极学习,不枉青春。"

上好导师课,做好引路人。高校新生正处于拔节、孕穗阶段,新环境、新征程,通过全员导师课,引导学生建立科学、合理的学业生涯规划,使其尽快熟悉高校学习环境,全身心地投入新的人生发展阶段。与此同时,作为导师,我们也需进一步提升自身学业规划指导的能力,并着力优化学业规划指导结构与体系,力求为学生提供全程的、个性化的、有效的学业生涯规划指导,培养全面发展的大学生,最终实现为党育人、为国育才的根本目标。

(作者为信阳学院文学院辅导员)

浅谈全员导师制背景下服务育人机制

姜 红

在全员导师制背景下,服务育人机制因其育人方式的灵活性、育人内容的全面性和育人效果的直接性等突出特点备受育人导师推崇。本文主要从梳理全员导师制服务育人机制的定义和时代内涵出发,并通过个案分析阐述其对学生成长成才的作用,最后探讨优化服务育人机制的策略。

一、服务育人机制的定义与时代内涵

全员导师制服务育人机制是以导师课为平台,育人导师通过与学生开展面对面座谈等方式,主动了解学生生活需求,及时回应学生诉求,形成密切联系学生、为学生办实事的长效服务机制,目的是为学生营造温馨和谐的学习生活环境,满足学生对美好校园生活的需求。该机制深入贯彻"三全育人"的方针,将"因材施教"和"个性化培养"融入学生教育管理和思想引导中,引导学生树立正确的世界观、人生观和价值观,从而培养学生良好的思想道德品质和行为习惯,达到创新思政育人、精准指导学生成才的效果。

随着时代的发展,高校服务育人的内涵也在不断丰富。1987 年 5 月,《关于改进和加强高等学校思想政治工作的决定》提出了"加强教职工队伍的思想建设,大力提倡教书育人、服务育人"的明确要求,并指出"搞好服务育人,这也是高等学校思想政治工作的重要方面"。2004 年 10 月,《关于进一步加强和改进大学生思想政治教育的意见》要求"通过服务育人、管理育人,把党和政府对大学生的关怀落到实处",并进一步强调要"形成教书育人、管理育人、服务育人的良好氛围和工作格局"。2017 年 12 月,中共教育部党组印发《高校思想政治工作质量提升工程实施纲要》,要求"充分发挥课程、科研、实践、文化、网络、心理、管理、服务、资助、组织等方面工作的育人功能,挖掘育人要素,完善育人机制,优化评价激励,强化实施保障,切实构建十大育人体系"。

在服务育人的内涵不断拓展和深化的背景下,一方面,我校应当树立与时俱进的服务育人理念,将服务育人作为"以人为本"的高校思想政治工作中不可缺少的部分。另一方面,高校服务育人内涵的拓展,也深入推动了以贯彻"三全育人"方针的服务育人机制在我校落地实施。

二、服务育人机制的实践

从新时代服务育人的过程来看,高质量的服务育人从"在服务的过程中培养人才"的单向育人过程发展为"在服务的过程中检验育人效果"的双向互动过程。具体而言,高质量服务育人体系的内涵包括两个层面:一是凸显育人功能,通过更高水平的服务实现育人目标,服务的主体由单一主体升级为多元主体;服务本身由单一行动发展出行为、环境、文化、活动等多个维度;育人的功能日趋完善,既传递社会公德、职业道德和个人品德,又能促进学生生活习惯养成和社会关系形成。二是强调育人效果,并在服务中体现和检验育人效果。基于"实践—认识—再实践—再认识"的基本逻辑,新时代服务育人引导学生在服务自我、服务社会、服务全面建设社会主义现代化国家的过程中,发现个人价值、发挥个人潜能、发展独特个性,实现自我发展与国家社会发展的同心同向,同频互动。

(一)服务育人实践总体情况

面对刚刚步入大学校园的稚嫩且懵懂的面孔,为了让大家快速融入导师课的小集体,第一次导师课是至关重要的。为了能上好这堂课,笔者课前认真准备了上课的内容。在课上,采取了一系列措施让大家敞开心扉,开始破冰之旅。首先,建议每位同学想出三个关键词来描述自己,这样能够让大家快速互相理解。之后,给每位同学发了一张便利贴并让每位同学把大学期间想要实现的事情列举出来。再在鼓励大家确定了目标后,让大家分享实现这些目标的具体做法。经过这次导师课,这些大一新生们对大学四年有了整体的规划和努力的方向,这便彰显了导师课在帮助学生树立人生目标、明确行动方案的作用。这次导师课也让作为生活导师的我与新生建立了紧密的联系,学生愿意和导师谈心,分享他们的喜怒哀乐。

(二)服务育人实践个案分析

在整体的教学中,学生们在导师课中明确了学业和生活努力的方向,能够以积极心态面对大学的生活和学习。这些新生中,李同学给笔者留下了深刻的印象。李同学是一名性格较独立、外向的女生,在导师课的交流中,她侃侃而谈,思维敏捷,对未来四年大学学习和生活有清晰的规划以及较强的独立自学能力,包括如何学好专业课,如何取得各类证书,如何做好班委和如何找到好工作。她的综合表现给人一种乐观向上、自信开朗的印象,似乎完全能够适应大学的学习和生活。

在之后的频繁接触中,笔者慢慢了解到表面上风平浪静的李同学心中却蕴藏着很多烦恼无法排解,经过多次沟通了解到她主要存在这些问题。第一,高考发挥失常让她没有如愿进入理想的大学,这导致她在入学时与其他进入理想大学的高中同学相比有挫败的感觉,并时常感到不自信和不甘心。第二,来自家长过高的期待和不是很富裕的家庭情况时常让她倍感压力,这导致她长期处于高压状态下,过度消耗精力去满足家长的期待,与人交往特别敏感,最终致使精神状态不佳。第三,在成功竞选上班级学习委员后,面对班级同学们不同的需求和如何配合好各位任课老师的工作时常让她进入不知所措,如何平衡好自己的班委角色和学生的角色也让她很焦虑。在不能满足同学们的需求或者没有完成好任课老师交代的任务时,她时常会陷入自责和自我怀疑的状态。第四,本身要强、好胜的性格让她在高中阶段独立处理学习和课外活动任务时得心应手,但是却缺乏团队合作的意识和经验,以至于进入大学后,面对繁多需要小组合作才能完成的任务时,往往很难融入团队开展工作。针对她的这些问题,笔者进行了有针对性的指导,在后来的持续观察中,她的状况也在一步步好转。

三、服务育人机制对学生成长成才的作用

(一)引导学生树立合理的学习和生活目标

对于刚刚从高中过渡到大学的学生来讲,面对生活和学习方式的巨大改变,会产生不知所措的现象。主要表现为无法适应生活和学习的节奏,继而学习落后、生活无序。在面对这种情况时,育人导师可以利用自己较为丰富的学习和生活经验,引导学生根据自身情况、制订合理且科学的学习和生活计划。育人导师的工作将对每个学生起到潜移默化的教育和鞭策,促使每位学生严格要求自己,逐步适应新环境,开启精彩的大学生活。

(二)为学生树立良好的榜样示范形象

育人作为一项神圣而光荣的任务,对育人导师自身的素质有较高的要求。育人导师高水平的政治思想和道德修养,严谨、踏实的工作作风,刻苦钻研本职业务,努力改善服务质量形象能把服务育人工作体现于言传身教之中,通过严谨的工作作风和良好的言谈举止,能够影响和教育学生,促进人才培养质量的提高。

(三)为学生提供温暖的成长环境

大学生远离家乡,外出求学,缺少家人的支持。育人导师在一定程度上弥补了学生社会支持缺失的现状。育人导师通过与学生的日常谈心谈话,可以起到关心关爱学生的效果。处在整洁、舒适、文化品位高的校园环境里,能促进学生个性发展和培养学生的协作精神,它能使人精神振奋、心情愉悦、奋发向上,对于培养气质、能力、社交等方面更适应现代社会发展需要的学生具有潜移默化的陶冶功能,对学生创造力的形成和发展也有积极的推动作用。

四、服务育人机制的优化策略

(一)打造专业服务团队,树立育人意识

长期以来,高校管理者多注重管理与服务,而轻育人。因此,为了实现服务育人的目标,建立一支与时俱进、勇于创新、无私奉献、实事求是的高水平、高素质的育人导师队伍尤为关键。作为育人导师,首先要重视学习与培训,坚持各种政治理论学习,以及法律、法规及政策和与自己工作相关的专业知识和技能的学习,不断提高自己的学习能力、适应能力、综合能力。其次要坚守职业操守,始终牢记"立德树人,服务育人"宗旨,进一步端正工作态度,提高服务水平,把自己的工作落到实处,切实解决全体学生日常中遇到的问题。信阳学院通过完善导师制服务平台,让学生的意见能在第一时间反馈给育人导师,对于学生的需求及时得以解决,并不断改善学生的学习、生活环境和条件,使广大学生感到在校获得归属感和幸福感。

(二)突出一个主体,提供育人服务

做好服务育人,必须树立学生的主体意识。服务、管理时时处处皆能育人。育人导师要紧紧围绕"一切为了学生,为了一切学生,为了学生的一切"这一条主线展开各项工作,才能真正做好育人,体现出高等学校全员育人的新思路新方法。学生是学校的主要服务对象,更是学校的重要组成人员,学校里的每一项工作,都要以高度负责的态度把每一项工作做实做细。做好服务育人,必须重视学生从中学到大学的角色转变。现代的高中学生因繁重的学业压力,普遍养成了日常生活依赖父母的心理和习惯。但是年轻人那种渴望长大,渴望摆脱父母的心理在他们真正踏入大学校门时得到了满足,同时,他们也还会有畏惧与胆怯。面对各种现实,学校应为学生选择一些有爱心有耐心有同情心,工作细心认真,有宽容心和社会责任感,积极乐观,心态阳光的生活导师,特别是在新生入学之初,以帮助学生们完成从中学生到大学生的角色转换,让高校的服务育人贯穿于对学生的爱与帮扶之中。

（三）注重工作细节，提升育人水平

高校学生服务工作具有琐碎、繁杂的特性，涉及学生的衣食住行。要搞好服务工作，让人人满意，有相当大的难度。做好服务育人，首先要提高服务质量，提升服务水平。育人导师要想学生所想，急学生所急，全心全意为学生搞好服务。对于有特殊需要学生，要具体情况具体分析，提供有针对性的个性化服务，这也是体现服务特色与水平的重要标志。同时育人导师要走出办公室，利用各种方式走进学生的心里，将服务育人工作落到实处，抓在细处。

（作者为信阳学院教育学院辅导员）

践行立德树人崇高使命 成为青年学生良师益友

张甲楠

信阳学院全员导师工作到目前已实施有 7 个年头了,作为此项工作前期的筹备者、参与者,到如今的乐教者、受益者,可谓真正意义上的全程见证者。在努力做好工作的基础上,也享受着此项工作带给我的收获和乐趣,从不忘"立德树人"的初心使命,不忘"为人师表"的模范引领,不忘"寓教于乐"的潜移默化,不忘"赠人玫瑰"的手留余香,努力争做"青年朋友知心人、青年工作热心人、青年群众引路人"。

一、以"新"为引领,打造育人工作品牌

习近平总书记在向世界公众科学素质促进大会的贺信中指出"创新是引领发展的第一动力"。工作中,我时常以求"新"的理念要求自己。

2015 年,学校为全面落实"三全育人"的工作,在理事长高云的倡导下,开始创新实施信阳学院"全员导师制"工程,由学工部具体组织落实。当时作为学工部负责人的我,带领全处同志开始调研,起草工作制度,完善工作措施,调动全校干部教师积极参与到学生的教育管理过程中,以思想引导、学业辅导、生活指导、心理疏导等全方位对学生进行指导帮扶,帮助学生健康成长成才,取得了明显成效,从"以人为本"的角度出发,真正践行了服务育人、管理育人等的育人理念。时至今日,此项工作也已成为学校育人工作的新名片,受到了社会各界的广泛关注和全校师生的普遍欢迎。中国教育报、光明网和河南省教育厅网站对此进行了多次报道。这一品牌工程,获得了 2016 年河南省高校辅导员工作精品项目,2016 年河南省"立德树人,成就最美"师德师风优秀案例及 2017 年度河南省高等学校校园文化建设优秀成果"三等奖"。

二、以"实"为基础，践行管理育人实效

要想做好导师制工作，离不开脚踏实地的坚守，更离不开严谨务实的管理教育。在工作中，笔者时常结合学生日常的学习生活，行为准则的养成，"两个课堂"的参与，等等，与学生开展交流和学习。

导师制课堂上，定期收集汇总所带的导师制学生，诸如早操出勤情况、宿舍检查结果、班级学习排名等，一一为同学们分析，通过优异成绩的鼓舞，通过存在问题的提醒，让每个同学主动总结各方面的得失，自我分析、自我约束、自我管理、自我提升，从而达到管理育人的成效。

平时通过导师工作群，经常督促同学们的学习生活，关心学习效果，涉及授课教师的问题，第一时间会给相关的单位和教师进行反馈和整改；及时关注学生平时生活中的校园服务是否到位，关心学生急难愁盼等方面需要解决的问题，也会第一时间与相关部门进行沟通和上报，力争尽快解决学生实际，提升学校学生服务水平和效率。

三、以"爱"为准则，助力学生成长成才

习近平总书记提出的"四有"好老师标准之一就是要有"仁爱之心"。"爱"是教育的灵魂，只有融入了爱的教育才是真正的教育。工作中的我也常常站在学生的角度考虑问题，工作中总是全力以赴，始终相信只要有爱，对方就肯定能感受到温暖。

在所带导师小组学生举行的一次篮球友谊赛中，一位同学因奋力"挽救"一个即将出界的球，造成小腿胫骨腓骨同时 90 度骨折，笔者在现场立即进行应急处理，跟随 120 急救车前往医院，把工资卡里的钱替学生垫付医疗费用。手术期间需要大额费用，我在向学校申请经费支持的同时，倡议身边的同学们进行捐款，并再次捐出自己的一个月工资。因此次事件处理及时，这位学生的腿伤恢复得很好。

对学生的"爱"还体现在"惜才"方面。对于有特长的学生要加以关注。学生刘璐，是学校英语专业的学生，入校时普通话较好，在学校组织的一次

迎新晚会中,笔者推荐刘璐担任主持人,并给予精心指导,展示了很好的主持效果。从而让刘璐对主持产生了兴趣,毕业后继续在北京电影学院播音主持专业旁听两年的课程,后参加播音主持专业研究生考试,被顺利录取。

四、以"学"为动力,注重自身业务提升

著名数学家华罗庚说:"在追求真理的长河中,唯有学习,不断地学习,勤奋地学习,有创造性地学习,才能越崇山跨峻岭。"学生时期,笔者所学的并不是与学生管理相关的专业。参加工作后,为了能够尽快熟悉各个岗位和不同工作,于是积极学习,勤于思考,乐于研究,注重自身能力提升,努力成为岗位能手和工作行家。

当年在接到学校准备开展全员导师制工作之初,面对全新的工作,身边也没有可以直接学习的成熟的案例,于是主动在网络上搜索关于此项工作的信息,听说外地高校有过这方面的尝试,就了解其他学校的做法及相关的制度,同时对校内开展此项工作的前期调研,经过一段时间的了解和学习,最终制定出了学校导师制工作的相关制度和工作方案,一直沿用至今。

7 年来,工作岗位换了多次,但从事学生工作和导师制工作的初心和行动一直没变,反而对此项工作更加热爱,一有时间,就沉下心来对工作进行思考和研究,使工作经验得以凝练,以求得以改进和提升。2016 年,在河南省高校工委、教育厅组织的辅导员工作精品项目遴选中,由笔者和同事们共同主持申报的《学习生活导师制》项目荣获河南省辅导员工作精品项目。

(作者为信阳学院教育学院党总支书记)

第三篇

以文化人润物无声　网络育人与时俱进

基于"三全育人"理念下的高校网络育人探索与实践

王　威

2016 年,习近平总书记在全国高校思想政治工作会议上指出,"坚持全员全过程全方位育人",培养社会主义建设的接班人。高校拥有许多思政教育资源,因而革新网络化教育平台,深入利用优良教育资源,将正确导向链接到网络平台内,掌握好育人的时间和空间规律,因事而化、因时而进、因势而新,努力做到全员、全过程、全方位育人。大学生作为最活跃的网络用户群体,善于接纳新生事物,网络文化已浸透到他们的各方面。网络信息化技术的发展转变了大学校园以往的教育情况,推动了高校网络文化的进步,丰富了高校校园文化的内涵。同时网络文化的不断发展,给高校育人的实施带来更多机会和挑战。高校网络文化育人是网络育人和文化育人的重要实践途径,是传统思想政治教育与信息化技术高度融合的主要形式,在高校育人体系中扮演着极其重要的角色。深入研讨"三全育人"的新形式,革新育人方式,进一步提升大学生思政教育成效。

一、"三全育人"下的全员导师制

"三全育人"是一个整体性、成体系的教育引导思想和实施形式,也是一种新型育人形式。在习近平总书记的指导下,做到"全员、全过程、全方位"育人,深入发掘高校中的思政育人资源,让其充分施展在大学生身上。何为"全员育人"? 它是指学生在受教育过程中接触的家庭、学校、社会等育人措施,其中学校层面包含辅导员、思政教师、党政人员等;社会层面有实习期间的领导、同事等,依据其特性完成教育工作,搭设全面的思政育人体系。"全过程育人"指学生从入校到毕业,从学期始到学期末,学校层面对学生在校的各方面做好思政教育,剖析学生各阶段面对的挫折与困难,正确计划出思政工作的要点与处理方式。"全方位育人"是按照学生特征,从各方面对其进行教育,包含学生的总体评判、个人能力、社会实践、文化创建等思政教育,将教育渗透到学生的各个生活领域中,促进大学生的思想教育发展。

全员导师制是信阳学院坚持践行立德树人教育根本任务,以实施教育推动学生成才为核心要求,以文明和谐校园文化为载体,根植自身实际,创新工作思路,从 2014 年开始进行培育实践,2015 年秋季全面实行的育人新模式。按照每 10 名左右学生配备一位导师的比例,选聘德才兼备、热爱学生工作的专职教师作为导师,结合学生在不同成长阶段的需求拟定主题,以形式多样、内容丰富的主题导师课为主要抓手,关注学生的个体化差异,在导向引领、学业指导、心理疏导、生活帮扶等方面为学生给予专业的、温情的、整体的、特性的教育引导。

二、"三全育人"的网络需求

根据第 49 次国家互联网络发展状况统计报告显示,截至 2021 年 12 月,中国的网民已有 10.32 亿人,互联网普及率达 73.0%,网民运用手机上网的比例占 99.7%,手机仍是上网的最主要设备;网络已经成为我国大学生获取信息、分享资源、娱乐生活的重要平台,与其学习和生活密不可分。因此,在新媒体背景下,高校教育事业必将离不开网络平台。在国家层面,2017 年的《高校思想政治工作质量提升工程实施纲要》(以下简称《纲要》)中指出:"要创新推动网络育人,拓展网络平台,丰富网络内容,优化成果评价。"

信阳学院根据《纲要》要求积极制定适合学校本身网络工作要点,搭建网络育人平台。通过思想革新、阵地建立、重点培养,持续丰富网络教育系统,牢固掌握新时代网络教育的成长脉搏与主动权。打造了"芳草园"网络育人微矩阵,包含了官方网站、官方微信公众号、二级学院微信平台、"导师圈"工作平台等,鼓励原创网络文化的创造,把控网络舆情的监管。结合学校网络思想政治工作的需要,制定网络文化相关制度,把握网络文化的价值导向,积极进行平台搭建并创建相关管理制度,多方审查、严格把关传播内容,鼓励学生参与,将网络育人覆盖于学生的大学学习、生活、工作中。

三、信阳学院"芳草园"网络育人微矩阵建设情况及分析

信阳学院"芳草园"网络育人微矩阵是信阳学院抢抓网络思政发展机遇,加强顶层设计,多角度谋划建设的以新媒体为主体的大学生网络思政育人工作矩阵平台。运用数据来探索大学生的思维表现和发展规律,研究学生的丰富行为方式,清晰各方式间的联系,进一步了解学生需要,运用创新技术及周密解析,给予适合学生且符合时宜的引导和干预。"芳草园"网络实践着网络教育体系的思路,建立了校园网络一体化平台、网络宣教平台与创设网络指引员、议论员与管制员三大队伍的整体计划,广大学生参与其中、集思广益,打造真正服务学生、教育学生、管理学生的网络育人微矩阵。"芳草园"育人微矩阵是以学工部下属官方微信公众平台+所属部门微信公众号为主、各二级学院微信公众号为辅的思政育人工作微阵地,重点打造以传播社会主义核心价值观为主的新媒体平台,同时及时准确掌握学生思想动态,牢牢把握社会主义核心价值体系教育的主导权,利用互联网技术提升服务学生水平,有效结合全员导师制工作,在引导学生成长、服务管理学生、教育学生成才过程中释放正能量。

信阳学院"芳草园"网络育人微矩阵构成范围(如图1所示):以信阳学院学工君微信公众号,学习生活导师园地微信公众号、信院心理学堂微信公众号、信阳学院公寓办微信公众号为主,以二级学院微信公众号为辅组建。微矩阵的建立为各种数据的融合搭设了桥梁,实现了信息在学院和部门之间的融合与分享。相对而言,高校教育事业也需创设新的线上育人平台,微矩阵目前由信阳学院芳草园文化工作室运营管理着。其中,微信公众号"信阳学院学工君"包含了"学工速递""聚焦学工""辅导员说"三个大栏目,从新闻动态、通知公告、导师园地到学生资助、征兵入伍、心理健康、公寓管理再到辅导员专项研究,每一个子栏目都是贴近学生、服务于学生、引导教育于学生;微信公众号"学习生活导师园地"依托信阳学院实施的"全员导师制"思政育人工作,包含了"学子心得""精彩呈现"等子栏目,致力于从主题教育、第二课堂开展等育人方面,加强网络宣传,拓宽辐射圈;微信公众号"信院心理学堂"定期发布关于大学生心理健康知识、心理健康预防、心理健

康疏导等方面的专题宣传,细致、专业、用心是它的代名词;微信公众号"信阳学院公寓办"以推广安全知识为主,教育管理为辅的理念运营着,该公众号定期发布关于宿舍用电、宿舍安全、大学生生活常识等方面的推文,并通过"信阳学院学工君"一周一次发布"公寓简报",督促学生了解自己的宿舍安全、卫生情况,做到检查有力度、教育有韧度,并与学生通过线上进行互动,了解学生所需、所想,并及时进行反馈、处理,在广大同学中得到了良好的反响。

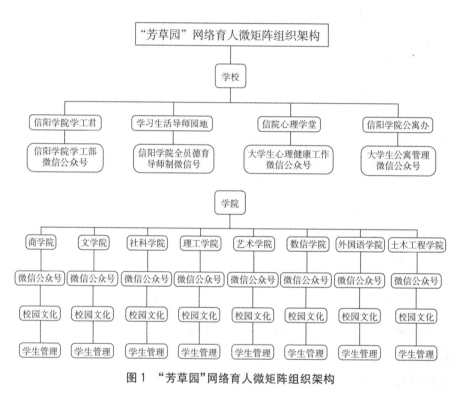

图1 "芳草园"网络育人微矩阵组织架构

学校新媒体工作起步较晚,但为了适应时代发展需要,近年来,学校更新创设新媒体工作部门、相关配套落实,本着"一切为了学生,为了学生一切"的宗旨全力推动网络教育建设。该时段通过对近两年微矩阵粉丝量、作品影响度、公众号点击量等几方面进行剖析,归纳效果与不足。

粉丝是新媒体平台生存的关键,唯有对粉丝特性、增长率、稳定性进行剖析,才能找准各新媒体平台网络育人的发力节点及方向。信阳学院网络育人微矩阵中两级平台粉丝数(如图2所示)。

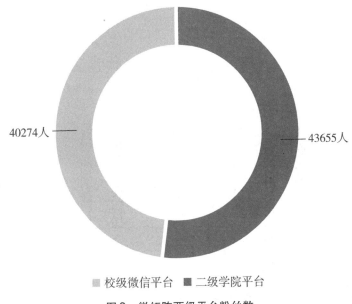

40274人 ————   ———— 43655人

■ 校级微信平台 ■ 二级学院平台

图2 微矩阵两级平台粉丝数

  通过对信阳学院运营的校级官方新媒体各平台粉丝数的性别分布、年龄分布、地域归属进行分析,发现各平台数据比例较切合,男生和女生比例保持在3∶7,性别比例主要是由于学校多为师范类专业,女生居多;粉丝年龄段比例均在18—25岁,占80%上下;各平台地域归属数据,河南省占比均在90%左右,其次为浙江、湖北、江西,这和信阳学院近几年招生计划各省份投放数据基本吻合。有关数据表明大学新媒体矩阵关注主要群体是本校学生,各平台关注情况和学生特性切合度也表明学校新媒体矩阵受众鲜明,着实应成为大学网络教育的主要"微"阵地,作为线下思想政治教育主要填充力量。

  通过对各平台月度提升关注量剖析,各粉丝提升月份均是8—10月的高校招新及迎新时节,这与其他大学线上平台相切合,但本次数据表现,学校新媒体平台在2020年2—3月关注数出现较明显提升(如图3所示)。

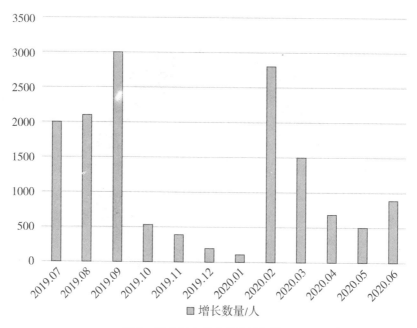

图3 微信平台月度粉丝增长情况

对于公众平台月度提升关注数剖析,发现该数据提升为学校于2020年新冠肺炎疫情防控期间运用学校网络公众平台扩展服务功能,及时推出"疫情防控"专栏,发布防疫相关信息。学校以公众平台社交特性强的特点,选取网络矩阵里的微信公众平台为防范疫情信息体系的承载。通过微信平台的信息推送,广大学生能够第一时间了解最新的疫情状况,并就学生所关注的返校、学习、心理疏导等方面问题进行汇总梳理和通知下一步的工作安排。

活跃粉丝量比例是活跃粉丝量/平台关注总量,该数据与其他平台关注黏合度、内容传递有效性有关。通过对信阳学院网络矩阵中平台的活跃粉丝比例进行剖析,获取较大且不断成长的依然是持续扩展服务能效、深入发掘内容质效的网络平台。其常读用户数从2019年7月的3405人提升至2020年6月的9867人(如图4所示)。

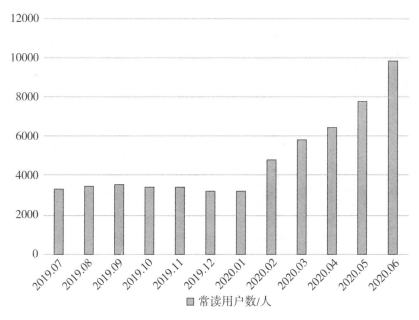

图4　微信常读用户数据走势

信阳学院以网络平台的特性、内容传递质效,互异化定位各官方网络平台,通过该剖析,可发现当前网络平台均能达到互异化定位成长方向,有关数据不断提升。该段对传递质效度持续提高的微信内容、频道开展剖析。

微信公众号的特性是朋友关系链强,关注人群以接收日常社交讯息和经过微信进一步掌握讯息,其推文推广特点为关注人群运用转发、分享等方式向朋友开展包括文字、图片、视频等内容传输,耗费关注人群浏览时长为5分钟上下,这非常有益于学校在针对教师和学生新媒体育人“微”矩阵里传输精深讯息。因此,信阳学院近两年持续挖掘微信公众号内容质效,将它视为网络育人的“前锋”。针对2020年1—5月浏览总数的持续提高(如图5所示),观察发现信阳学院运用防疫这个紧要时间点,有效表现了网络育人的实效。

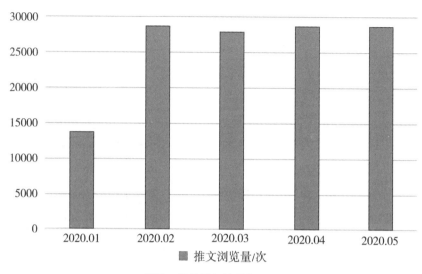

图5　微信月阅读数据展示

　　把新媒体融合高校思政教育之中,可以表现出网络的有效性与多元性,推动学生健康成长有序发展。2020 年 1—5 月,信阳学院网络矩阵积极应对疫情防控时期师生无法线下交流的窘境,抓牢关键时间点,有效运用了疫情防控时期爱国教育、主人翁树立教育、感恩教育的关键时间点,持续提高内容质效,有效运用了公众号在疫情防控非常期间交流通知、树立模范典型、推动学风建设等网络育人效能。针对疫情防控时期内文章剖析,该时期内,2020 年 1—5 月文章浏览数峰值均聚集在学校疫情防控、线上授课、返校通知、线上考试、线上心理辅导等关键讯息上。例如,4 月阅读峰值为 4 月 17日推送转发河南省教育厅的《关于进一步做好全省高等学校(省属中职学校)有序返校复学工作的通知》,阅读量 26000 次,阅读人数 1.1 万人,经过通知和师生学习生活息息相关的讯息引导大家运用习性的同时,公众号持续更新推广方式,提高教育质效。公众号所有文章的核心均是运用诸多推广方式的"组装"耳濡目染地指引学生积极向上。浏览量的持续提高,说明网络思政能有力填补线下学生讨厌传统、一板一眼思政育人的不足。

　　本报告的及时平台指新媒体矩阵中每天针对学生问题及时回复和反馈的新媒体平台。信阳学院近两年持续顺应其平台和推广特点,全力将其塑造为学校面对舆情的"主要战场",成为学校和学生之间沟通的有效"桥梁",重要节点为学校发展贡献力量,凝聚人心。对于实时平台栏目推广度(主要为转发数、评论数)的汇总,公众号的《你问我答》栏目成长势头迅速,其形式为微信线上回答粉丝问题,内容多为考试、校历、生活常识、通知查询等,充分发挥了微信的交流功能,也充分说明了及时平台互动性对其传播度的显著提升。

四、充分发挥新媒体网络育人功效的思考

在网络育人与新媒体技术有效统一的趋向下,面向全世界一张"网",就要学校全体师生一盘"棋",从而转变为网络育人工作的协同新势力。高校网络育人融合发展在做好顶部规划、革新管理制度、配置政策方法的同时,也有以下几点思考。

(一)价值为核

"芳草园"网络育人微矩阵遵循网络思政育人规律,以核心价值观为引领。党的十九大报告指出:"要以培养担当民族复兴大任的时代新人为着眼点,强化教育引导、实践养成、制度保障,发挥社会主义核心价值观对国民教育、精神文明创建、精神文化产品创作生产传播的引领作用,把社会主义核心价值观融入社会发展各方面,转化为人们的情感认同和行为习惯。"大学要运用社会主义核心价值观指引网络文化风向,指引学生形成正确的价值取向,持续提升文化认同。网络思政工作从本质上讲也是做人的工作,只是将育人阵地放在了线上,但仍须围绕学生、关照学生、服务学生,以不断提高学生的思想水平、政治觉悟、道德品质、文化素养,让学生成为德才兼备、全面发展的人才。

信阳学院"芳草园"网络育人微矩阵的建设发展,让在校学生能够及时获得网络正能量的灌输和引导,帮助他们在大网络时代树立正确的三观。"芳草园"网络育人微矩阵的"网络讯息大餐"给在校学生提供"私人订制"似的全方位"思想"服务,来激励学生对社会主义核心价值观的积极情感,帮助学生化解在平时学习生活中的迷雾,让大学生对社会主义核心价值观的

基本内容和要求真正理解,做到行动一致,知行合一。

(二)内容为重

"芳草园"网络育人微矩阵结合当下学生特点,实现网络育人价值认同。高校网络思想政治工作要活跃起来,关键在于要让当下的青年学生能够在复杂的网络世界里看到正能量的知识、听到正能量的声音,从中受益。面对现在多为"00后"的大学生,他们精力充沛、思想活跃、乐观自信,但知识体系尚未健全,心智情感也尚未成熟,很容易受到来自网络的错误引导,尤其民办高校学生个性特点更为鲜明。如若不注重网络思想阵地建设,将很难达到育人的目的。

"芳草园"网络育人微矩阵正是以开放、平等、个性化的网络推广模式,通过运用大学生易于接受的网言网语、视觉形象、大众表达方式传播正向能量,让广大在校大学生主动地通过"信阳学院学工君""学习生活导师园地""信院心理学堂"等微信公众号获取他们所需的信息;经过微矩阵推广身边的好人好事,专注学生关注的热点、焦点问题,并通过生动鲜活的语言阐述,响应学生的兴趣,扩展在线上多样文化中的组合力、指导力,让同学们能够在快速地阅览中,了解或掌握对待事件的正面理解和正确引导。

(三)服务为先

"芳草园"网络育人微矩阵紧跟网络育人形势,践行服务学生理念。高校网络育人文化的建设活起来,除了要坚持网络价值引领,传播身边的好榜样好事迹,形成积极向上的文化氛围,还要围绕服务学生这一理念,随着大数据时代的到来,更新教育思维,创新育人理念,积极探索学生管理服务的网络化再造,信阳学院"芳草园"网络育人微矩阵建设坚持"服务学生成长"理念,积极创建"老师和学生""学校和学院"的多组织的学生服务新形式,将服务体制扁平化。其中,"信阳学院学工君"微信公众号从学生资助政策解析、申请、办理,大学生征兵入伍政策宣介、入伍流程公示,心理健康网上预约、心理健康知识竞赛,大学生公寓管理简报、公寓活动公告等方面为学生提供优质服务,并在微信公众号设置"校历查询""四六级成绩查询""校园全景地图"等个性化服务,一直坚持以学生为根本,一直坚持管理育人、服务育人的主旨。

（四）文化为基

"芳草园"以网络育人文化建设为基础，加强价值引领。社会主义核心价值观是中国特色社会主义文化的集中体现，网络社会主义核心价值观亦是网络文化建设的重中之重，大学生对社会主义核心价值观的认可度是提高大学生网络德育素养的基础。首先，以技术授权提高大学生在网络文化中的身份认可。技术授权让大学生成为网络文化创建的根本，信阳学院将充分发挥学生，尤其是党员学生在网络中的积极性、能动性、创新性，引导广大学生参与"芳草园"网络育人微矩阵平台的建设。信阳学院学工部开通了官方认证的"信阳学院学工君"微信公众号，以《学工速递》《聚焦学工》《辅导员说》为主的专栏分类，涵盖了最新的新闻资讯、公寓管理简报、大学生征兵入伍、大学生资助、心理健康以及辅导员能力提升等内容，在平等开放的网络环境中实现正确引导，在网络沟通中实现正向引领，持续加强他们在学校网络文化建设中的主体地位与认可。其次，利用网络增强大学生在网络文化中的价值认可。信阳学院依照科学的网络文化推广规则，以网络思维方法诠释社会主义核心价值观，对各类有利于学生发展的网络资源进行组合，将受学生关注度高的特色校园文化品牌、思政育人活动和互联网连接，如通过以信阳学院"全员学习生活导师制"为基础，创设的"学习生活导师园地"微信公众号，在社会主义核心价值观引领下，主动地运用激励大学生的乐观情感，根据拟定授课主题内容并将其融入网络图片、微视频之中，通过青年喜爱的阅读方式或内容形式传播社会主义正能量内容，在网络里宣发信息，将一板一眼变成喜闻乐见，充分发挥第二课堂的实际作用，让学生"线上+线下"均能接受学习生活上的引导和启发，形成线下教育和线上教育的融合。最后，以网络推广增强大学生在网络文化中的情感认可。信阳学院将以网络微矩阵为基础，打造《导师说》《学子心得》《你问我答》《人物》栏目，推广身边的好人好事，专注学生关注的热点焦点问题，响应学生的兴趣，扩展在网络多样文化中的组合力、引领力，在对不同错误思想观念的批评中指引大学生在多样观念中进行选取，推动大学生对社会主义核心价值观的价值认可，"芳草园"网络育人微矩阵将以传播社会主义核心价值观、展示师生风采、服务学生成长为定位,在掌握舆论主动、做好互动、回应广大学生关切的问题、及时发布信息、答疑解惑等方面发挥了重要作用,运用互联网思维来开展核心价值观的理论阐释,牢牢把握话语权推动大学生对核心价值观的感性认同。开设网络文化能力提升培训班,集中学习网络文化知识,将新鲜的资讯、亲近师生的形象定位构成学工部官方微信公众号日常运营的骨架,而学生工作重大活动的及时跟进、微访谈、分栏联动等多样新媒体形式则充盈着微信公众号的机体,有意识地运用大学生易于接受的网络网语、视觉形象、大众表达方式来激发大学生对核心价值观的积极情感,使大学生对其基本内容和要求真正理解,知行合一。

(五)传承为重

"芳草园"以文化传承为核心,强化育人内容建设。只有通过塑造高品位、全方面、多角度的思想推广平台,构建校园网络文化传播联通矩阵,以高度的文化自觉获取并扩展高校网络文化建设的主要阵地,才可紧紧把握网络文化价值指引优先权。首先,信阳学院将进行优秀传统文化传播的数字化。"芳草园"网络育人微矩阵结合学校建设"民俗文化博物馆",传播信阳地区优秀传统艺术文化之际,发挥网络推广优势,将收集的地区传统文化精髓实现网络化推广,持续满足大学生多元化、特性化的信息需要与精神文化需求。其次,打造网络文化宣传工作队伍。以辅导员、党政干部、思政课教师等思政教育者为主,以科任教师与行政服务人员为辅,打造一支思政育人能力强、能持续革新的信阳学院网络文化建设队伍,进行网络专项教育工作。信阳学院将定期开展网络育人能力提升培训班,提升对思政教育工作者的网络平台使用培育、网络文化推广能力塑造,全力培育一支既有较高理论素养,悉知网络思政工作特性,还能熟悉操作网络软件与网络文化的工作队伍。鼓励思想政治教育工作者与其他科任教师建立个人线上订阅号,对学生公开个人平台,运用个人线上平台和学生建立长效交流,弘扬社会主义主旋律,关注网络热点,主要关心学生朋友圈等线上个人平台动态,实时指引学生理性思量、正确剖断。最后,加强网络文化功能模块建设。通过微矩阵中每个微信公众平台扩展校园文化活动预告和新闻等,学生可进入查看或线上参与活动、实时宣传学术讲座等等。

同时,"芳草园"网络育人微矩阵发展始终坚持"公开言语守准则",紧紧把握以微信公众号为主的网络阵地的意识形态底线,并集中以社会主义核心价值观为基础,主要塑造成具备较强作用的网络文化推广体制,扩大微矩阵的实际网络育人覆盖面,帮助广大学生树立正确的三观,提升主流舆论的引导力。

以网络育人微矩阵建设为支撑,不断提升网络服务水平。信阳学院一直致力于"服务学生成长"的理念。随着大数据时代的到来,更新教育思维,创新育人理念,积极探索学生管理服务的网络化再造,力争构建"老师与学生""学校和学院"的多架构学生服务新形式,将服务体制扁平化。首先,树立网络服务意识。信阳学院将科学的制定平台运营管理目标;而对学生网络服务平台管理人员及二级学院新媒体管理人员进行专业培训,认识到提供网络信息、营销服务的重要性,认真搜集相应信息资料,针对各项学生工作设计实施计划,并保障各项计划的实施能顺利完成。其次,搭建在线平台,提升服务针对性。信阳学院将游走学生教育管理工作的所属部门归入了"信阳学院学工君"之中,每一部分均能以组织、参与、旁观等视角全方位掌握大学生的思想动态和利益需求,而学生也能接纳网络这种较公平的沟通方式,针对学生的育人工作也就在该情况中展现,其针对性和实效性更佳。信阳学院试图以"信阳学院学工君"开通为机遇,打破以往学生事务中网络化低、管理效率低的瓶颈,尝试打造一种符合高校的学生服务网络体制。经过整理各种关于学生事务性工作的事宜,打造面对学生信息搜索与资源导向体系,创建学生"掌上办事"工作流程,把分布在各部门的针对学生事宜的信息系统与资源良好组合,利用"信阳学院学工君"完成对学生教育服务的"最后一公里"。互联网技术和信息深入统一的大数据时代,需要提升并持续更新学生服务工作,需要一定的革新治理方法与服务形式,始终坚持以学生为本,始终坚持管理育人、服务育人的宗旨。最后,搭建"芳草园"网络育人微矩阵服务反馈机制。网络育人服务也需形成完整的反馈机制,通过反馈机制,监督总结平台运营状况。信阳学院"芳草园"网络育人微矩阵,将通过线上、线下的问卷发放,发起"微话题"、获取评论及留言,设立"意见建议专区",及时搜集公众意见与建议,采集网络服务平台在学生群体中的市场效果,通过数据反映平台的服务效益,促进"芳草园"网络育人微矩反馈机制的有序运行,可以帮助提升管理效率,及时修正管理过程中存在的问题,以便更好地服务广大学生,提升网络育人服务实效性。

五、结语

"三全育人"是网络育人的根本,它包含丰富的理论知识与实践价值,有利于丰富思政教育的理论内在,帮助完善网络育人的工作方法,有助于促进网络育人的实践。高校要深入解析"三全育人"的内在,谨记"立德树人"根本任务,推进教育工作方法,有效表现专业思政工作者的想法,将网络育人思想贯通于学生工作当中去,让网络育人全覆盖、全方位培育大学生的主人翁精神,以培育国之栋梁。

(作者为信阳学院学工部干事)

弘扬优秀传统文化,坚定民族文化自信

沈蔷薇

古人云:"蒙以养正,圣功也。"青年大学生是中国特色社会主义建设的生力军,肩负着民族伟大复兴的历史使命,他们的政治认同状况直接关系到党和国家的未来。因此,通过开展各种行之有效的育人活动对大学生进行政治认同感和爱国主义培养是十分必要的。信阳学院一直坚持以学生为本,全面落实立德树人根本任务,将因材施教和个性化培养始终贯穿于学生思想教育引导中,多年以来持续实施全员导师制,如今已成为育人工作体系中的重要品牌活动之一。其利用我校优秀文化传承馆及信阳红色文化等资源开展的系列导师制活动,则让学生在潜移默化中加深对中国文化的认同,增强他们的政治认同感,呈现良好的育人效果。

一、案例概述

信阳学院自实施导师制以来,导师们上课内容丰富多彩,其中带领学生到我校优秀传统文化传承馆参观、学习、体验成为师生们的首选。我校优秀传统文化传承馆是专门从事信阳地方戏剧、文学、音乐、舞蹈、曲艺、手工艺、传统民俗等优秀传统文化研究与传承推广的重要场所,特别是河南省首批中华优秀传统文化中"信阳皮影戏"的传承基地。导师们带领学生到馆内参观国家级非物质文化遗产项目罗山皮影,并亲身体验皮影戏表演与制作工艺已经成为全员导师制一项特色活动。2021年在迎来建党百年之际,部分导师带领学生以信阳红色故事为蓝本,利用校优秀文化传承馆的平台,自导自演了一部红色历史皮影剧。故事主要讲述了抗日战争时期,豫鄂边区抗日根据地信阳罗山何家冲的一位老大妈,为救一名红军战士,将其说成是自己的儿子,但并未消除敌人的怀疑要强行把他带走。千钧一发之际,为取得了敌人的信任,大妈刺瞎自己右眼来力证自己没有说谎,最终帮小战士躲过了敌人的残害。同学们通过这个体验活动,收获满满,既体验到了优秀传统文化皮影表演带来的乐趣,又亲身感受抗日战争时期人民与红军战士血肉相连的深厚革命情谊,更加珍惜今天来之不易的幸福生活。

二、案例分析

高校的根本任务是立德树人,文化育人是其重要内容。优秀传统文化、红色革命文化是中华民族的宝贵精神财富,其理论科学、内容丰富、素材生动。上述案例的成功开展及取得的良好育人效果说明在导师制工作中开展弘扬红色革命精神,传承优秀传统文化的相关实践活动是非常可行和必要的。

(一)导师制文化育人的资源优势

信阳市位于河南省南部,居豫尾、占楚头、临皖西,是江淮之间、鄂豫皖三省交界处中心城市。中原文化、荆楚文化、吴越文化在此交融共生,孕育出斑斓瑰丽而又极富特色的信阳文化。信阳地处大别山革命老区,鄂豫皖革命首府所在地新县是全国十大将军县之一,何家冲是"红二十五军"长征出发地,信阳鄂豫皖革命纪念馆向人们展示了革命老区人们不屈不挠的抗争精神。信阳非物质文化遗产十分丰富,国家级非物质文化遗产4项,省级非物质文化遗产39项目,市级非遗项目更多。此外,我校还高度重视弘扬中华优秀传统文化工作,建设了1500平方米的传承馆,用于展示、传习、体验信阳优秀传统文化,给学校文化育人提供了理论结合实践的平台。

(二)导师制文化育人的必要性

1.增强大学生文化自信

导师制是信阳学院践行"三全育人"教育的重要品牌,文化育人是其中重要一方面内容。中华优秀传统文化是民族的根和魂,传统文化在育人工作中发挥了重要作用,让学生通过参观、学习、体验传统文化,加深对传统文化的认知和了解,能够了解和学到更多传统文化、红色革命文化知识,牢固树立大学生的民族文化自信心。

2. 调节大学生学习压力

参与导师课的学生是大一新生,他们刚入校对大学学习生活还不太适应,还未熟悉和了解地域、文化等环境,处在焦虑和迷茫期。让他们通过导师课的学习,更好地了解本地传统文化,通过参与到大学生俏皮社、信阳民歌演唱、剪纸、烙画、汪家拳等优秀文化社团中,加强对信阳、对学校的了解,培养兴趣爱好,丰富大学课外生活,同时还可以帮助他们缓解学习压力,做到劳逸结合,提高学习效率。

3. 培养大学生文化素养

在导师课的教学中,学生可以通过皮影、剪纸、烙画、歌舞、戏曲等优秀传统文化项目的参观、体验实践来感受中华优秀传统文化的博大精深,可以感受到非物质文化遗产传承人的持之以恒、精益求精的工匠精神。同时,红色文化的传承实践可以培养学生的家国情怀,增强文化自信心,凝聚民族力量,展现民族精神。培养学生的爱国情操,让同学们在文化学习中成长,在文化学习中自信,成为有文化内涵,顽强拼搏、敢于创新的新时代大学生。

三、结果与成效

通过运用优秀传统文化和红色文化相融合,学生亲身参与实践这种导师课方式,首先可以让学生们切身体会到中华民族文化的博大精深,增强文化自信。其次经过红色文化的浸染,培养了学生们的爱国主义情操,增强他们的政治认同感,让其从思想上、行动上备受鼓舞,培养健全的人格。此外优秀传统文化与红色文化是经历一代代艺人们勤学苦练、精益求精的坚守下才得以传承下来的,这与学生们文化知识的学习与积淀是具有相似之处的。艺人们自强不息、吃苦耐劳、勤奋努力的宝贵精神,有助于培养学生们勤勉上进、持之以恒的治学品质,并将这种精神融入自己的学习中去。

四、启示与思考

优秀传统文化和红色历史资源是开展文化育人的资源优势,在此基础上可以从以"学"增知识、以"练"培能力、以"践"植情感等方面,充分发挥我们的主观能动性拓宽文化育人途径,让它们真正深入人心。

(一)以"学"增知识,加强文化育人

在导师制教学中,在组织同学们参观优秀传统文化传承基地时,不能让学生仅停留在非物质文化遗产的文化内容的了解上,还要深入精神文化层面,加强思想文化教育。另外,可以鼓励学生积极选修优秀传统文化课程、参加优秀传统文化类社团对其进行更深入、更全面的学习。老师也要加强学习中华优秀传统文化知识,让自己先成为一名文化传承者和弘扬者,以便更好地开展传统文化导师工作。

(二)以"练"培能力,强化实践育人

传统文化实践是导师制重要内容,抓好实践环节有利于大学生教育效果。丰富优秀传统文化实践活动,有助提高大学生的综合文化素养和动手实践能力,将优秀传统文化与校园文化活动紧密融合起来,让学生亲自参与到皮影红色剧、剪纸、烙画、书画、民歌表演等优秀传统文化项目体验活动中去,让大学生在玩中学、学中长,早日成为一名优秀青年。

(三)以"践"植情感,构建育人平台

加强校园优秀传统文化氛围营造,充分利用广播站、宣传栏、微信公众号、网站、QQ导师交流群等平台宣传优秀传统文化,定期邀请民俗、非遗等专家学者到学校进行讲学。此外,积极开展实践活动,通过组织学生到传统文化小镇、鄂豫皖革命纪念馆、红二十五军长征出发地、大别山干部学院等红色传统文化基地进行学习实践,营造良好的育人环境,激发大学生弘扬和传承中华优秀传统文化的兴趣和动力,增强文化自信心。

古语云:"欲人勿恶,必先自美;欲人勿疑,必先自信。"中华优秀传统文化是民族的根与魂,也是我们共有的精神家园,更是中华儿女坚定文化自信的力量源泉。我们要以导师制工作为抓手,将优秀传统文化与大学生思想政治教育工作紧密结合,全面提升文化育人效果,切实做好为党育人、为国育才,落实高校立德树人的根本任务。

(作者为信阳学院外国语学院辅导员)

让红色文化资源在高校导师课堂上亮起来

曹　惠

习近平总书记《在党的十八届六中全会第二次全体会议上的讲话》中强调,"光荣的传统不能丢,丢了就丢了魂;红色基因不能变,变了就变了质"。大别山是一座革命的山、红色的山、英雄的山,作为育人第二抓手的本科生导师课,更要利用好红色文化资源,用活红色文化资源,让红色文化资源成为高校导师课堂上的一抹亮色。

一、大别山区红色文化资源的精神核心与时代内涵

在土地革命时期、抗日战争时期、解放战争时期三个不同时期,在大别山地区,其革命先烈和人民群众为新中国的成立做出了巨大的牺牲和贡献,留下了宝贵的红色文化资源,形成了独特的精神内涵和时代价值。

(一)大别山区红色文化资源的核心精神

大别山地区红色文化资源是在不同历史时期的革命斗争过程中积淀形成的,为后人留下了宝贵的精神财富与内涵。其精神内涵主要体现为号称"28 年红旗不倒"的大别山精神。其核心精神可概括为十六个字:即"坚守信念、胸怀全局、团结一心、勇当前锋"。具体表现为对党忠诚,心系人民群众,军民同心同德,团结一致,积极进取的精神;恪守信念,坚守理想,在紧要关头,以牺牲自己顾全大局,甘于奉献的精神品格;等等。这些精神内涵都历经历史和人民的检验,是不可多得的精神财富,对于坚定共产主义理想信念具有导向功能,特别是对于处在三观正在形成和定型期的大学生更能起到方向引领的作用。

（二）大别山区红色文化资源的时代内涵

全心全意为人民服务是中国共产党的立党宗旨,大别山地区人民在土地革命时期、抗日战争时期、解放战争时期三个不同时期,所表现出来不怕牺牲、敢为人先的创新精神,筚路蓝缕、艰苦奋斗创造精神,都是时代的精神财富。当前,我们需要深度挖掘以大别山地区红色文化资源为代表的中华优秀红色文化,引导当代大学生树立坚定的理想信念与崇高的人生追求,为完成建设和发展中国的伟大梦想不断努力。

二、大别山区红色文化资源在大学生红色基因传承中提供了各种载体,对其利用和开发显得尤为重要

大别山红色资源,它是一种既可以看得见摸得着空间物质,同时又是一种看不见摸不着的虚拟精神和文化,所以导师课课堂中深挖大别山红色文化资源,主要表现在以下几个方面。

（一）为高校导师课堂中进行红色资源利用提供物质载体

红色文化资源可以是物质载体形态存在,能摸得着看得见,也可以进行实地参观和访问。例如,伟人故居、纪念馆、博物馆、遗址和遗迹、陵园、墓碑实物形态存在和口头流传史料。在大别山区,现存红色文化遗址和遗迹众多,伟人故居和烈士陵园、墓碑等形态多样。面对丰富红色文化资源,在对大学生进行革命精神洗礼和教育的时候,就可以亲临现场真切去感受不怕牺牲、执着追求的革命理想和信念,为了革命事业,抛头颅,洒热血,全心全意为了革命事业的激情和热血年代,重燃革命热情和激情。

（二）为高校导师课堂中利用红色资源提供文化载体

大别山红色资源具有的精神内涵和时代价值为当地高校文化宣传提供丰富的内容。高校文化活动都可以借鉴和采用大别山红色文化资源,或者直接利用大别山红色文化素材。例如,大别山出现革命英雄,校园文化活动可以直接以英雄事迹进行创作,尽可能还原当时故事史实,回到当时的革命

年代,真正让学生自己去体会当时时代背景,真正感受和体验当时革命热情。利用学校的校报、学报、广播、公众号、微博等宣传媒介广泛宣传红色文化。在进行创作和策划红色活动同时,结合当下时代要求和时代需要,提炼出永不过时的红色精神,激发出大学生红色品质和品格。

(三)为高校导师课堂中利用红色资源提供活动载体

大别山区红色文化资源进校园,为大学生开展活动提供了多元的素材。学生可以借鉴红色文化材料,尽可能创造契合时代需要的故事,凝练出精神品格和品质。艺术来源于生活,又要高于生活,所以红色精神提炼和凝练最需要提供场合和场景。随着科技的进步,活动开展平台多样化,不再局限于依靠空间物质载体,现在进入科技信息时代,在虚拟时空范围内,活动形式多样化,而且呈现出碎片化和无孔不入的趋势。在这种情况下,红色文化资源成为大学生开展活动主要素材来源,活动基本方向不会有问题,学生在活动多少都会受红色文化感染和影响。价值取向和价值主流都是国家主导和宣传价值主流,更好弘扬社会主义核心价值观,矫正偏离主流思潮和价值的小众。

三、大别山地区红色文化资源在高校导师课中的实践路径

随着科技信息技术瞬息万变,人与人沟通交流方式变得多样和不可控,各种社会思潮和价值取向不断涌入,价值观念和理念发生重大的变化。各种价值观和价值理念充斥在社会上,中国共产党带领中国人民进行艰苦卓绝、努力奋斗品格和品行并不是所有人都推崇的优秀品质。随着信息技术进步,人们生活节奏越来越快,要求越来越多,标准越来越高,一切向前看,更是加速了当前价值观念和传统价值理念有了很大偏差,国家包括整个社会也正处在进行价值观重塑关键时刻,作为承担着育人第二抓手的导师课,在导师课堂中必须坚持以社会主义核心价值观为方向,必须以中国共产党人艰苦创业、筚路蓝缕创新精神为先导占领当代大学生的价值阵地,占领他们的思想阵地,具体从以下几方面着手进行实践。

(一) 充分挖掘利用大别山红色资源,在导师课中激发和深入挖掘
  大学生身体内的红色基因

课堂是更为集中、高效或者更有效进行思想传播和价值理念灌输的平台,也是进行红色教育必不可少的形式之一。在进行大学生导师课堂教学过程中充分挖掘红色文化资源或者大别山红色文化资源融入课程教学的全过程。例如,在课堂中,组织学生观看红色革命相关电影《长津湖》等,让学生通过影视更能生动全面了解中国共产党人不怕困难、勇于牺牲的精神,坚定和坚守革命奋斗的意义,多用学生身边的事迹熏陶和感染他们,让他们了解每个时代有每个时代的英雄,但是其内核精神都是相通的,那就是红色基因,一脉相承。

(二) 把大别山红色资源作为开展大学生导师课基地,深入革命圣
  地,激发大学生红色基因

行胜于言,真正深入到红色革命地,看到革命前辈留下革命遗迹和遗物,才可能真正体会和感受到革命信念和理念伟大。激发和传承大学生红色基因,需要高校积极与相关的红色革命纪念馆、博物馆、伟人故居等建立长期合作关系,积极推荐和输送优秀的学生去实习和实践,要坚持长期合作,使之成为高校进行德育和爱国主义教育实践基地。例如,信阳市鄂豫皖纪念馆与信阳市几所高校建立长期合作关系,每年不定期开展大学生爱国主义等教育都要对其进行参观访问。

(三) 积极利用导师课鼓励学生参与红色文化资源演绎和创作

精心设计,深挖大别山区红色文化资源素材,在特别的日子,开展以红色文化为特色的主题活动,在活动中激发学生们传承和弘扬红色文化精神的动力。鼓励学生举办"弘扬大别山精神,传递新时代红色火花"主题演讲比赛,通过演讲比赛的形式弘扬大别山精神,引导教育广大青年要树立崇高理想信念,把红色基因传承好,为中原更加出彩和实现中华民族伟大复兴的中国梦贡献新的力量。

例如,学生朗诵了革命烈士方志敏脍炙人口的佳作《可爱的中国》,而且

还给大家带来了《血染鸡公寨》《大别山 1947》《海棠》系列演讲和红色短剧《大别山上杜鹃红》。在此次会演中,学生们通过自己精湛的演技和声情并茂的演讲向同学们重现可歌可泣的历史事件和前辈们的英勇事迹,通过演绎的形式让红色经典更加深入人心,让红色血脉传承不息。村村有烈士、户户有红军,山山埋忠骨,岭岭皆丰碑。大别山的红土地孕育了革命的火种,也孕育了"坚守信念、胸怀全局、团结奋进、勇当前锋"的大别山精神。

总之,充分利用大别山地区红色资源开发和研究成果,为高校导师课堂中大学生深刻领会和感受红色革命洗礼提供源源不断的素材和平台,激发大学生隐藏的红色基因,做好红色文化传承和弘扬。坚决维护四个全面,坚守四个自信,真正落实和贯彻好"为谁培养人、培养什么人、怎样培养人"这个根本任务,真正充分利用和开发好红色文化资源。同时把思政教育工作从理论真正落实到实践,理论和实践有效结合,充分发挥好红色文化熏陶人和鼓舞人的效果,起到唤醒大学生红色基因的重要作用。

(作者为信阳学院社会科学学院教师)

做学生健康成长的引路人

李晓悦

高校的主要任务是为国家培养德、智、体美劳全面发展的社会主义建设者和接班人,促进学生的全面发展是教育的根本目的。教育关注的终极目标是"人",而"人"的全面发展中,人格的健全和发展占据着重要的地位。高校教育是对于大学生的健康人格进行塑造,当前社会的不断发展,网络与各类信息的不断影响,更是对这种形势下的高校青年大学生的人格塑造工作提出了更高的要求。作为高校学生的思想道德标准的核心——集中开展"导师制",是高校德育工作机制的创新,必将对高校学生的健康人格的塑造起到积极而有建设性的作用。

为了落实立德树人根本任务,提高人才培养质量,践行三全育人教育理念,做好新学年全员导师工作。导师除了完成日常的授课任务和日常指导工作外,必须具有高度的责任感和敬业精神,严于律己、关心学生、乐于奉献,热爱学生工作,具有较强的指导能力。

信阳学校为了提升大一新生学习生活导师制工作内涵和水平,充分调动各单位和导师们工作的积极性、创造性,结合学生的日常学习与生活,定期开展每月一次的导师课,每月主题结合学生的日常学习与生活。本着为大一新生进行帮助,促使其更好地学习与生活,开展每月至少一次的导师课,在授课的过程中,加强日常交流,老师和学生通过交换联系方式在课下加强与学生的联系,即使关注学生的思想动态,了解学生的喜好。

开展导师课主要是在除这一个月的导师课外,导师要结合工作实际,积极地开展形式多样的课外集体活动,不仅如此,每月导师课结束后会在校内相应的系统上上传本次的学习心得。导师进行相应的评语的打分,切实了解学生对于本次导师制课程的学习程度,是否还有疑问等,学院通过座谈会等多种形式进行有效的评价。同时,导师需定期深入学生宿舍,掌握学生在宿舍的生活状态,并能够配合辅导员做好学生的日常管理及思想教育工作。

在上一学年的导师制的实施过程中,作为新生辅导员,在新生入学报到的当天,我在现场迎接来自各地的新生。这时一个场景让我尤为深刻,一位中年男子拎着大袋子带着一个女生来到报到现场,从表情上看,女孩看起非常怯懦而又不知所措,注意到这种场景,我下意识过去主动询问了这位女孩。大概了解到的情况是,这个学生家离信阳较远,坐了一夜的火车刚到学校,送她来的那位中年男子是她的父亲。一位志愿者学生带着这位女孩去办理相关入学手续,我与她的父亲进行了简单的沟通,介绍了学校及学院的总体情况,当这位父亲知道我是她的辅导员时,跟我讲了孩子的母亲多年患病,卧床生活不能自理,而他自己性格又较为暴躁,平日与孩子交流甚少,家里有三个孩子都在上学,基本都是靠当地办理了生源地贷款,家庭也被当地政府列为低保户,了解到这些情况后,我在本子上记录了下来,将其作为新生重点关注的学生。

在新生正式入校后,我询问了该女生住宿、饮食等生活情况,通过沟通让她说出了自己的家里的家庭、成长、性格、学习等几个方面的情况,从她的讲述过程中,我一方面感受到这个学生的艰辛与刻苦,另一方面也意识到大学的环境与生活将对她是个巨大的挑战,因为从她的表述中我能判断出这个学生性格中有很多不自信,甚至有些孤僻。在整个谈话过程中,她一直低着头,声音很小。面对这种情况,我一直对她进行鼓励,让老师对她多一些了解,告诉她大学是一个新的开始,从今天起,无论是生活还是学习上有任何的问题,有任何想法或遇到什么烦恼与困难,随时都可以与我沟通交流,有了高兴的事情可以与我分享,遇到烦恼也可以向我倾诉。总之,来到大学这个新的环境,拥有了新的同学、新的老师,一切都需要重新开始,希望她在大学里能够锻炼自己,提升自己,学有所成。

在班级选拔班委期间,我鼓励她选一个适合自己的职位,鼓励她多多锻炼自己。考虑到她家庭贫困的这个情况,根据信阳学院的家庭经济困难认定办法等有关文件精神,切实保障各项资助政策和措施真正落实到家庭经济困难的学生身上,我鼓励她主动提出申请,经情况核实与班级投票等公开形式后评议,她得到了国家奖学金资助,这无疑对她完成大学学业有了一个较好的保障。经过一段时间的学习,发现这个女孩平时甚少与同学交流,甚至总是坐在教室后排,学习上遇到一些问题也很少与老师进行沟通。基于这样的情况,在导师制开展之中,除了每月一次定期的导师课以外,我常常以各种新颖的形式拉近与同学们的距离,第一次的导师课,我带领同学们坐在山坡上,让同学们自我介绍,介绍自己来自哪里,有什么兴趣爱好,来到大学有什么样的目标及规划,等等,果不其然,到了这位同学的时候,依然是怯懦地小声说话,眼睛始终不与别人对视。在后面每一次的导师课中,我除了讲解本次的主题外,更多的是与同学们多沟通交流,同学们慢慢放松了下来,开始提出一些相关的问题和想法等,我觉得这是一个很好的开始,包括这个女生脸上也有了笑意,偶尔会点头表示赞许。不仅如此,她由于慢慢打开了自己,和自己的室友也成为朋友,听课也不再坐在后排,成绩处于一个中等偏上的位置。班级内,类似这位同学的情况还有很多,除了平时的日常关怀以外,导师制的开始是一个非常好的契机,大大拉近了老师与同学们的距离,可以更好地了解学生的想法与困难,给予及时解决。

导师的职责就是教育学生养成讲文明、讲礼貌、讲道德、讲文化、尊师爱友的优秀品德。充分发挥导师的带头作用,鼓励学生刻苦学习,养成艰苦奋斗的精神,树立正确的世界观、人生观、价值观。充分发挥导师的垂范作用,指导学生尽快完成从高中到大学学习方法、环境的改变,增强自主学习的能力,树立全面成才的信心。利用谈心、聊天、导师课活动等多种多样的授课形式履行相应的职责。

导师制的开展一定程度上培养学生具有一定的社会责任感,自觉遵守社会公德和法律,养成良好的劳动习惯、文明行为习惯、健康文明的生活习惯。培养学生具有自尊自爱、自信自强、自觉自律、开拓进取的精神,与坚强如钢的心理品质。培养学生具有明辨是非、知荣辱、抵制不良影响的能力以及一定的道德评价能力。培养学生具有自我教育、自我约束、自我管理的能力,通过导师课最终帮助学生们养成生活上自理,行动上自律,心态上自控,情感上自悦的目标。

在帮助学生健康人格的塑造中,导师的人格魅力对学生的吸引和影响是至关重要的。俗话说学高为师,德高为范,教师的榜样作用是一种巨大的,无可替代的力量。要做好导师制这项工作,首先,作为导师要拥有健康人格,用自己高尚的人格形象来影响学生。其次,导师自己要认真对待,要关爱自己本小组的学生,这是彰显导师的人格魅力进而塑造学生健康人格的重要条件,导师的人格影响是潜移默化的,不是一时的体现,也不是一种强制的灌输,因此导师的人格魅力彰显是一件艰巨的事情。

德育工作者要始终把握"以人为本"的思想,必须重视青年学生完善的人格,高校导师制是德育工作的一个新的机制,所以导师的焦点也要放在完善人格构建和提高精神素质上来。在人格的完善方面,生存观教育尤为重要,科学的生存观是人格结构的一个核心,当今大学生在人生观、世界观上出现了困惑,感到价值观和生存观产生了激烈的冲突,成功与失败,希望与失望时常交织在一起,失望、痛苦、侵蚀着他们的精神与灵魂,因此加强大学生的生存观教育具有重要的现实意义,也是进入网络时代德育工作需要加倍注意的环节。学校和导师都应重视心理健康教育,通过个体和集体的咨询和辅导,提升学生心理健康水平,不断塑造学生对社会和他人的责任感。

导师制充分注意到了传统德育教育中的弊端,增强了教师的责任感,最大限度调动了教师的能动性,充分发挥了教师在教育问题上的优势和作用。

（作者信阳学院教育学院辅导员）

全员导师制助力宿舍文化建设

牛　帅

宿舍是大学生在学校的"家",是集学习、休息、娱乐与交际于一体的综合性多功能场所,是培养学生养成良好作风的重要环境,更是高等学校进行思想政治教育的主要阵地。当前宿舍文化建设已成为校园文化建设的一个重要组成部分,是反映大学生精神风貌的重要指标。全员导师制以思想引导、专业辅导、生活指导、心理疏导为核心内容,组织全校干部教师共同参与对学生的教育管理工作,对推进和构建平安和谐、积极向上的高校学生宿舍文化,具有重要意义。

一、宿舍文化建设的重要性

宿舍文化是由大学生在共同学习和生活、相互影响的过程中,依托于宿舍来反映和传播的各种文化现象,以校园精神为主要特征的群体文化。它包括物质文化、制度文化、行为文化、精神文化四个方面。宿舍文化具有凝聚、融合、教育等功能[1],是校园文化的一部分,宿舍文化建设的好坏直接影响着校风、学风和大学生的文化素质。

由此可见,宿舍作为大学生最重要的学习、生活场所,大学生密集程度高、思想内在品质暴露明显、自主性和个性表现最强烈的地方,是对学生进行思想政治工作和素质教育的重要阵地。宿舍文化建设的程度反映着一所高校大学生的学习、生活以及行为风尚等各个方面,是大学生精神风貌、治学态度、思想修养、文化修养等素质的综合表现,也是衡量一所高校精神文

---

① 童心刚,成祖松.高校宿舍文化建设与大学生社会化[J].安徽工业大学学报:社会科学版,2004,23(5):142-144.

明建设、教育水准高低的重要尺码。因此,如何引导大学生宿舍文化取向,
开展形式多样、内容丰富的宿舍文化活动,发挥大学生建设宿舍文化的主体
作用,是高校教育工作者的需要深入探索的问题。

二、宿舍文化建设存在的问题

1.重视宿舍的物质文明建设,轻视精神文明建设

很多高校只重视宿舍物质文明建设,学生公寓建得越来越好:设施越来
越现代化,空调、洗衣机、无线网等现代化的设施一应俱全,学生在宿舍的活
动空间也越来越大,很多管理者和家长只看到了表面上给学生提供的这些
物质条件,但却忽略了精神文明的建设。事实上,宿舍是大学生课余时间休
息的场所,也是思想最活跃的地方。在这里,大学生们容易敞开心扉,交流
思想。大学生处于涉世之初,辨别是非能力比较差,接受能力又非常强,非
常容易受到各种思想、文化及思潮的影响。由于宿舍网络化的普及,很多不
良的社会风气、不良的思想,如金钱至上、读书无用论等可以毫无障碍地传
输进来,大学生容易为其表面现象所迷惑,这些不良思想及文化的传播,对
培养和树立大学生正确的世界观、人生观、价值观带来很大的负面影响。不
注重精神文明建设,不加强大学生宿舍思想教育工作,必然导致宿舍文化
缺失。

2.重视宿舍管理功能,忽视宿舍文化引导功能

在宿舍文化建设中,高校大多注重宿舍管理功能,通过各种宿舍管理规
章制度、纪律卫生检查等措施来进行宿舍行为和环境文化建设。虽然这些
措施能够为塑造宿舍环境整洁美观,养成大学生良好生活习惯做出突出贡
献,但过多的强硬管教,缺乏"以人为本"的服务理念,必然引起学生的反感,
导致宿舍文化建设事倍功半。在宿舍文化建设中,通过学生工作队伍在平
时学习、生活及集体活动,如开展丰富多彩的文体活动和宿舍文化活动,塑
造积极向上的宿舍文化,使学生在潜移默化中接受教育,发挥宿舍文化的引
导功能,能更好地实现宿舍育人的功能。忽视宿舍文化引导功能,只重宿舍
管理功能,必然导致宿舍文化建设过程中,一手过"软",一手过"硬",不能协
调发展。

三、导师制在宿舍文化建设中的作用

1.有助于形成宿舍良好学风

一年级的大学生,刚通过紧张激烈的高考,进入大学校园,对新的环境充满希望和憧憬,相对而言,学习的压力减小很多,自由支配的时间增加,很容易将精力放在学习之外。同时,高中的学习方式和教育方式与大学完全不同,如果不能快速了解和适应,学生就会跟不上教学的进度。通过导师的思想引导,可以较快地让低年级学生熟悉和适应大学生活,树立大学期间的学习目标,从而把更多的精力投入学习中。高年级的学生虽然对专业有所了解,但是也面临着对就业、深造等多方面的困惑。通过导师与学生一对一交流的专业指导,可以帮助学生进行职业生涯设计,明确自己的人生目标,从而在课程选修过程中,有目的地选择相关课程,形成完整知识体系,适应市场对专业人才的要求。对于有考研愿望的学生,可以通过导师适当的学习辅导,以及指导学生参与科研活动,锻炼学生的实践能力,更好地满足深造的要求。在导师的引导和指导下,宿舍成员都树立个人明确的人生目标,有学习的动力,形成良好学习风气的宿舍文化,能更好地实现高校人才培养的目标。

2.有助于形成和谐稳定的宿舍关系

本科生导师一般都是具有较高思想道德素质和业务素质的教师,他们在学生中比较有威信,与学生有比较多的接触,容易被学生所接受。在学生与导师的交流中,双方建立的是一种平等、友善、尊重、信赖的关系,导师对于学生的教育重在引导,而不是管教,同时导师平时的言行举止、工作态度、治学精神在潜移默化地影响学生。"00 后"的大学生,个性差异大,崇尚自我,并且面临的竞争压力也更大,宿舍成员之间难免会有摩擦。矛盾发生后,宿舍成员会更愿意跟自己的导师倾诉,导师通过对学生及时的思想疏导,能避免矛盾的进一步激化,有效化解各种矛盾,从而使宿舍成员和谐相处。同时,导师通过自己的思想引导和专业指导,帮助学生明确自己的人生目标,树立正确的人生观和世界观,能够从根本上缓解学生的压力,使他们在学习、生活、思想和心理各个方面都得到健康发展,形成团结友爱的宿舍氛围。因此,通过导师制可以将对宿舍成员的思想教育与专业教育相结合,使宿舍文化建设有可靠的保证,为塑造和谐、友爱的宿舍氛围提供可以依托的基础。

3.有助于宿舍成员养成良好行为习惯和生活方式

导师在与宿舍成员经常性的交流中,能够及时了解学生的学习生活状况和思想动态,切实解决学生的困难和问题,也无形中增加了很多造访学生宿舍的机会,这就自然而然地对学生的宿舍行为规范和环境卫生形成了一种督促作用。这种督促作用不是强硬的规章制度,而是一种无形的约束,这来自学生对导师的尊重和敬仰。通过导师的正确引导及言传身教,宿舍成员可以形成爱护宿舍公物、文明卫生、遵纪守法、按时就寝、遵守宿舍管理规定的良好风尚。导师也可以全程参与宿舍文化建设,如指导宿舍成员开展具有专业特色的宿舍文化活动,设计装饰具有专业特色的宿舍环境等方式,帮助宿舍成员建设和美化宿舍环境,在通过宿舍成员自身努力营造的宿舍环境,更会被大家所珍惜和爱护,在无形中也督促宿舍成员形成良好的行为规范和生活习惯。当具有良好行为习惯和生活方式的宿舍文化建立后,导师可以进一步引导学生进行自我教育、自我管理、自我服务,更好地实现宿舍的育人功能。

四、结语

塑造积极向上的宿舍文化,建设一个情趣高雅、环境清新、团结友爱、求知探索、拼搏进取的学生宿舍是高校育人的需要,是建设和谐校园、落实科学发展观和以人为本的重要举措。高校实行导师制不仅能更好地履行教师教书与育人的职能,也是对当前宿舍思想教育工作必要和有效的补充。通过导师走进宿舍,以思想引导、专业辅导、生活指导、心理疏导为核心内容,对学生言传身教,能够更好地促进学生宿舍文化建设的健康发展,实现高校宿舍育人功能,是探索和完善导师制及宿舍文化建设的新途径,具有重要意义。

（作者为信阳学院学工部教师）

浅谈全员导师制网络文化育人的作用及意义

郗利选

移动终端"快餐式"的网络信息是大学生了解社会、掌握"书本"之外的实时事务的主要途径。互联网的快速发展及渗透,很大程度上影响着大学生思想观、价值观的形成。作为缺乏社会阅历、实践历练的大学生,他们对外部环境的认知、社会价值的观念尚未定型,移动网络中的虚拟舆论会轻而易举将其思想同化。因此,如何发挥全员导师制网络文化的育人功能,促进高校网络文化服务于大学生的健康成长,帮助大学生树立正确的世界观、人生观、价值观,不断提高育人成效,具有重要的现实意义。

一、全员导师制网络文化育人的重要意义

随着网络技术的迅猛发展,互联网已成为影响国际政治、经济、文化、社会发展的重要力量,是影响我国人才培养质量的重要影响因素。在新形势下,高校深入贯彻落实立德树人的根本任务,不仅要在教育方式方法上不断创新改变,也要牢牢把握网络虚拟空间这块思想政治教育的重要阵地,将工作重心及具体的教育活动逐渐过渡延伸到网络空间,把文化阵地构建到网络空间,有效发挥全员导师制网络文化育人的工作成效,切实提升导师制工作的质量和水平。

全员导师制是学校全面落实立德树人根本任务,由全体师生共同参与的一项综合性"三全育人"项目,根据课程、科研、实践、文化、网络、心理、管理、服务、资助、组织等方面工作的育人功能,打造十大一体化育人机制,其中网络文化育人机制是学校不断创新育人载体,为师生提供了便捷高效的网络沟通平台,实现了"导师—学院—学校"的三级联动。同时学生通过微博、微信、论坛等载体踊跃参与学校网络文化的建设和发展。如何有效利用

当前网络文化的特点,积极打造有效的网络教育平台,不断深入拓展网络思想政治教育空间,发挥网络文化育人的重要作用,是当前加强和改进新形势下高校思想政治工作亟须解决的重点问题。

（一）是新形势下不断加强和改进高校思想政治教育工作的重要内容

2017 年,中共中央、国务院印发的《关于加强和改进新形势下高校思想政治工作的意见》中指出,"高校要加强互联网思想政治工作载体建设,加强学生互动社区、主题教育网站、专业学术网站和'两微一端'建设,运用大学生喜欢的表达方式开展思想政治教育"。高校导师制网络育人是紧跟时代发展,积极主动适应新形势网络发展的需求,充分利用网络有效资源,不断创新丰富教育内容及形式,改进工作手段与方式方法,增强高校网络文化的凝聚力和影响力,提高高校网络文化育人的实际工作效果,不断拓展思想政治教育的有效途径和载体。

（二）是促进学生健康成长成才的重要举措

互联网已经成为人们精神生活的重要组成部分,成为大学生了解资讯、学习知识、浏览新闻以及休闲娱乐的主要渠道。而青年大学生正处在世界观、人生观和价值观形成的关键阶段,对网络各类信息的识别能力还不够,网络安全意识有待进一步提高,因此,通过加强全员导师制网络文化育人工作,以积极向上的正能量向学生们进行社会主义核心价值观教育和引领,切实维护网络意识形态的安全稳定,及时有效地清理校园网络可能出现的各类不良信息,严格防范、有效控制网上意识形态的渗透,为学生的健康成长成才打造良好的网络育人环境,促进学生不断完善自我,提升自我。

（三）是培养社会主义合格建设者和可靠接班人的重要路径

加强高校网络思想政治教育工作,提升人才培养的质量,是当前的一项迫切任务。高校导师可以通过开展网络文化工作,将习近平新时代中国特色社会主义思想融入健康积极向上的校园网络文化中,唱响网上舆论主旋律,打造网上红色空间,满足学生的精神文化需求,同时有效利用网络载体,充分发扬中国传统文化的优势,强化学生的文化自信,促进社会主义先进文化的繁荣发展,从而为培养符合时代需求的社会主义合格建设者和可靠接班人打下坚实根基。

二、全员导师制网络文化育人应坚持的基本原则

发挥全员导师制网络文化育人功能,需要在确保思想性的前提下,不断丰富高校网络文化的内容及形式,要坚持社会主义先进文化方向,用社会主义核心价值观引领高校网络文化建设,把社会主义核心价值观教育落实到高校网络文化建设的各个环节,引导教育大学生形成科学的世界观、人生观、价值观,坚定政治立场,从而有效抵制各种腐朽堕落的文化侵蚀,提高育人成效。

全员导师制网络文化育人功能的实现需要坚持主体性原则。一方面关心大学生网民,尽可能满足大学生的上网要求,从其现实发展需要出发,尊重大学生的主体地位,解决大学生在网络中遇到的困难及问题,帮助大学生排解不良情绪;另一方面,从大学生现实需要出发,完善网络服务,增进大学生对网络育人内容的政治认同、理论认同及情感认同,才能充分发挥全员导师制网络文化育人功能。

全员导师制网络文化育人工作要与时俱进,基于现实、引领未来。一方面,高校网络文化已经渗透到大学生学习生活的各个方面,其内容丰富多彩,对大学生具有较强的吸引力,大学生自我意识比较强,能够自行选择浏览,所以在高校导师制网络育人工作开展过程中,要充分利用网络的渗透性、互动性及隐蔽性,引导学生自由地表达思想情感,在潜移默化中提高大学生的思想道德境界;另一方面,要及时更新网络文化育人内容。根据时代发展及大学生成长成才的需求,将党的思想理论建设取得的最新成果,及时更新到育人内容中。

三、全员导师制网络文化育人作用发挥的有效途径

在新媒体时代,网络思想政治教育是社会和时代发展的必然要求。导师应认识到网络可以突破时空的限制,提高在线政治思想教育的意识,加快

教育信息的交流与沟通,为育人工作带来极大的便利。一方面,它可以根据学生的在线行为习惯及兴趣,及时对当前的政治热点和社会问题进行有价值的思想引导;另一方面,通过在线开展育人工作,导师可以更及时有效地了解学生的思想动态,与学生积极互动,适时化解矛盾,潜移默化地深入到大学生的思政教育过程中,帮助其更好地生活与学习。

网络思想政治教育是新时期思想政治教育发展的主要前沿。导师必须充分了解新媒体环境在线思想政治工作的特征,积极抓住网络文化育人的领导地位。一方面,充分利用互联网给思想政治工作带来的巨大优势,有效传达党的政策,爱国主义及社会主义价值观;另一方面,导师还应注意网络对学生的不利影响,加强网络监督。

鉴于现阶段在线思想政治教育的有效性和现实性的缺失,迫切需要提高网络文化育人工作能力,创新网络思想政治教育的内容及形式。首先,导师在选择主题及内容时,应避免刻板或无聊,陈述关键事件及要点时要谨慎。在解决学生实际问题的同时,将传统价值观念自然地融入学生的思想之中,增强思想政治教育的实效性及生命力。其次,导师应加强在线思想政治教育的主动性,改变传统的复制、粘贴及转发文本方式,使用微博、微信及抖音等学生感兴趣的方式进行交流。影像、动画及短片等形式的教育,不仅可以调动学生的积极性及主动性,更有助于实现网络文化有效育人的目的。

全员导师制网络文化育人功能,服务于高校立德树人的根本任务,在大学生思想政治教育工作中具有重要作用,同时需要进一步加强高校网络文化建设和管理,对高校网络文化育人功能实现的条件进行优化,使全员导师制网络文化育人功能得到更好地发挥。

(作者为信阳学院土木工程学院行政秘书)

以网络为平台,助力全员导师制

刘　娟

全员导师制是信阳学院为全面落实立德树人根本任务,由全体师生共同参与的综合性"三全育人"项目,经过近七年的努力,全员导师制通过为学生提供专业化、亲情化、系统化、个性化的指导和服务,在春风化雨润物无声中提高了学生思想认识、学习能力,改善了同学们的生活适应能力、心理承受力和就业竞争力。以网络为平台,以全员导师制为抓手,切实为学生的成长成才保驾护航。

一、全员导师制概况

为充分发挥教师在学生培养教育中的主导作用,引导学生树立正确的人生观、世界观、价值观,信阳学院在全体大一新生中实施了全员导师制。全员导师制的实施目的在于通过理论宣讲教育与实践引导教育相辅相成,进一步加强对学生的思想认识、学习辅导、生活引导、就业指导、心理疏导,以学生成长成才为核心,真正做到从学生中来,到学生中去。确保让每一届全体新生一入校就能及时享受到全校师长的深情关爱、精心指导,为四年的大学生活开好头、把好关、"扣好人生第一粒扣子",打牢基础,从而顺利实现德智体美劳全面发展,成为有用之才。

二、大一新生特点

大一新生刚结束繁忙、高压的高三生活进入轻松、自由的大学生活,难免会有一些不适应。在大学,有很多自由时间供自己来安排,多数同学不知如何安排这些自由时间,便会出现长时间沉迷于网络游戏等问题。现阶段的青年大学生对一切新鲜事物充满了好奇,主动探知新生事物,但是他们对纷繁复杂网络信息与内容的真伪辨别能力还有待提升。通过全员导师制可以有针对性地纠正大一新生这些行为,帮助他们了解大学四年生活,为大一新生提供学习辅导、心理疏导、生活帮助、职业规划与就业指导。

三、网络育人的重要性和必要性

随着互联网的快速发展,当下已进入了全媒体时代,各类信息纷繁复杂、各种思想泛起激荡,一些非主流的思想和意识形态慢慢涌现出来,潜移默化中对当代大学生的思想意识产生了负面影响。在纷繁复杂的网络环境之下,非主流思想与文化对主流意识形态与文化带来了极大的冲击。因此,借助网络平台,加强对大学生的思想认识教育、行为引导教育极其重要。

高度发达的互联网时代充斥着各式各样的信息与内容,网络信息与内容的生产、传播、更新速度特别快,网络空间的开放性与虚拟性特征更是为良莠不齐的信息与内容提供了有利条件。青年大学生正处于人生的"拔节孕穗"期,是其人生观、世界观与价值观形成的重要关键点,是最需要精心引导与栽培的关键时期。在充斥着良莠不齐、真伪难辨的消极信息与负面信息的网络空间,青年大学生的思想行为与价值取向极易受到不良影响,与高校思想政治教育所引导的正确价值取向背道而驰,进而对高校大学生的人生观、世界观、价值观、学习观、择业观、交友观等方面带来一系列负面影响。另外,许多网络空间的活动含有商业性行为,大量低俗暴力的网络娱乐产品在经济利益的驱使之下,侵袭到高校大学生的日常生活中,使不少学生思想受之侵害。所以,借助网络平台,通过全员导师制,从大学生入校开始,加强对其网络思想政治教育,引导其做校园好网民,通过新媒体,积极在网络传播正能量,为净化网络空间贡献自己的力量。

四、借助网络,助力全员导师制

2020 年春季,学生们开始了线上上课,改变了以往大学生们的线下面对面上课的习惯,学生们在进行网络上课学习过程中,难免有一些不适应。当时所带的 2019 级学生中有一位性格比较内向、内心比较敏感的同学。疫情防控期间，同学们减少外出、时常居家，另外所有课程全部是通过网络线上进行，该同学与其他人面对面沟通交流的机会少之又少。该生父亲一向较为严肃，日常忙于工作，与孩子的交流几乎没有，父母关系不和，母亲时常向该生倾诉家庭琐事、家庭矛盾等一些负面信息。该生本身性格内向、敏感，与他人交流较少，完全无法排解这些负面情绪，致使该生对其父亲充满了怨恨，心理问题也进一步加重，最起始的表现是开始出现了逃课行为。在了解到该生情况后，我第一时间通过视频电话与她取得联系，当时该生已出现夜晚时常突然惊醒，有时还会出现失眠等情况。第一次与该生进行沟通交流的时候，她情绪较差，不愿谈及更深入的问题，只说不想上课，上网课没有意思，后来问及其父亲与母亲情况的时候，该生突然哭了，慢慢地她说，父亲时常对母亲进行家暴，她多次目睹，前几天父亲又一次家暴母亲，她非常憎恨父亲。了解情况后，我耐心地对该生进行言语安抚，给予她积极正面的引导，帮助其排解不良负面的信息。紧接着与班委、该生之前在校时关系较好的朋友取得联系，并联系到该生母亲对该生的情况进行了全方位的了解。从班委处了解到该生近期上课不认真听讲、时常不交作业，从该生母亲处了解到该生从高中开始已出现了轻微的心理问题，根源来于他们的家庭，来于父母之间的不和谐关系。后来该生在高考结束考上大学后，情绪有所缓解，近期因为疫情在家上网课，与人沟通交流较少，加之再次目睹父亲的家暴行为，心理受到了严重的创伤。该生母亲告知我其在家庭中无话语权，该生父亲拒绝为孩子寻求专业的心理治疗。在我与该生父亲取得联系后，简单告知该生近期的一些异常行为表现，希望其与妻子多给予孩子一些关心关爱，以及沟通交流。

　　第二天，该生母亲告知我，丈夫已带孩子去医院进行相关检查治疗，经医生检查确认，该生属于中轻度抑郁症，需要吃药治疗、定期复查。另外医生告诫该生家长要为孩子营造温馨有爱、积极乐观向上的家庭氛围，更有利于帮助孩子走出心理困境。事后，我一直与该生以及该生母亲保持联系，定期了解该生的心理状况。在那之后，该生父亲在家中的言语与行为也发生了很大的改变，与孩子沟通交流增多，与孩子母亲的关系得到改善，该生的情绪逐渐在向好的方向改变。借助网络平台，第一时间了解到该生情况，后期实时了解到该生心理动态,在疫情防控期间,通过网络实时掌握把控学生心理与行为动向,快速精准定位,为我在全员导师制工作带来了便利。

2020年秋季开学后,我第一时间找到该生,经过面对面交流后,看到她无论是在精神面貌,还是在心理情况方面,都发生了质的改变,负面情绪较少,变得积极乐观,在学习方面也更加努力,主动与宿舍同学交流,主动融入班集体举行的各种活动。

由此可以看出,我们应立足新时代,借力网络平台,助力全员导师制,为每一位学生的成长成才保驾护航。

(作者为信阳学院文学院辅导员)

党建引领强基固本　爱心助学筑梦未来

第四篇

党组织在全员导师制中实现组织育人的内涵探索

程娇炎

2018 年，习近平总书记在全国教育大会上强调："坚持立德树人，加强学校思想政治工作；要在坚定理想信念、厚植爱国主义情怀、加强品德修养、增长知识见识上下功夫。"信阳学院由理事会倡导于 2015 年开始实施的全员导师制，党政工团齐抓共管，组织动员全校干部教师共同参与，担任大一新生导师，与辅导员一起教育引导学生，探索了新时期高校育人机制新路径，把思想政治工作贯穿于教育教学全过程，实现了全员育人、全程育人、全方位育人。

多年来，在上级领导的支持关怀和学校领导的精心指导下，在全校师生的积极配合、用心参与中，全员导师制工作取得了显著成效，成为学校新时期思想政治工作的重要品牌。在导师制结出的累累硕果之中，有一项具有重要指导意义的就是党组织在其中发挥了组织育人的显著效果。

中国共产党自成立以来，便重视党组织的教育功能。随着我国高等教育事业的持续迅猛发展，党组织在高校育人工作中的重要地位日趋凸显。因此，在新的时代背景下，深入了解高校党组织育人的思想基础与现实背景，剖析高校党组织如何结合全员导师制这一优秀思想工作品牌进行育人育才工作，具有重要的理论和现实意义。通过对全员导师制组织育人功能的研究探索，可以为高校党组织更好地发挥其育人功能、更好地开展思想政治教育提供新思路、新想法。

一、高校党组织育人的内涵和功能

(一)组织育人的内涵

高校党组织教育主要是指各级党组织,贯彻落实党的基本任务,把发展成为民族复兴的新时代,明确各自的职责,充分发挥职工队伍的作用,开展思想政治教育工作和活动,提高师生的政治认同、群体认同和综合素质,促进学生的全面发展。开展全员导师制的关键核心在于,必须充分运用党组织的吸引力、凝聚力和感召力,帮助学生正确树立理想信念,从而实现全员育人、全程育人、全方位育人。

(二)组织育人的功能

1.政治功能

2018 年,习近平总书记在北京大学师生座谈会上的讲话中强调:"加强党的领导和党的建设,加强思想政治工作体系建设,是形成高水平人才培养体系的重要内容。"要加强党对高校全面领导必须依托高校党组织,其第一位属性是政治属性,高校组织育人的首要功能是政治功能。发挥组织育人的政治功能,就是要贯彻党的教育方针,加强党对教育工作的全面领导,牢固树立为党育人、为国育才的人才培养理念,把思想政治教育贯穿高校教育、教学、管理等全过程,着力培养政治可靠、信念坚定的建设者和接班人。① 新时代高校党组织育人要从系统思维出发,明确培养时代新人的目标、要求和内涵,充分发挥高校党组织的政治领导力、思想引领力、群众组织力,把党的政治功能和教育功能全面渗透进高校全员导师制的育人实践中,同时遵循科学规律,坚持政治性原则,突显整体设计,解决好"为谁培养人、培养什么人、怎样培养人"的问题。

---

① 魏俞满.提升新时代高校组织育人功能的实现路径[J].集美大学学报.2021(6):7-11.

2.教育功能

个体的发展与组织之间存在密切联系。一方面,组织通过制定相应的内部规则,规范个体行为,促使个体按照组织规定要求行事,从而实现对组织中个体的行为规范教育。另一方面,组织通过依托相关载体,开展相关活动,推进实践教育,促进个体在组织的集体活动中提高工作能力、增强工作本领、提升服务水平,从而达到促进个体行为养成和素质提升的目标。

二、全员导师制在育人实践中发挥出政治领导力、思想引领力和群众凝聚力

(一)坚持政治性原则,发挥高校党组织在培养新时代大学生中的政治领导力

政治性原则是高校党组织育人的根本原则。习近平总书记在全国教育大会上强调"教育部门和各级各类学校的党组织要增强'四个意识'、坚定'四个自信',坚定不移维护党中央权威和集中统一领导,自觉在政治立场、政治方向、政治原则、政治道路上同党中央保持高度一致"。"为谁培养人"是教育的根本性、方向性问题。我国是中国共产党领导的社会主义国家,党领导下的高校必须坚持社会主义办学方向,扎实推进中国特色社会主义高校建设。高校以培养德智体美劳全面发展的社会主义事业合格建设者和可靠接班人作为根本目标,新时代大学生不仅要承担起民族复兴大任,也要为建设社会主义现代化而奋斗。高校党组织育人要坚持高校党委对学校党建和思想政治工作的全面领导,就必须以政治性为根本原则,提高高校党组织在培育时代新人过程中的政治领导力,结合组织建设与教育引领,强化高校各类组织的育人职责,发挥群团和学生组织的政治作用与高校党委领导核心作用、学院党总支政治核心作用、党支部战斗堡垒作用。全员导师制在依托各级党组织与导师共同开展思想政治工作中,构建一体化的组织育人工作体系,发挥党组织在时代新人培养过程中的政治领导力,解决好"为谁培

养人"的问题。① 在导师的授课过程中,加强学生的"四史"教育,爱党爱国爱社会主义的"三爱"教育等,增强学生的政治认同、群体认同,教育引导学生自觉投身中国特色社会主义和中华民族伟大复兴的实践中。

(二)遵循科学规律,发挥高校党组织在培养新时代大学生中的思想引领力

习近平总书记在全国高校思想政治工作会上指出,"做好高校思想政治工作,要遵循思想政治工作规律,遵循教书育人规律,遵循学生成长规律,不断提高工作能力和水平"。"德智体美劳全面发展的社会主义建设者和接班人"的论述回答了"培养什么人"这一教育首要问题,充分体现了新时代育人目标的时代风格和本质要求。在育人实践中,全员导师制遵循科学规律、思想政治工作规律,坚持立德树人,把品德教育、思想引导作为开展导师课的重要目标,把学习习近平新时代中国特色社会主义思想作为首要政治任务,不断强化理论武装,把加强学生理想信念教育放在首位,提高学生的理论思维能力和思想政治水平;遵循教书育人规律,全心全意做学生锤炼品格、学习知识、创新思维、奉献祖国的引路人,引导学生用正确的立场观点方法分析问题,形成对新时代党的指导思想的高度认同和行动自觉;遵循学生成长规律,激发主观能动性,始终坚持问题导向,聚焦和关注青年大学生学习、生活中的真实状况,针对性地组织和开展思想政治教育活动,尤其要关注学生在知识体系搭建、价值观塑造、情感心理等方面的现实困难、思想困惑,以他们喜闻乐见的方式、口口相传的话语做好思想政治工作,把"解决思想问题"与"解决实际问题"相结合,促进学生全面发展和健康成长。②

---

① 胡玉宁,王玉平.高校党组织在时代新人培育中的功能与作用[J].高校辅导员学刊.2021(4):15-19.

② 王训兵,黄新建."互联网+教育"背景下高校党团班协同育人组织管理体系创新研究[J].党建研究.2021(10):28-30.

（三）注重整体设计，发挥高校党组织在培养新时代大学生中的群众组织力

2016 年，习近平总书记在全国高校思想政治工作会议上强调，"要坚持把立德树人作为中心环节，把思想政治工作贯穿教育教学全过程，实现全程育人、全方位育人"。"怎样培养人"是培养新时代大学生的教育关键，是保障人才培养目标实现的实践原则、规范和路径，体现了把立德树人作为根本任务和培养德智体美劳全面发展的社会主义建设者和接班人的实践要求。在育人实践中，推进整体机制的健全发展必须以党组织建设进行统筹规划，从而构建全校师生共同参与的全员导师制育人体系，确保思想政治工作实现全员参与、全时贯穿、全域协同；要积极构建"党建+"工作格局，深入推进党组织育人与导师制的协同联动，持续激发"三全育人"的整体效能，将组织建设与教育引领深度融合，充分发挥导师的主观能动性，解决好"怎样培养人"的问题，培养德智体美劳全面发展的社会主义建设者和接班人。

三、运用"互联网+导师"模式，多平台、全方位上好育人大课

（一）创新教育方式方法，实现数据协同

运用导师课网络平台，每次导师课之前，老师先将导师课计划上传至系统中，然后在进行完导师课之后，每位同学可以把自己的心得体会和取得的收获，以及想对老师说的话都写出来，上传到系统中，同时也可以把导师课进行时拍摄的照片上传至系统，记录精彩瞬间，这样既可以方便随时查看，同时也可以永久保存。

大学生的微信、QQ 等社交平台也为高校教育工作者提供了丰富的信息。高校教育工作者为能够及时掌握学生的思想动态和学习生活情况，利用"互联网+教育"的理念，不断推进和实现各平台间的数据共享，并在育人数据融合的基础上，根据大学生的特点和实际情况不断调整与完善工作流程，为高校党组织育人提供了强大的数据信息支持，不断调整与完善工作流程，为大学生提供更具针对性的指导和服务。

(二)更新组织管理观念,实现组织协同

导师制覆盖全体大一新生,由于低年级学生班级中正式党员偏少,党支部不能完全覆盖到低年级班级,担任导师的老师们绝大部分都是政治觉悟高、业务水平好的优秀党员,导师在学校各级党组织指导下,积极探索新形势下党建和思想政治教育的新途径和新方法,使育人教育内化于心,外化于行。导师充分发挥共产党员的先锋模范作用,引导学生提升思想道德水平和精神境界。因此,可以通过实施导师制加强思想政治教育工作和推进党员发展工作,使党的先进理论在大一时就能入脑入心。

每位导师会指导10—12位大一新生,远远少于每位辅导员的带班人数,因此通过实施导师制可以细化学生管理模块,辅助辅导员开展学生管理工作,导师能够和每位学生更加细致地交流,了解学生的思想动态和学习状况,也更有利于进行一对一的学业辅导和心理疏导,提升育人质量。

细化管理模块,导师在思想政治教育的过程中起到对辅导员的辅助作用,共同提升育人质量。导师制在运行过程中,根据学生独立个性、不断变换的思想特点,以社会主义核心价值观、理想信念教育为主阵地,根据学生身心成长阶段性特征及社会时事热点,灵活、及时地进行相关教育引导,为学生点亮理想的灯、照亮前行的路,做到思想政治工作的与时俱进。譬如,在季节交换时的安全教育;依托信阳红色土地的理想信念教育;学期初的适应性引导;期末考前的"诚信"动员;面对学生情感危机时的疏导交流;对时事热点事件的因势利导;等等。通过开展思想政治工作,帮助学生树立正确的理想信念,形成正确的世界观、人生观、价值观,对真善美有正确的认识。

四、结语

全员导师制通过内容丰富、形式多样的导师课和学生喜闻乐见的交流形式,已经成为信阳学院组织育人、思想育人、感情化人、行动示人的德育工作重要方式。导师们以导师课为抓手,以社会主义核心价值观为导向,和学生一起成为坚定信仰者、忠实执行者、自觉实践者和积极促进者。仰望星空

守初心,脚踏实地担使命,在桃李育人的芬芳里,全体导师将用无悔奋斗,继续为信阳学院更加美好的明天和新时代更加出彩的教育事业贡献力量。

（作者为信阳学院外国语学院党总支书记）

依托组织育人路径，培养新时代接班人

杨　柳

抓好党员培训教育是党建工作的重要基础和长期战略任务之一，高校党员的培训教育是其中的重要组成部分。结合学生德育实际案例，将学生党员培养教育过程分为启蒙引导阶段、培养发展阶段、使命担当阶段，进而探索高校培养路径。

高等教育的目标是培养中国特色社会主义合格建设者和可靠接班人，高校作为党和国家的重要思想阵地和人才培养堡垒，承担着人才强国的重要历史使命。党员是党的细胞，培养教育高质量的大学生党员，是实现中华民族伟大复兴中国梦的重要一环。组织育人一直都是高校党建育人工作的重要组成部分。高校基层党组织作为高校组织中承载着重要使命的正式组织，是组织育人的重要阵地。组织育人是高校党支部责无旁贷的政治任务，是完成"立德树人"根本任务的重要举措；是贯彻习近平提出的"培养什么人"重要教育思想的内在要求；是贯彻党的十九大提出的"培养担当民族复兴大任时代新人"的战略要求，理应体现在全员导师制实施过程中。

一、案例概述

学生小清在刚入学时，一时无法适应大学生活，学习生活方式还停留在中学阶段。一段时间后，小清觉得如果继续保留中学时代的学习生活方式，很难在大学阶段找到人生目标，并且人际关系也没有中学时代单纯，中学时代大多数只需要与同班同学沟通交流，但到了大学阶段，小清发现性格比较外向开朗的同学认识了好多其他院系的同学，扩展了自己的交友面，并且与大家都相处融洽。同时中学阶段都是跟着老师的节奏学习，只需要认真学习文化知识，属于"一心只读圣贤书，两耳不闻窗外事"的状态，但到了大学，可自由支配的时间变多了,除了完成课业任务,剩下的时间一时之间不知道该做什么,但本就优秀的小清清楚地知道,光阴不可虚度。在导师课上,小清向老师诉说了自己的苦恼。最终,在导师的开导及引导下,小清找到了自己努力的方向。导师告诉她,当你感到迷茫的时候,可以选择跟党"走"。

二、引导教育路径

首先,中国共产党为什么"能"？理论和实践都证明,中国共产党能带领中国人民取得巨大成功绝非偶然,而是因为其有一系列优秀的特质。中国共产党拥有远大理想追求,有科学理论的引领,有选贤任能的机制,有严明纪律的规矩,有自我革命的精神,更有强大的领导能力。正是依靠这诸多的优秀特质,中国共产党成为始终走在时代前列、人民衷心拥护、勇于自我革命、经得起各种风浪考验、朝气蓬勃的马克思主义执政党。因此,大一入学不久的小清就坚定信念选择跟党"走",向优秀党组织靠拢,要一直督促自己认真完成学业任务,并且成绩名列前茅,获得国家奖学金、校优秀奖学金等奖项。

在小清不断向党组织靠拢的过程中,认识了更多优秀的志同道合的老师与同学,这激励着她不断追求进步,并为自己规划了大学生涯。在大一、大二、大三阶段,利用课余时间积极参加专业类比赛,见识更广阔的世界,接触更大的平台,获得更多的荣誉,为学校、为学院争光。同时,在思想方面,认真学习党的理论知识、先进思想,并落实"两学一做",培养无私奉献、服务他人的意识,经常参加志愿者活动,帮助身边有困难的同学,认识了更多的朋友,积极发展各种兴趣爱好,参加各种体育、艺术类竞赛、活动,促进自己德智体美的全面发展。经常与身边的同学朋友讨论、发表自己对于党的理论的相关见解,并开导与自己当初有同样迷茫的同学们,带动更多的优秀学生向党组织靠拢。在大四面临毕业与工作时,因为所拥有良好的学习态度及扎实的专业基础,作为学校的优秀毕业生顺利毕业,并积极备考选调生,成功"上岸",全心全意为人民服务的心愿得以实现。

通过实现全员导师制,在党组织和导师的教育引导下,学生小清从刚开始的迷茫,到对自己大学生涯的清晰规划,体现了组织育人的成功。

三、培养教育路径探究

在进行组织育人时,大致可将其分为启蒙引导阶段、培养发展阶段、担当使命阶段,即将优秀青年学生吸收到党内来,不断壮大党员队伍力量,才能担负起新时代赋予新青年的新的历史使命。在第一阶段,要做好组织的启蒙引导工作,让学生了解中国共产党,明白为什么选择中国共产党作为自己的信仰。

(一)启蒙引导阶段

在启蒙引导阶段,可依托班级团支部、学院团总支、学生党支部、学院党总支等基层组织开设的党团课、党团日主题教育等载体,培养其共产主义情感,在活动中考查学生在集体活动中的综合表现,有利于给党组织尽早筛选入党积极分子人选提供可靠参考依据。同时引导学生系统学习《共产党宣言》的基本内容,如中国共产党的创立,党的性质、宗旨和纲领,党的光辉历程和历史使命,党团结带领人民取得的伟大成就等内容。通过各类活动引领新生主动向党组织靠拢,并通过年级建设、班级建设、团支部建设、宿舍建设,以中国共产党著名的英雄故事和英雄人物、激发爱党情怀的影片等为内容依托,进行基本的爱党教育、共产主义教育。

(二)培养发展阶段

新时代涌现出了一批批认真贯彻执行党的基本路线、积极投身国家建设、全心全意为人民谋利益、带领广大群众脱贫致富、为国家发展贡献智慧的各行各业的优秀青年,是党组织吸收新党员的不竭源泉。大学生党员作为党组织的一支重要组成力量,学成将投入祖国的建设事业中去,成为中国特色社会主义事业伟大征程的见证人和参与者。因此在学生党员的培养发展阶段,要完善党员发展程序,把好党员"入口"关。

(三)担当使命阶段

第一,加深理论学习,提升思想水平。在高校,青年学生正处于一个世界观、人生观、价值观再次塑造的阶段,接触到的都是新鲜多变的事物,因此需要细心观察察学生的各方面情况,如思想状况、学习态度、行为作风等,若发现闪光点要积极鼓励,若有不良行为要及时纠正。同时要进行有针对性的理论学习,比如党史、党情、党纪教育、《中国共产党章程》以及习近平新时代中国特色社会主义思想等。组织学生积极参与主题党课党日活动、志愿服务活动,促使学生们在参与活动中逐步向党员标准看齐。采取集中授课、自学、观看影像资料、主题讨论、撰写学习体会、读书笔记、演讲、知识竞赛和主题实践、专题访谈、社区服务等多种形式,创新教育培训内容,丰富教育培训载体,增强培训效果。借助微博、微信等新媒体平台,通过电脑、手机等多媒体设备,鼓励学生进行主题创作,将枯燥的理论知识转化为生动有趣又不乏教育意义的新媒体作品,增强教育工作的引领实效。

第二,强化责任意识。可以邀请党内榜样人物做报告、召开优秀学生党员座谈会,激发发展对象的入党意愿。此外,除了理论学习,还可组织学生进行拓展训练、主题演讲、志愿者服务、社会实践等,激发发展对象对党的忠诚与热爱,增强责任意识。在吸收的同时也要做好输出,在理论培训时中,学生更多的是学习、领悟、吸收,必须在坚持学习的基础上开始输出。部分学生转正之后会出行思想松懈、行动松劲的问题,因此,要不断推动行动落实,通过行动时刻提醒学生,提高其责任意识,强化奉献精神。在学校、学院的各类工作中,可以将重要的、复杂的、紧急的、困难的任务让正式党员负责,并引导其主动承担,冲锋在前,不断践行共产党人的初心和使命。新时代、新青年,高校要给党员中的新鲜血液以机会,让他们开创新的未来。结合导师课,推动年轻党员通过微博、微信公众号、贴吧、抖音等渠道,围绕社会和国家热点,与群众积极互动,做正向的舆论引导,建设一支熟悉网络信息技术的宣传工作队伍,在广大群众中普及法律法规知识、党的决策意义、社会主义核心价值观等。

在成为正式党员后,学生应坚定自己的信仰,不忘初心、牢记使命,要明白身上的责任,做有担当的青年学生党员。因此,在完成培养教育阶段后,要引导学生党员进入担当使命阶段。

四、历史使命与时代担当

历史赋予使命,时代要求担当。建立中国共产党、成立中华人民共和国、推进改革开放和中国特色社会主义事业,是五四运动以来我国发生的三大历史性事件,这三大历史性事件的发生都离不开青年的作用。正如习近平总书记在纪念五四运动100周年大会上所指出的,"100年来,中国青年满怀对祖国和人民的赤子之心,积极投身党领导的革命、建设、改革伟大事业,为人民战斗、为祖国献身、为幸福生活奋斗,把最美好的青春献给祖国和人民,谱写了一曲又一曲壮丽的青春之歌"。青年是最富活力、最具创造性的群体,是推动社会发展进步的重要力量。我们党深知青年的作用,无论在新民主主义革命时期还是在新中国成立后的社会主义革命和建设时期,都高度重视青年工作,通过各方面的努力,致力于把青年群体培养成为革命的先锋队、国家建设的生力军。

(作者为信阳学院土木工程学院辅导员)

关爱引导　德育润心

谭秀梅

"爱是一盏灯,照亮别人,也温暖自己。捧一颗爱心上路的人,一生也都将在爱里。""全员导师制"作为推进个性化、亲情化德育工作的一个有效载体,强调个性化、亲情化、渐进性、实效性原则,以生为本,因人而异、目中有人、尊重个性、面向全体。有幸成为信阳学院导师中的一员,担任学生导师一载有余,让我深刻感受到,导师是一个非常荣耀的称谓,我未曾想过、也不敢有愧于这个称谓。所以,在思想上不断地引导学生,心理上疏导他们,生活上指导他们,学习上帮扶他们。尤其是在资助育人方面,身为导师,倾心尽力,以爱施教,以德育人,竭尽所能地给予他们物质上的帮助和精神上的激励。导师制让我从事的学生工作更加丰满,师生感情更加生动,心与心的交流也更加真诚。

一、案例背景

在学校导师制师生互动活动中,我很荣幸参与进来,认识许多学生,和他们交朋友,同时也给他们带去更多关爱。在受导学生中,有这样一位性格内向、内心敏感脆弱的特殊学生小晴,引起了我的注意。大一入学时,她独自一人来到学校,在新生报到处,她孤独的身影与其他被家长前呼后拥围在中间的同学形成了鲜明的对比。每次见到小晴,她总是穿着那件灰白色略带褶皱的外套,一双运动鞋后跟的划痕已经清晰可见;导师课上,她总是坐在一旁,沉默寡言。个子不高的她,仿佛比同龄人多了几分老气和成熟。

经了解,小晴的父亲在她年幼时身患重病不幸去世,她的母亲随后改嫁不再联系,年幼的她留给了爷爷奶奶抚养。经受了家庭如此大的变故和丧子之痛的悲伤,小晴的爷爷大病了一场,再加上身体原本就有的疾病,没过多久,小晴的爷爷便永远离开了她,只剩下她和年迈的奶奶相依为命。家庭经济困难,生活困苦不堪,她仅靠村里的低保和亲戚的帮助,坚持完成了学业并考上大学。接到大学录取通知书时,小晴既高兴又伤感,高兴的是她终于实现了她的大学梦,但她又清晰地认识到,她的梦想给家庭带来了太沉重的经济负担。就在她即将入学时,奶奶病倒了,躺进了重症监护室,需要巨额的医疗费和家人的照料。奶奶由亲戚照看,在亲戚们的帮助下,小晴才走进了大学校园。

二、关爱引导

了解小晴的情况后,我向她介绍了大学生资助政策以及学校的一些相应帮扶措施,让她安心学习,并为她提供了勤工助学岗位申请的渠道和方法,以解后顾之忧。导师课下课后,我找到小晴,与她沟通中,了解到小晴高中时成绩非常优秀,在班级中一直名列前茅,但并未担任班委职务,于是鼓励她去竞选学生干部,锻炼自己、服务他人,可是小晴却对此并不感兴趣。这让我有点意外,考虑到作为新生的小晴对大学生活仍处于适应阶段,因此没有草率说教,而是暗暗对她进行持续观察。针对小晴的家庭情况,学校通过了她关于国家助学金的申请。半学期后,也许是沟通的次数多,小晴竟主动给我发消息,节日的时候,还收到了她发来的祝福信息。

导师课的前几天,小晴发来消息,说这次的导师课上不了,需要紧急回家一趟,我赶紧追问,才知道与她相依为命的奶奶去世了。我准备了 500 元现金,赶到校门口,她不愿意收下。"收下吧,老师的一点心意,坚强一些,路上注意安全",我说。"谢谢老师……"小晴哽咽了,眼泪在眼眶里不停地打转。从那以后,我便时常找小晴聊天,收拾了家中柜子里存放的自己学生时代穿过的好点的衣物,我想她一定用得上。还时常用契诃夫曾说过的"困难与折磨对于人来说,是一把打向坯料的锤,打掉的应是脆弱的铁屑,锻成的将是锋利的钢刀"来激励她,让她知道人生没有痛苦,就会不堪一击,正是因为有苦难,才能激发我们人生的力量,使我们的意志更加坚强。了解到她的文章写得好,时常鼓励她,学院的征文比赛,耐心地给予指导,在比赛中也取得了不错的成绩。学院和学校举办的各类竞赛,我都鼓励小晴去参加,让她提升自身的专业素养,同时也锻炼了与人交往的能力。同时,鼓励她刻苦学习,通过自身的努力取得国家、学校奖学金。

三、收获成效

"莫问收获,但问耕耘。"身为导师,在育人的征途中,我总是要求自己竭尽所能地帮助学生、关爱引导学生,他们一点一滴的改变,都深深牵动着我的心。从未想过,我的倾心付出,会真正改变一个人。一个学期过去了,内向的小晴,自信开朗了许多,我们也成为默契的可以交心的朋友,不仅仅是导师与学生的关系。在期末考试中,小晴取得了优异的成绩,还获得了三好学生的荣誉称号。当她怀揣着一摞摞荣誉证书向我展示战绩时,那一刻,我看到了她从未有过的笑容,感受到了她内心满满的成就感。

看到小晴的转变,我感到很欣慰。我知道,对于在这个世上连一个亲人都没有的孩子,哪怕是一丝的关爱,都会对她带来很大的改变。我很幸运,通过学校的导师制这个平台,让我走进了一个需要关爱的孩子的内心,我也坚信,遇到我,也将是小晴的幸运。

四、反思感悟

(一)原因分析

性格内向的小晴,由于家庭变故,身边的亲人相继离去,使得她心里产生了很大的思想包袱;生活的困苦,加上失去了父母的陪伴和关爱,而奶奶年纪大,感情上的交流沟通也较少,使得她从小养成孤僻、敏感的内向性格,平时很少交朋友,缺乏自信,对人对事对生活没有热情。

(二)措施分析

作为导师,以导师课为抓手,深入了解家庭苦难学生情况,宣传助学贷款、国家奖助学金等国家资助政策,让家庭困难学生都能享受到政府助学助困的温暖。针对小晴的情况,在及时介绍各项资助政策并努力为其争取的同时,从自身的层面,身为导师,力所能及地给予她物质上的帮助;对于她敏感内向的性格和极度的缺乏爱,从细节入手,给予她关爱和鼓励,多与她沟通交流,让她知道有人在关注她、关心她,让她把导师当作朋友,愿意敞开心扉交流,感受到温暖,走出孤僻内向的心理困境。

(三)效果分析

家境特殊的小晴,从小形成了孤独、内向、情感不稳定的性格特征,如果放任自流,很容易造成各种问题。生在苦难中的孩子,需要别人的关注,更需要以爱施教。所以我们的一种关爱的眼光,一种关切的询问,一种关怀的手势,一个关心的行动,都会在他们的心里激起波澜,他们就会向你敞开心扉,诉说苦恼,畅谈未来。从最初的冷漠寡言,到最后的主动给我发消息,我看到了完全不一样的小晴,看到了充满自信,愿意与人沟通的小晴。

(四)教育反思

首先,要抓住关键时期。开展工作,需要踏踏实实,一如既往,尤其是在关键时期,绝不能放松,否则会前功尽弃。在导师制工作过程中,我觉得不在于每一星期、每个月要去和他们谈多少次,不是次数越多效果越好。最重要的是应该抓住关键的时期,及时开展工作,深入了解,教育、关爱、感化学生,效果会很不错。

其次,要学会把握细节。在资助育人方面,最好是从细节入手,面对家庭困难的学生,物质上的帮助和精神上的激励要双管齐下,找准他们最需要关注的点,然后春风化雨、润物无声,不要直接上来就谈他们的家庭有多困难,生活有多苦楚,作为导师有多同情,这样学生很容易烦恼,容易产生自卑情绪,进而难以敞开心扉接纳他人的帮助。在每次的谈话中,我都从生活中他们比较感兴趣、乐观向上的话题谈起,气氛轻松愉快,让学生忘记我们是老师和学生的关系,在谈话中他们会自然流露出一些真实的想法和观点。

最后,要注重赏识教育。赏识教育是尊重性的教育,也是一种育人的良策。赏识是一种理解,更是一种激励。而性格内向、孤僻、自卑的学生更是渴望获得赏识,他们被忽视,得不到应有的关心和赏识。实践告诉我们,阳光属于每一个孩子。赏识教育对于培养学生健全人格、发展潜能具有重要的意义。"时雨点红桃千树,和风染绿李万枝",经常赏识学生,必将会迎来桃李芬芳的春天,也会让我们品味到"百花争艳"的教育美景。

　　导师制,是一种新型的育人方法,也是一种亲情化、个性化的德育管理模式,将思想政治教育的大水漫灌改为精准滴灌。作为信阳学院导师中的一员,我深刻地感受到,自学校全员导师制实施以来,全校师生广泛受益、人才培养质量显著提升。身为导师,我是导师制的落实者,更是导师制的受益者;我奉献出了无私的爱,也收获了难能可贵的信任和师生情谊。在以后的日子里,我还会不断地总结经验教训,一如既往,踏踏实实做好导师制的工作,做好每一位学生的引路人。

（作者为信阳学院美术与设计学院辅导员）

基于全员导师制下高校资助育人工作案例分析

李俊茹

一、案例概述

小王,女,一名大一新生,从小失去双亲,她和弟弟一直跟爷爷奶奶一起生活。爷爷奶奶年事已高,身体状况不好,家庭收入主要依靠老人务农及村里低保,生活压力较大。该生在校性格内向,独来独往,学习热情不高,入学心理排查时发现其有自杀倾向。最近,室友反应,小王连续好几天没有去上课,作业不交,晚上回宿舍也非常晚,一直在校外做兼职挣生活费。

二、案例分析

家庭不富裕的学生,不仅承担了较大的经济压力,同时还面临诸多由物质贫困造成的心理、学业、生活等方面的负面影响,情况错综复杂且不同学生有不同特点,仅靠心理咨询、物质资助很难解决。全员导师制以导师课为抓手,能够对学生的思想、学业、生活等方面进行全面、连贯的教育和指导,对高校资助育人工作能起到很好的促进作用。

小王遭遇较大的家庭变故,家庭经济困难,学习兴趣不高,大学期间性格孤僻,独来独往,为了缓解家庭经济压力,丢弃学业做兼职挣钱。致使该生出现上述情况的原因有以下四个方面:

一是家庭经济困难,生活艰苦,产生巨大心理压力,想减轻家庭负担。

二是同学来自全国各地,每个人性格、生活习惯都大相径庭,小王感受到与其他同学的差距,由于家庭原因,性格敏感自卑,自尊心强,进而导致性格孤僻,不与同学交流。

三是从小失去双亲,遇到问题得不到及时的支持帮助,当陷入迷茫和焦虑时无人开导,致使小王产生较严重的心理问题。

四是受"读书无用论"影响,小王怠慢了学业,想挣钱补贴家用。这些都严重影响了小王的学习、生活和心理健康。

综合以上分析,作为高校辅导员,我们要妥善处理此类情况的学生,除了借助高校资助政策,还可以借助本校特色全员导师制,以导师课为抓手,进行全员、全过程、全方位育人。引导小王走出心理困境,并进行"扶智""扶志",进而培养学生良好品质,激励学生奋发自强、立志成才、感恩奉献。

三、案例处理

(一)经济资助为依托,精准解困

国家的资助政策是确保高等院校每一位贫困家庭学生不因为经济困难而辍学的有力保障,使他们在校期间安心读书,增强本领。以共情的方式与小王深入谈心谈话,耐心倾听小王的想法,肯定其兼职缓解家庭压力赚取生活费的初衷,向其讲解当前国家、学校对贫困生的各类资助政策,有多种途径多种方式可以解决其生活费、学费问题,在校期间可以安心读书。发自内心地为小王出谋划策解决目前面临的贫困问题,让她感受到学校的温暖,对老师产生信赖感,对接下来工作的开展有积极的推动作用。一是通过申请国家助学贷款来解决学费和住宿费问题;二是申请国家助学金来解决在校生活费;三是积极申请学校勤工助学岗位,通过劳动获取报酬补贴日常生活;四是鼓励小王勤奋学习、积极进取,获得校级、国家级奖学金。

(二)心理帮扶为重点,疏导育人

根据马斯洛的需求层次理论可知,如果人的基本需求没有得到满足,不仅高级需求得不到满足,还会引发各种心理问题。小王由于家庭成长环境、学校环境、个人方面等原因而出现自卑封闭孤立、悲观焦虑和偏激极端等心理健康问题,在受到国家资助政策的帮扶后也有可能会出现盲目攀比,通过高消费来挽回面子等思想滑坡现象。真正的帮扶是从"扶贫"到"扶智",鼓励接受资助学生从"他助"向"自助"和"助人"转变,实现综合能力的发展。

一是加强社会主义核心价值观教育,帮助其树立正确的价值观,使其认识到困难只是暂时的,要在逆境中成长起来,树立学习和生活的信心,通过自身的努力,帮助家庭走出困境。

二是积极向上的校园文化氛围是影响大学生心理健康发展的重要因素,运用解决思想问题与解决实践问题相结合的方式,在对小王进行理论说教的同时,重视她的内心感受,引导其积极参加校园文化活动,如各类竞赛活动、文艺活动、知识竞赛等,在参与过程中获得价值感和成就感,进而培养小王乐观、积极、豁达的人生态度,真正能够实现对困难挫折的理性超越。

三是由点及面,对班级同学的心理健康问题进行摸排,对有自我封闭、自卑、自暴自弃等心理问题的贫困学生进行个别交流,建立心理档案,并持续关注,问题严重者建议其到校心理咨询室进行心理咨询和心理治疗。

(三)朋辈互助共前进,促进成才

充分挖掘朋辈资源,实施"暖心同行"计划。

一是辅导员打电话与小王爷爷奶奶联系,告知小王在校的状态,希望多与小王沟通交流,减轻其心理压力,专注学习,提高自己。

二是充分发挥班委、党员干部、小王舍友的作用,关注小王在学习上、生活上的状态,并主动给予她关心和鼓励;联系任课老师平时多关注小王,希望多花些时间对小王的课程学习进行指导,让她感受到集体的温暖和老师的关爱,发挥"1+1>2"效能,让小王学会接纳他人、与人共处,提高人际交往能力,增强集体感、归属感,以互帮互助实现共同进步。

三是邀请成绩优异、能力较强的家庭经济困难学生现身说法,对小王进行"一对一帮扶",并发挥榜样示范引领和辐射带动作用,培养其追求卓越的意识,在潜移默化中树立自信心,获得前进动能。

（四）能力提升为目标，实践回馈

习近平总书记寄语新时代中国青年要立大志、明大德、成大才、担大任，努力成为堪当民族复兴大任的时代新人。这就要求广大青少年要全面发展，提升综合素质，高校贫困生作为时代新人的一分子，为了紧跟时代步伐，提升个人能力成为辅导员德育工作的目标。

"授人以鱼"不如"授人以渔"。知识才是从根本上改变贫穷的指路明灯，通过导师课讲述优秀校友案例，教育引导小王，树立崇高理想，明确个人目标，做好大学生生涯规划，结合自己的兴趣、爱好以及专业，对自己学习生活以及未来想要从事的职业做出合理安排，提高小王的自主规划能力；利用好学校各平台和资源，增长才干，提升专业技能，逐步成为专业实用型人才，提高综合素质和就业竞争力，为日后高质量就业、报答回馈父母、母校、祖国打下坚实基础。

另外，引导小王积极参加爱心支教、志愿服务等社会实践活动，鼓励其将自身学识应用到实践中去，帮助贫困地区孩子解决实际问题，既提高自身专业素养，又在实践中提高自己的感恩意识和综合能力。

四、结果成效

通过导师制对贫困生小王进行了经济、心理、学业以及能力上的帮助。小王申请了国家助学贷款，并建立了贫困生档案获得国家助学金的资助，同时申请了校内勤工助学岗位，小王在校的学费和生活费问题得以解决。在舍友和班委的关爱和鼓励下，小王逐渐愿意与人交流，并经常找我吐露心声，心理问题得以缓解。在同为贫困生的榜样激励作用下，学习热情高涨，逐渐找到了适合自己的学习方法，且经常去图书馆借阅感兴趣的书籍以拓展自己的知识面，在课余时间经常参加志愿者服务活动以及学校举办的各项活动来提高自己的综合素养。

五、思考与感悟

通过全员导师制对家庭贫困生进行帮扶,使其在经济、心理、学业、能力上"脱贫"。这种方式的成功应用让我在对贫困生的教育工作得到以下几点启示。

(一)坚持精准资助的原则

通过导师课,了解班级每位同学的家庭情况,精准识别受助学生类别,做好满足受助学生个体发展需求的资助。学校可根据学生需要,设计勤工助学和公益服务岗位,让学生在实践过程中提升素质和脱贫能力。

(二)坚持多元资助的原则

优先解决家庭经济困难学生的学业困难,让家庭经济困难学生顺利完成学习任务,邀请专家向班级同学宣讲专业知识,开展技能培训,提升他们的专业本领;还可为他们提供实践的平台,让贫困生有锻炼实操的机会;最后开展志愿者公益活动,培养他们乐于助人的良好品格。

(三)坚持权责对等的原则

借助导师课,对学生进行思想政治教育,让学生正确认识贫困,正确认识权利和责任对等的原则,让学生有偿接受资助,在获得资助后能够自主脱贫,并带着感恩的心帮助他人,回馈社会。提升感恩意识认知,使感恩内化于心外化于行,让学生学以致用,促进社会发展和进步,增强学生的成就感和获得感。高校资助育人工作是一项系统的民生工程,也是一份传递爱的事业,更是一种值得坚持的情怀。培养学生优良品质,提高家庭经济困难学生的综合素质,增强就业竞争能力,实现优质就业,为祖国建设贡献力量。

(四)坚持自我教育原则

爱因斯坦曾说:"学校的目标应当是:青年人在离开学校时成为一个和谐的人,而不是成为专业人士。"同样,高校资助育人工作始于经济支持,发展于个体的自我成长。现在很多贫困生不仅是物质上的贫困,更有精神上的贫困。因此学校要利用好导师课,帮助他们树立自信,让他们能够在勤工俭学、励志学习的同时获得肯定,建立信心、提升幸福感,培养他们健康的心理与健全的人格,在离开校园走上社会时有勇气、有能力迎接各项挑战,受益终身。

（作者为信阳学院教育学院辅导员）

春风化雨润物无声

唐启正

高等院校是作为高素质人才培养的重要场所,而资助育人是实现社会公正与教育公平的重要手段,是家庭有困难学生能够顺利接受高等教育的有效途径。资助育人既能有效促进教育公平,又能进一步落实立德树人的根本任务,同时还有利于加强和改进高校思想政治工作。高等院校中开展资助育人工作的核心意义在于促进学生健康成长、促进学生和谐发展、应当将以人为本作为核心原则。而全员导师制能够有利于和谐师生关系,从而增强德育实效,提高学生管理水平。在信阳学院全员导师制的大环境下有利于直观清晰地了解到每个学生的真实基本情况,更好地实施全员、全过程、全方位的三全育人模式,更好构建资助育人的长效机制,开创资助育人工作的新局面。本文将结合实际案例,探讨在全员导师制下资助育人工作的新成效。

在新形势下,不断完善高校学生资助工作,把育人作为资助工作的出发点和立足点,充分、高效地发挥资助育人体系的育人功能,从而全面落实立德树人的根本任务、培养社会主义合格建设者和可靠接班人。而作为资助工作的重要开展者——辅导员,可以充分结合并发挥全员导师制的制度优势,将群体与个体教育相结合,及时全面地了解每位学生的基本情况,将资助工作的开展做到既全面又公平,确保资助工作的有效开展,为构建精准长效育人机制奠定基础。

一、案例简介

大一新生小刘同学,是一个来自贫困农村的孩子。家庭经济困难,家庭情况复杂,早年父母离异,由其父亲独自抚养长大,而父亲一人在家务农,辛苦养育两个孩子。由于家庭环境的影响,小刘性格内向且内心自卑,在班级活动和宿舍生活中均独来独往,几乎不与同学沟通交流。由于自身性格问题,再加上极少与老师同学沟通,即使该生学习态度端正,但学习成绩仍然较差,甚至出现挂科的情况。在一次导师课上,小刘纠结又含蓄地表达了她想退学的想法,但是家里不同意,所以来咨询我相关事宜。经过聊天引导得知学生内心想法,由于学生自身性格难以适应在校生活,存在一定的心理压力,家境贫寒致使她产生了自卑心理,对学习也产生了排斥的态度,又因得知挂科后不能获得奖学金,觉得愧对父亲,所以想着退学外出打工来减轻家庭的经济负担,从而能快速直接地回报父亲。

家境贫寒、较重的家庭经济负担、对于校园生活的不适应、在学业上出现挂科现象等是让她产生退学想法的主要因素。在了解了她的基本情况之后,我与其进行了较长时间的沟通交流,感受到了学生的内心承受着巨大的压力,清楚地认知到该生的想法并不是一时冲动,而是经过长时间的思想挣扎才做出的决定。

二、案例分析

此案例中的大一新生小刘,家境贫寒是造成该生产生退学心理的主要原因。一方面,通过助学贷款来缴纳学费,家庭经济负担过重;还有妹妹在上学等重重思想负担,导致该生在心理上产生较大矛盾。另一方面,个人性格内向、不善言谈,但又渴望被人认可、尊重,期望与现实背道而驰,其思想产生较大波动。对于校园生活以及毕业后的人生毫无期待,导致其主动学习意识薄弱,在学习上缺乏学习动力,无心学业,对自己的学生角色定位不清楚,严重地影响了其日常学习,从而产生了退学的想法。此外,该生在人际交往方面,不擅与人沟通,与身边同学、老师以及室友都缺乏交流,缺少朋友,思想压力无处释放,导致学生主动选择逃避。

三、解决思路

针对该生的基本情况,我通过与其班级、宿舍同学以及该生父亲进行沟通,对其日常行为进行了解,发现家境贫寒的她,看着父亲的操劳,让她不仅心疼还心存愧疚,一开始想在大学期间努力学习,通过学习改变全家人今后的命运。但真正步入大学生活后,她发现自己不仅不能很好地适应大学生活,日常状态不佳,而且又找不到解决实际问题的办法,所以只能选择放弃来逃避。于是我对她进行思想引导,对其目前所处状况进行分析,引导其正确看待自身处境问题,事物往往都存在两面性,鼓励其应当全面看待问题,目前虽处于艰难之中,但仍要积极战胜困难,充分了解到父亲送她入学的苦心。

四、解决措施

致使小刘产生自卑心理从而产生退学想法的一大原因就是家庭困难。在入学之前,通过其高中老师了解到助学贷款政策,并顺利办理了助学贷款,为父亲减轻了一定的压力。另外,在学期初进行家庭贫困认定的时候,辅导员老师也根据实际困难对其进行了相应的认定,最后评定了国家助学金。小刘的懂事让她觉得还是需要做些事情来解决日常开销,由于性格问题导致其未能找到合适的兼职工作。了解到这一现状后,我知道对于小刘这种情况,一味地补助不能从根本上解决问题。于是与小刘进行沟通交流后,根据她本人意愿,帮助其申请了在校的勤工助学岗位,满足其渴望通过兼职来减轻家庭负担的想法。另外就小刘在专业课上挂科问题,也给出了相应的建议,告诉该生学业失利只是暂时的,在学习上,努力付出必然会有相应的回报,现在要做的是端正自己的学习态度,规划好自己的学业生涯。通过努力学习,让自己变得更加优秀,国家奖学金和国家励志奖学金不仅是荣誉还可以解决其生活上的窘迫,另外学校对于成绩优异的同学还设立的有信阳学院优秀学生奖学金,所以努力学习定然会有相应的回报。

对于小刘的性格问题,也给出了相应的建议和帮助,鼓励其多参与集体活动,多锻炼自己,鼓励其敞开心扉与室友进行交流,尽快融入集体生活中去,在活动中与人交流互动,达到共同提高的目的。有必要时还可以向学校的心理辅导中心寻求一定的帮助,让自己在心理上走出困境。

此外,通过了解小刘的状况后,积极与其辅导员进行沟通交流,其辅导员表示在今后会多关注该生状况,在国家资助以及学校学院资助方面,都会将其情况考虑在内,并与班级班长交代,平时多与小刘接触,在同学层面上,给予其相应的关心,多带动小刘参与班级活动,让她能够在学校产生相应的归属感。将精神鼓励与物质帮助相结合,达到资助育人的最大成效。

五、教育效果

目前小刘已经打消了退学的念头,正在慢慢适应大学生活,逐渐融入宿舍和班级中,再次沟通交流时明显可以发现她心理负担减轻,也学会了和辅导员进行沟通交流。在学习上,经过了解国家及学校相关政策后,她树立了新的学习目标,端正了自己的学习态度,能够认真投入学习中去,整个人的精神面貌都焕然一新。

六、教育案例反思

通过全员导师课可以更加精准地了解学生的基本状况,针对性强、覆盖面广,有效为辅导员开展大学生思想政治工作提供抓手,充分发挥了个体教育的优势,做到了"围绕学生、关照学生、服务学生",更好地开展学生工作,做学生成长成才的人生导师和健康生活的知心朋友。高校资助育人要坚持以立德树人为宗旨,坚持德育为先,加强理想信念教育,在育人体系建设中全面贯彻育人目标,使价值引领潜移默化地融入学生学习、实践与生活的各方面。同时,高校资助育人还应当遵循学生成长规律,及时了解学生的思想发展诉求,使学生在专业学习社会实践等过程中都能时刻感受到积极向上的思想引领。让高校资助育人能够帮助家庭困难学生更顺利地成长为能担当复兴大任的时代新人。

通过将全员导师制自由课堂与辅导员开展的系列主题班会相结合,将资助育人政策广泛普及,让学生能够及时了解相关资助政策。同时学生资助工作也应肩负起立德树人的神圣使命,鼓励家庭困难学生积极参与社会实践,培养他们自强自立、积极乐观的优良品质。对于困难学生,要全面了解问题,针对问题,对其进行有效帮扶,积极正确面对,帮助学生在整体上完善自我。另外,深入通过全员导师课了解经济困难学生的个人特长与潜质,引导学生养成勤于思考、勇于创新、勇于探索的优良品质。将资助育人理念与全员导师制有机结合,做好相应工作,让相关学生在相应政策中全面发展,做一个于社会有用的人。

（作者为信阳学院教育学院辅导员）

坚守资助育人初心,护航学生成长成才

王爱霞

一、案例内容简介

陈同学,父母在她很小的时候就离婚了,原判给母亲,但母亲不愿抚养,父亲再婚,因此自小只能跟着爷爷奶奶生活,由爷爷奶奶抚养长大。现在爷爷奶奶已经 70 多岁,都患有多种疾病,需要常年吃药。虽然生活很困难,但爷爷奶奶一直坚决支持她上学,向亲戚朋友们借钱凑学费。她深知学习的机会来之不易,利用寒暑假打工赚取生活费用,期望通过自己的努力减轻家庭负担。在校期间,陈同学生活简朴,刻苦努力,始终将学习放在首位,成绩优异,但是性格内向、敏感、缺乏自信、沉默寡言,几乎不参加学校的各种活动,不敢尝试,缺乏展示自己的勇气。

二、问题关键点

(1)如何解决学生的后顾之忧,使其安心学习、顺利完成学业?
(2)如何化解学生因家庭经济困难产生的心理、精神压力,帮助学生健康成长?
(3)如何着眼学生长远发展,引导学生提升综合素质,促进全面发展?
(4)如何做好学生诚信教育、感恩教育,引导学生回报社会、报效祖国?

三、案例分析与解决方法

国家资助政策是为了不让任何一个学生因家庭经济困难而失学,促进教育公平和社会公正,是构建社会主义和谐社会的重要举措,是高校思想政治工作的生动实践。为此,作为国家资助工作的一员,我始终坚守资助育人初心,以学生为本,努力践行国家资助工作要求,力求真正落实好国家的资助政策,为学生成长成才助力护航。

(一)精准资助,做好资助政策宣讲与实施

在学生资助工作中,需要认真学习相关文件,遵守原则,强化资助育人理念,坚持把"立德树人"根本任务融入学生资助工作全过程,力求将资助育人、立德树人落到实处。了解到陈同学的家庭情况后,在资助工作实施过程中,成立班级评议小组进行贫困认定时,优先考虑陈同学的经济压力和思想负担。与此同时,还将国家励志奖学金、国家助学金以及学校优秀奖学金的评选办法、标准、金额给她做了一个细致的讲解,指导她填写申请材料,鼓励她继续努力学习,努力考取初级会计证和其他证书,向国家奖学金、国家励志奖学金的方向努力进取,通过奖学金和助学金来尽可能地减轻家庭经济压力。通过以上措施,让陈同学感受到国家资助政策的关怀,感受到国家和学校的关爱,感受到身边老师和同学的关心。

(二)育人育心,关爱学生身心健康

父爱母爱的缺失、年迈体弱的爷爷奶奶、借款压力以及还款忧虑等,导致陈同学自卑、敏感、寡言少语。作为她的辅导员老师,我看在眼里、急在心上。于是在走访学生宿舍的过程中,我会注意了解她在寝室的日常生活情况,与此同时,还会不定期找她谈心,告诉她"我们不能选择自己的出身,困难也只是暂时的,只有通过好好学习才能改变自己的命运",一定要以学习为主,把自己的精力集中到学习上,扎实学好自己的专业知识和专业技能。了解到她寒暑假和亲戚在外务工时,我和她的爷爷做好了家校沟通,并且叮嘱她照顾好自己,返校后以自己的学业为主。在班上,会让班委、室友主动关心她,学习上互帮互助,多和她聊聊天、到户外走走,争取能在学习和生活上给予她最大的帮助,减轻她的心理负担和精神压力,尽可能地让她感受到班集体如家一般的温暖。通过师生共同努力,陈同学大一在校期间的综合成绩在班级名列第三,获得了国家二等助学金和学校二等奖学金,同时还获得了校级三好学生等荣誉。

（三）鼓励提升，促使学生笃行致远

陈同学学习刻苦努力、与人为善，但是在生活中是一个很内向、自卑、敏感的人，平时几乎不参加集体活动。为此，在与她的谈心过程中，我对她的学习能力进行了充分肯定，赞扬她帮助其他同学解答学习上的困惑和疑难问题，并且讲述了其他同学对她的一致好评和认可，以期帮助她树立自信心。同时结合陈同学的专业，为她进行职业生涯规划的指导，引导她树立正确的职业观，明确奋斗目标和方向，从而制订切实可行的学习计划，合理规划自己的大学生活。鼓励她积极主动参加学校、班级组织的各类技能比赛和文体活动，在丰富自己学习生活的同时，锻炼自己的勇气、胆量和各方面的能力，增强集体荣誉感和集体存在感，提升自己的综合素质，努力成为一名全面发展的优秀大学生。

（四）感恩奋进，回馈社会正能量

国家资助政策的初衷不仅仅是不让任何一名学子因为贫困而辍学，更是要培养学生学有所成之后利用知识回馈家庭、社会和国家，所以应该加强学生的感恩教育，引导学生感恩国家的资助政策使其顺利完成学业，要奋发向上、积极进取，着力培养学生的家国情怀，化感恩为实际行动，积极履行社会责任，回馈党和国家，为中国特色社会主义现代化建设积极贡献自己的力量。在与陈同学的谈心过程中，鼓励她再接再厉，争取考取更加优异的成绩，同时，鼓励她积极参加实践活动、技能比赛和集体活动等，锻炼自己的胆量、语言表达能力、人际交往能力等，以便将来更好地适应社会。陈同学也坦诚在大学中已经意识到自己的不足和缺点，愿意积极面对、主动克服，有意识地提升自己各方面的能力，更会尽自己所能去帮助身边的同学，向社会回馈正能量。

四、经验与启示

大学是人生成长的重要时期，也是人生观、价值观和世界观形成的关键时期。大学期间,学生开始注重人际交往,较大学以前有更多的集体活动。在这一过程中,贫困生比较容易感受到家庭经济情况带来的差异,也更容易因家庭经济情况产生自卑、敏感心理,在人际交往中,往往不能敞开心扉,采取逃避的方式容易造成一定的恐惧社交甚至拒绝社交的情况。由此可见,家庭情况和大学之前的生活状态对学生有非常大的影响。国家资助政策的实施要紧紧围绕立德树人根本任务,让学生享有成长和进步机会的同时,能够感恩社会、回馈社会,建立起解困、育人、成才、回馈良性通道。资助不仅仅是经济资助,帮助学生完成学业,更重要的是要对学生进行精神上的帮扶,扶贫先扶志,引导学生自立自强,勇敢面对困难,勇于拼搏奋进,用知识改变命运。

(一)做好精准资助

国家资助工作的重点之一是精准资助。要做到精准资助,需要精准摸排学生情况。在资助工作开展过程中,有的学生较敏感,不愿意让别的同学甚至老师知道自己家庭经济困难,害怕别人谈论自己,存在不敢申请助学金的情况,因此,需要辅导员老师通过多个渠道了解班级学生哪些是真正有困难、确实需要助学金帮助的。国家资助是一个好政策,作为学生最亲密的辅导员老师,我们要做的就是让这个好政策真正落到实处、发挥实效,真正惠及家庭经济困难学生,让学生感受到来自国家和党的关爱和温暖。

(二)加强资助育人

资助育人是高校思想政治工作的生动实践,在开展过程中,首先辅导员老师会对资助政策、评选过程、原则进行详细的介绍,其中涉及学生填写家庭基本情况。在这一过程中,我们不仅要做到资助政策宣讲到位,更需要引导学生在申请过程中如实填报自己的情况,要做到资助诚信,诚信是我们中华民族的传统美德,是一个人的立身之本,要引导学生诚信做人,诚信做事,确保国家资助政策能够真正帮助到有需要的学生。与此同时,还要引导学生常怀感恩之心。古语有云"滴水之恩,当涌泉相报",要引导学生感恩党和国家给予的帮助与关怀,用感恩回馈社会,用知识报效国家,将爱心和善意传递。

（三）重视育心扶志

受到资助的学生一般为家庭经济困难学生，要重视对这些学生的心理疏导与鼓励，人的一生中，总是不可避免地要遇到各种各样的困难，一味地消极对待、自怨自艾并不可取，应该引导学生正视困难，积极主动克服困难，面对困难更要有乐观向上的态度，坚定克服困难的信心。只有在困难中勇敢前行，勇于披荆斩棘，才能锤炼自己自立自强的品格。更要引导学生勤学善思，坚持学以致用，将书本知识与生活实践有机结合起来，努力提高自身综合素质，练就建设祖国、报效祖国的过硬本领，用自己的努力去创造美好的明天，从而遇到更好的自己。

（作者为信阳学院商学院辅导员）

牢记育人使命　引领学生成长

江　燕

　　我是 12 名 2021 级新生的导师,在陪伴他们成长和学习的过程中,我感悟颇多。在这半年的全员导师制工作中,感受到了他们纯真又美好的心灵,也听到了他们对未来充满期盼的声音。全员导师制作为推进个性化、亲情化德育工作的一个有效载体,强调个性化、亲情化、渐进性、实效性原则,以生为本、因人而异、尊重个性、面向全体。下面就全员导师制工作遇到的案例分享一下自己的做法和心得。

一、案例陈述

　　小欢是 2021 年刚入学的大一新生,她的家庭基本情况为:父亲因疾病去世,家中的劳动力只有母亲。母亲在家务农为生,爷爷奶奶不仅年纪大,而且还患有糖尿病、高血压等慢性疾病,每月都需买药。母亲前些年也患上了高血糖,但是全家的开支依旧由母亲一个人承担。母亲日夜奔波劳作,可收入仅仅够维持家庭最基本的生活需要,多年来全家一直过着贫苦的生活。由于小欢上大学要交学费,母亲又向亲戚借了不少钱。几经波折终于得愿上了大学,家庭也随之多了一份负担。小欢在第一次导师课后跟我交流的过程中,眼睛逐渐湿润。小欢表示自己家里条件不好,不想让同学知道自己家的情况,害怕会受到歧视,所以没有申请国家助学金;自己现在的学习成绩也不是太好,觉得对不起母亲的殷切希望,不知道自己继续上学是不是最好的选择。据小欢的任课老师反馈:她穿着朴素,上课专注度很高,但是跟老师交流过程中,总是表现得缺乏自信心。

二、案例分析

（1）学生因家庭经济困难影响到学业完成问题。

（2）学生因家庭经济困难产生自卑的心理问题。

三、组织实施过程

（一）巩固心理防线，助力学生自信生活

高校贫困生所处年龄段正是自我意识发展的高峰期，家庭经济困难会给学生带来一定的心理压力。人际交往中，可能会对同学无意的一个眼神、一个动作、一句话感到自卑。我及时关注小欢的心理动态，帮助小欢克服目前的困难，让她不要过度低估自己，寻找自身的价值，找到自己前进的方向。了解到小欢的想法后我进一步向她宿舍同学了解她的思想及生活状况，然后联系家长，了解她家庭的经济情况，询问家长对学生思想动态的掌握情况。明确小欢的家庭经济状况后，我联系小欢同学本人，引导她说出内心真实的想法，鼓励她个人的经济条件与自身的知识和能力是没有绝对的联系的。如果退学，只能暂时减轻家里的经济压力并不能从根本上解决问题。我建议她树立信心，学好自己的专业，通过自己的努力改变家庭的面貌，在逆境中奋起。

（二）介绍国家资助政策，助力学生继续完成学业

通过与小欢家长沟通，发现她的母亲不太了解国家的资助政策，我建议她们与当地资助部门沟通，为小欢办理生源地助学贷款，缓解家庭经济困难的情况。除此之外，我与小欢沟通，向她介绍国家对经济困难学生的资助政策，希望她能以积极的心态面对当前的困境，积极申请国家助学金，继续完成学业。小欢在 2021 年家庭经济困难学生认定过程中提交了申请表，最后经过班级评选，小欢获得了国家二等助学金。

(三)扶志与扶智相结合,助力学生成长成才

我认为对学生的资助不应该仅仅是物质上的支持,反而更应该强调扶志与扶智相结合,注重学生个人素质的培养,促使他们全方位的发展。因此,我鼓励小欢多方面锻炼自己。她积极参加班干部的竞选并成功竞选为班级的团支书,工作上她积极配合辅导员完成相应的工作,同学们也非常认可她对班级的贡献。小欢还加入了学院的数学建模协会,以及其他校级学生社团。除此之外,她自愿利用课余时间帮助学校图书馆整理书籍,在此期间,她表现优秀,经学院推荐她成功申请到了校图书馆图书勤工助学的岗位,这样她就不用担心每个月的生活费问题。小欢利用课余时间勤工俭学不仅解决了自己的生活问题,还提高了自身的人际交往能力,为将来就业奠定了基础。在后面的工作过程中,我会及时关注小欢的思想动态变化、内在的心理需求等。鼓励她正视自己的心理状况,通过合适的方式排解情绪,培养良好的心理素质。

四、工作成效

目前,小欢得到了国家和学校的相应资助,生活费和学费等基本上已经解决,小欢的大学生活已经步入正轨。小欢现在也能够敞开心扉与老师同学们交流学习生活上的各种困难。在一次导师课之后小欢坦言改变心态后感觉自己成长了很多,在以后的学习生活中会更加努力地学习、积极参加各项活动,争取获得奖学金和更多锻炼自己的机会和平台。

五、个人感悟

家庭经济困难学生是一个特殊的学生群体,在较大的经济压力面前,很容易产生自卑、敏感的心理问题,容易产生严重的思想压力,甚至诱发心理障碍。因此,我们在创造条件解决他们的经济困难时,要高度重视、密切关注他们的心理健康,做好他们的思想教育工作。经济帮困是目标,精神解困才是最终目的。要教育经济困难学生树立自尊、自强、自信、自立的意识,自

觉克服自卑意识;教育他们树立正确的人生观、价值观和世界观。要利用好全员导师课在学生中开展诚信感恩教育,激励学生奋发自强、励志成才。全员导师制是落实教书育人双重职责的有效举措,它的实施让教师全员育人、全程育人、全方位育人更好地成为现实。导师是一个非常荣耀的称谓,我不敢有愧于这个称谓。所以,我要在思想上引导他们,在心理上要疏导他们,在学习上要帮助他们。全员导师制让我的教育行为更加丰满,让师生感情更加生动,让心与心的交流更加真诚。在以后的日子里,我会不断地总结经验教训,一如既往,踏踏实实做好全员导师制的工作,做好每一位学生的引路人。

（作者为信阳学院数学与统计学院辅导员）

"心理问题男孩"变形记

秦　宁

以德育人,以"心"育人,助力学生心理健康、德行成长是导师制的内涵之一。魏某是笔者导师制的学生,由于魏某个性孤僻内向,父亲的教育理念偏执,加之青春期的困惑,导致其孤独感和自卑感严重,情绪不稳定,时而抑郁,时而焦虑,痛苦至极。表现为社交困难、学习障碍。经过笔者导师课上的心理疏导以及多次与其家人沟通协调,该生情绪逐渐稳定,顺利完成学业,并找到了理想的工作。

一、案例介绍

(一)基本情况介绍

2015 年 9 月,笔者初任德育生活导师,魏某是笔者 12 名学生中的一员。魏某在幼儿园、小学期间,伙伴就较少,不太会与人交往。在幼儿园小学时成绩尚可,但是初中时成绩跟不上,没有如他父亲的愿望,考上重点高中。其母亲称魏某一直以自己的父亲是名牌大学毕业而自傲,进入高三后开始发奋学习,学习极度刻苦,但是高考时没有取得理想成绩。到大学后,离开父母、爷爷,离开了自己熟悉的家庭环境,就开始感到很多事情非常不顺利,很迷惑、苦恼,自己也不知所措。

女生月期间,魏某称学校是学习的地方,不应该有任何其他活动,认为学校应该制止学生参加女生月、新生篮球赛等活动。并称班级中很多男女生开始谈恋爱,对此魏某十分愤怒,认为学校应该制止学生谈对象。在与魏某的聊天以及其他导师制同学的交谈中,我发现他强迫其他宿友学习,每天早上不到 6 点就叫醒其他人,要求别人开始学习;爱躲在其他同学宿舍门口、老师办公室门口偷听别人说话;存在交流障碍,言辞不清,并且每句话都带脏字眼;不懂社交礼仪,有时候会长达10分钟地盯着人看;总是紧张,紧张时气喘吁吁,呼吸不畅,言语不清;学习存在困难时,极度焦虑。

（二）学生基本资料

魏某家庭经济条件较好,与爷爷、父亲母亲同住,家里他这一辈就他一个男孩,全家人自他出生就对他疼爱有加,但父亲对他要求严苛,希望他将来可以青出于蓝。在初中时曾因他学习成绩不好用棍棒、皮带教育过他。自幼就性格腼腆,不爱说话,对于家中的陌生客人经常避而不见。

（三）笔者的观察和他人反映

魏某表情不自然,情绪较低沉,不敢与笔者有目光接触。

其父母亲反映其与家庭成员的交流很被动,关系尚可。

同学反映魏某性格内向,但爱强迫别人学习。曾连续4天晚上在10点后联系班级一个成绩好的女生,让其帮他解答微积分题,若该女生做不出则不停地给其发短信。

魏某表现出明显的学校适应不良、人际交往障碍和学业焦虑。

二、原因分析

（一）社会原因

大学生作为具有较高文化水平和较强自尊心的社会群体,在其成长过程中会产生一系列的心理问题。其原因有三:一是社会变革所带来的多元价值观和多样化的生活方式的冲击;二是长期处在应试教育状态下所产生的后遗症;三是电子时代所造成的现实人际关系氛围的缺失。

魏某自述父亲对他极度不满意,并称父亲同学的孩子、同事的孩子均考取了名校。其父从来不向其同事同学说他上哪个大学,只称他在信阳上学。魏某经受着不愿辜负父母期望和自身能力不足的矛盾冲突,处在极度压抑痛苦的情绪中。

（二）家庭原因

魏某父亲极度专制，因魏某学习成绩差，常常遭到父亲的呵斥、暴打。同时魏某父亲告知他在大学只要好好学习即可，不允许魏某谈恋爱。

（三）心理原因

其一，认知偏差。魏某在进入青春期后，出现了一些正常的与异性交友欲望，但是又用一些陈旧的道德观念、行为准则要求自己（其父亲告知其谈恋爱是可耻的一件事），对自己的想法进行谴责，对人际认知存在错误想法。

其二，个性缺陷。魏某的性格有着很大的缺陷，如内向、自我封闭、抑郁、过分依赖家人的心态，对人际关系有着非常大的消极作用。

其三，能力欠缺。由于成长环境和个性方面的原因，魏某十分欠缺人际交往的能力，平时他既不爱说话，也很少与人来往，经常独来独往。尽管有时他也希望和同学交往改善关系，但却不知道如何去做，产生了非常强的自卑感和恐惧心理。

三、解决过程

（一）精准定位，采用正确方法

笔者作为魏某的导师，担负着魏某心理健康方面的教育，鉴于魏某对学校心理咨询机构有排斥心理，笔者便利用导师课对魏某进行润物细无声的心理健康教育。

第一，与魏某建立良好的关系，使魏某相信笔者。在与魏某的交流时，笔者安静倾听他的观点，耐心地解答他的一些困惑。给予他充分的尊重和理解。导师亦师亦友，没有传统师生的距离感，增加了更多亲切的朋友情，正是在这样一种信任关系下，一些措施才得以奏效。

第二，找出魏某对人际关系的非理性认知。笔者针对魏某的认知，在对他的观点表示理解的基础上，进行询问，促进他对正确认知进行领悟，让他领悟与人交往的需求是人的天性所需要，学习不是一切，学习差不是一切都差。

第三,鼓励魏某与他比较喜欢的人进行主动的交往和互动,发现这些同学的优点,以获得的真实结果来纠正自己的错误认知,强化魏某正视对人际关系重要性的重新认识。

第四,强化魏某对同学和老师的人际关系,利用角色扮演习得正确的交往技巧,并要求其尽快地迁移到现实的生活中去,用积极、理性的态度去对待人际关系。

第五,帮助魏某学会正确地评价自己,学会分析自己非理性的认知,提高个人自信心,增强自我调控的能力。

在这一过程中对魏某的进步给予正向反馈与强化,帮助魏某用新的认知和行为模式适应学校的学习生活。

（二）家校共育,增加教育时效性

一个问题学生往往有一个问题家庭,一个问题家庭往往培养出问题孩子。对于家长的教育沟通是十分必要的,要争取家长理解支持,共同努力促进孩子健康发展。在交流的过程中,得知魏某的问题来自家庭教育。他父亲上学时成绩优异,对他学业要求特别高,而其父亲亲友的孩子多数都考上了重点大学。由于对父母的愧疚和畏惧,造成了该同学出现了心理障碍。得知上述情况,笔者多次与其家长沟通,希望魏某的父母对他多一些爱和理解,一味地严厉和施压只会适得其反。通过与家长的共同努力,魏某的心理障碍得到较为明显的改善,心扉开始敞开,与同学的关系也有所改善,对老师也更加信任。

四、成效

经过与魏某的咨询会谈以及家校共育,魏某的心理异常问题得到了极大的缓解。魏某自述:"除了学习,其他方面也很重要。大学同学中有很多值得交往,和他们一起比自己一个人感觉要好很多。"其他同学反映魏某与以前相比在为人处事上有很大进步,能与同学有说有笑,并改掉了开口带脏字的习惯。

魏某学业上也取得了不错的成绩,曾获得学校二等奖学金、三等奖学金,并在毕业时参加两家银行招聘考试,顺利通过笔试、面试,被两家银行同时录取,最终魏某选择了其中一家。毕业后仍与笔者保持着良好的关系。

五、思考启示

(一)导师制有助于及早发现心理问题学生

从现代心理学角度分析,大学生已成为心理弱势群体。而出现问题后没有得到及时的调试和解决是造成"心理问题大学生"扩散的重要原因。德育生活导师制,为每一位新生配备一名在学业规划、就业指导心理健康教育等方面有丰富经验的导师,有助于第一时间发现心理问题学生,促进"心理问题大学生"的转化矫正。

(二)导师制有助于营造平等、信任的师生关系

导师既是老师也是朋友,在导师课中,导师尊重每一位学生,平等对待所有的心理问题学生。他们由于其特殊性更需要老师同学的爱和关心。他们往往心理敏感脆弱,多数有防备心理,而要想了解这些学生就必须获得其信任。只有获得其信任才能明确问题诱因,只有这样才能更有效处理问题,促进学生向积极方向转化,避免问题恶化不可收拾。专门从事心理健康工作的学校工作人员有时会让学生产生防备心理,而导师往往与学生关系更为密切。

(三)导师制与学校心理咨询关联沟通

分析问题,找准诱因,对症下药,这需要专业的心理健康知识和专业的指导。获知魏某情况后,笔者积极联系学校心理健康中心老师,在其指导下帮助学生减轻内心矛盾和冲突,排解心中忧难,开发身心潜能,帮助正确认识自己、把握自己,有效地适应外界环境。

六、总结

大学是教师传道授业解惑的圣地,不能让任何一个学子折戟沉沙,这是学校、家长、社会的共识。大学要坚持以人为本的理念,关心"心理问题大学生"。打造坚实稳定的帮扶平台,实行多元有效的措施策略,促进他们的身心健康成长。

(作者为信阳学院教育学院教师)

帮助学生重拾求学信心

李 颖

一、案例陈述

陈某,女,信阳学院教育学院大一学生,独生子女,家庭和谐,性格内向,朋友很少。初中起,就存在厌学情绪,家长未能引起重视,进入大学,厌学情绪爆发,因对学校环境恐惧,不能正常社交,不能参加正常的教育活动,休学一年,2021年9月复学回校。

二、案例策略方法

本人担任陈某导师,第一次导师课是在草坪上进行的,整个过程中气氛比较活跃,其他9位学生都积极分享,轮到陈某时,陈某神色拘谨,小声说了句自己身体不适,问我能不能回去休息。陈某离开后,我向其他学生了解情况:陈某平时不说话,大多数时间都是自己待着,在寝室时,她的床前和书桌前都围着帘子,自己都是在密闭空间待着,上课时常请假,或是自己坐在角落。

与陈某本人和其辅导员、室友、家长多次联系,深入了解陈某的情况,为精准分析学生的心理状况、学习状态做准备。

(一)原因分析

一是家长未及时关注重视学生心理状态。初高中时期,学生不愿意去上学,家长未能引起重视,认为孩子不愿意上学是因为偷懒、厌学,一直强制陈某继续上学,导致陈某对学校这个环境产生恐惧。

二是心理疾病导致陈某无法适应学校环境。陈某在校园这个环境里就会焦虑、恐惧,对自己的学习、生活造成严重影响,在学校无法完成正常的受教育活动。

(二)处理方法及过程

(1)前期准备。通过与陈某辅导员、室友和同学交流详细了解该生情况,包括心理状态、人际关系等。

(2)主动接触。第一次导师课结束后,我联系到陈某,陈某很有礼貌,一直在确定我是否有空才过来办公室找我。一见面陈某就把她准备的退学材料给我看,问我怎么样才能退学,那一刻我知道她不是一时冲动。第一次咨询,发现她放不开,且无助无力感很强,我已经是第三个联系她的老师了,她已经讲了好几次,每讲一次就痛苦一次,我有些犹豫,她已经和三位老师讲过退学,还要和心理老师、心理医生一次次剖析自己,我还要不要再一次揭开她的伤疤?我的本职工作是一名辅导员,又是她的导师课老师,职业本能是尽力帮助这个学生。我开导她,不想她留有遗憾,将来后悔,让她多给自己留个机会,一定要退学的话也可以考虑先休学。可陈某说她已经休学过一次了,不能再休学了。我尽量让自己更温柔一些,陈某慢慢打开心扉,告诉我她其实不想退学,她知道上学的重要性,她的父母也想让她继续上学,可是她克服不了自己的心理障碍,在学校这个环境里就会紧张,晚上失眠,早上三四点钟就醒了,每次开学就要提前很早给自己心理暗示,一些很小的突发状况就会引起她的崩溃,最近一次病情加重就是因为宿舍突然来了其他成员,而陈某并没有责怪别人,她说这种情况不可避免,别人也没有做错什么,也不能因为自己一个人让其他人做妥协。通过慢慢的引导,我开始了解陈某。陈某虽然家里家庭条件不好,但是爸爸妈妈仍尽力供她读书。在她休学期间,爸爸妈妈不想她一个人待在家里,怕她自己容易胡思乱想,会强迫她出去打工,她虽然很不想出去,但也会遵循父母的意见。在分析原因的时候,陈某说她从来没遭遇过校园暴力,除此之外,从小到大同学们对她很好,家里也只有她一个孩子,父母也很爱她,连心理医生也找不出原因。她说自己在社会环境下,焦虑和恐惧会减轻很多,尽管很想上学,也不能为了学业而危及自己的健康,而她自己也已经做好了退学后的准备,不会一直待在家里,这样父母就不会因为自己一直在家而受街坊邻里的嘲笑,会出去工作,减轻家里的负担。陈某一直在哭,非常懂事,为别人考虑比较多。从她的讲述中感觉到她非常渴望继续上学,她的父母也同样希望她能完成学业。

(3)积极上报。在获取到陈某的具体情况和诉求后,我第一时间联系到学生的辅导员,得知其辅导员也在积极解决此事,我同辅导员积极向学院学工负责人汇报,寻求解决办法,在出具陈某心理报告后,学院和学校相关领导批准,陈某在病情严重时可回家修养,在此期间,陈某需在家自学完成课程目标,并及时参加各科考试。陈某的任课教师在得知情况后,主动给予陈某学业上的帮助。陈某返校期间,也为其单独安排了一间宿舍。

(4)家校合力。为了从多角度了解学生,我主动联系上陈某的母亲,在谈话中得知,陈某的父母对孩子没有过多的要求,只是希望她能够顺利毕业。陈某平时非常懂事,会主动做家务,在家基本不出门,心情好的时候会和父母交流,大多时候话不多。我安慰家长,正是这个时候,孩子才需要陪伴和关爱,孩子本身非常懂事自律,可以放宽对孩子的要求,尽可能让她觉得放松,被需要和被爱。

(5)用心倾听、陪伴。陈某返校时会提前告知我,每次我都会去校门口迎接,陪她去寝室,减少她对环境的恐惧。她会和我分享自己的近况:最近画了什么画,自己在老师没要求的情况下自觉完成了课后作业,将专业课的知识点用思维导图的形式进行总结,在家时会给上班的父母准备饭菜。我会请教她怎么用软件画画,请她教我画圣诞树,检查她写的作业,夸她字写得漂亮,态度认真,问她思维导图好不好用。她请假在家时,我会时不时问她近况,她在学校时,都是趁着没人的时候去食堂吃饭,晚上要么不吃要么中午把晚饭打包带回寝室,我有时间会约她一起去食堂吃饭,去操场散步聊天,互相分享心情、经历,也会陪她一起去交作业。久而久之,陈某越来越信任我,我们亦师亦友。

(6)发挥朋辈帮扶力量。从点滴入手,鼓励班委、陈某原来的室友主动关怀她,从生活上照顾她,在学业帮助她,平时主动多和陈某交流沟通,带着她融入班级生活,逐步带她参与集体活动,让她感受到班集体的快乐和温暖,缓解她对学习环境的恐惧。

(7)学业规划、指导。为了陈某跟上学习进度,我与其专业导师一起帮助她分析专业课的难易、重点,并引导她将注意力转移到提升自身就业技能上来,联络班级成员与其交流,鼓励她提前准备专业证书的考取。

三、案例处理的效果

经过多渠道的心理疏导和帮扶,陈某同学放弃了退学的念头,慢慢地克服内心恐惧,并适应学校生活,能够参与正常的教育活动。经过一个学期的指导和陈某自身的努力,她按要求完成课程目标并取得优异成绩。经过随后的观察,陈某的性格趋向开朗,与原来的室友相处融洽,并重新搬回原来的寝室,也慢慢地参与班级活动,她很感恩大家的帮助,表示以后一定会以积极乐观的心态面对学习、生活。

四、思考与感悟

导师制度不仅是对大学生本科阶段教育的一种全过程关注、帮扶、督促、教育和管理,而且对青年大学生在数年大学生活中的德育素养、人文涵养、思想政治理论的养成与提升起着奠定作用。导师相对其他老师能够更密切地关注到每个学生思想和心理的细微变化,并以学生朋友的身份作为其成长的指导者,其中融入亲情,进行换位思考,更容易架起了师生间的"心灵桥梁"。导师制形成了全员育人、全科育人、全程育人的良好育人模式,导师应该动员多方面力量,整合多种资源对学生进行思想道德、心理健康、行为规范等方面"一对一"的指导。作为一名导师,我们应当承担起学生思想政治教育的责任,从生活、学业、工作各个方面入手,助力学生的成长。

为了贯彻落实立德树人教育根本任务,拓展大学生思想教育工作的深度和广度,让所有教师都真正实践教书育人,信阳学院实施全员导师制。近年来,大学生心理问题逐年增多,学生的心理健康应当是导师重要的关注点,案例中导师通过多方合力,帮助一位打算退学的社交恐惧女孩融入学校环境,重新回到正常的学习与生活中去。所谓亲其师,信其道,导师首先应该与学生建立良好的关系,多从学生的角度考虑问题,采用共情的方式与学生交流、相处,切实解决学生成长过程中的疑惑和难题。导师要以爱育人,以爱去滋养学生,才能让普通的说教变得更有力量,要努力做好学生的思想政治教育工作,把学生拉回到学习的正常轨道上来,帮助学生养成乐观积极的生活态度,提高抗挫折能力。

（作者为信阳学院教育学院辅导员）

践行全员导师制 感悟为师之道爱真谛

张晶晶

"桃李不言,下自成蹊",在育人过程中,带着为党育人、为国育才的历史使命,以学校的全员导师制的推行为载体,感悟为师之道爱真谛,坚守育人初心不变。

作为一名高校心理健康教育工作者,教书育人,美育心灵,是我神圣的使命,在与学生相处走过的一寸寸闪耀的时光中,我与年轻的一代又一代的导师课学子共同努力,一起成长,共同感受人与人之间沉淀荡涤的清澈美好,在潺潺温润的师生情谊中不断领悟暖暖师道之爱的内涵。

一、师道之爱,就是初心不变最真信念

记得当年我向学校投出的简历中提到,"愿我的温暖能走进更多学生的心房"。十年过去了,初心依旧,温暖不变。对待本职工作,真心奉献,稳步推进;对待心理危机学生,全心投入,兢兢业业;对待专业发展,不断求索,刻苦钻研;对待同事朋友,乐助互爱,真诚并肩;对待导师课学生,扶持理解,抱诚守真。有一颗赤诚之心照耀,总有一种不竭力量源泉。

我的感悟:保持初心,动力无限,坚定信念,孜孜不倦。

二、师道之爱,就是专业精深洽闻博见

在与心理学携手走过的16个年头中,我始终要求自己与时俱进,在校领导支持下,多次参加各级各类专业技能培训,平时工作之余,总将业务学习渗透进日常生活。在十余年的个体咨询经验的反思中,不断总结学生的心理特点,采用针对性的咨询与辅导方案,在与导师课学生相处的过程中,充

分利用专业优势,帮助那些置身心灵迷雾之中的学生寻找心灵的家园。通过团体心理辅导的组织、推广,辐射带动更多的学生感受心灵之美,注重将心理学知识与实际生活连通贯穿,引导其自由徜徉心海。

我的感悟:采心灵芳华之技,滋润潺潺,不拘一格形式,纷繁浩瀚。

三、师道之爱,就是微笑倾听耐心无限

作为一名心理辅导教师,我经常会与很多的来访学生进行约谈,无论心理咨询的何种理论、技术的运用,陪伴与支持永远是最有力量的法宝。还记得一位导师课的学生,在我临近下班的时候,双眼哭得红肿,跑到办公室,要跟我聊聊……我给她递了纸巾,然后,就仅只安静地听女孩激动地述说与男友吵架的经过,相识的经过,两人的点滴……其间,我微笑着耐心倾听她每一句的表达,给予她积极的反馈……待她宣泄倾诉完毕,她很大气地站起来,拍拍我的肩膀说:"哎,老师,我没事啦,现在想来,我男朋友就是这没心没肺的样子,你看,说着说着,就发现,他对我也蛮好,嘿嘿……"其实很多老师都会有这样的疑问,教育教育,不是应该我们多说吗?但我在与学生沟通的过程中,却经常见到的是,很多能够激荡心灵的顿悟,皆来自学生的自如表达倾诉中,自我总结、自我澄清中,老师丝毫不能小觑学生的思维能力,对其自身的成长往往最是有效……戴尔·卡耐基不是也说嘛,如果希望成为一个善于谈话的人,那就先做一个致意倾听的人。所以,在与学生的沟通中,尤其是在与导师课的学生的相处中,我时刻提醒自己,带上最具耐心的耳朵,也许是一个很不错的选择……

我的感悟:爱很简单,微微笑,致我最大的耐性耳朵,老师愿意与你相伴。

四、师道之爱,就是发自内心深处关爱

爱与被爱,是每个人的社会属性的必然要求。作为老师,使命要求我们对待导师课的学生在学习、生活、工作、心理等方面给予全方位的关爱和呵护,无形中就让我们必须将这些孩子像一粒粒种子一样,种在我们心中的特

定位置上,定期浇水、施肥、晒太阳……在实践中,身体上与这些孩子们在一起,心理上与他们缩小距离。只有这样,我们的学生才能愿意与这些真正爱他们的人走得更近,才愿意暴露自己的缺点和瑕疵,我们才能真正实现良性的互动与沟通,我们才能用自己润物无声的爱孕育新生,萌发希望。

我的感悟:爱很简单,有暖阳,老师用爱照耀着,不会孤独与神伤。

五、师道之爱,就是以爱之名养成信赖

以爱之名,拥爱于心,在和导师课的学生们互动沟通中,顺其自然,水到渠成的是以一种平视的视角,养成一份老师的信赖。无论是身体还是心灵,每位学生都姿态蹁跹,潜力无限。更多的时候,老师应该像一位朋友,在一个平视的姿势里与学生们沟通互动。养成一份老师的信赖,为学生提供一种安全的心理氛围,即让学生内心知道,有一个安全的途径,可以帮助他们解决问题,并且老师就在那里,老师不是踮起脚也够不到的气泡,而是真真实实,他们只要想,就能够得到的朋友;用真心换真情,用真诚打造一份安全,养成一份信赖。

我的感悟:以爱之名,拥爱于心,如果热爱,养成信赖。

在践行全员导师制的过程中,对为师之道爱真谛的感悟,实在也不是可以用简单的语言能够阐明答清,在为人师表的过程中,还需要不断研精覃思,扪心自问……未来,我将继续葆有一往无前的勇气和矢志不移的信念,在我平凡的岗位上积蓄力量,不断为学生们输送潺潺温暖,沁润心灵之花不竭绽放,成就健康心灵扬帆远航!

（作者为信阳学院大学生心理健康辅导中心干事）

浅析全员导师制的心理育人机制

蔡大海

2017年12月5日,教育部发布《高校思想政治工作质量提升工程实施纲要》①。该文件分为目标原则、基本任务、主要内容、实施保障等4个部分。其中,主要内容部分详细规划了课程、科研、实践、文化、网络、心理、管理、服务、资助、组织等十大育人体系,将"心理育人"写进十大育人一体化育人体系。

现在,许多学校为落实高校思想政治工作,着力构建一体化育人体系,打通育人"最后一公里",开展德育教育。导师制育人机制有效调度了思政工作的各个积极因素,全面落实推进十大育人体系,加强大学生心理健康服务,不断提升其心理健康素养,培育自尊自信、理性平和、积极向上的社会心态积极。本文着重讨论全员导师制的心理育人机制。

一、全员导师制和心理育人的概念认知

(一)全员导师制

现在,许多高校根植自身实际,创新工作思路,面向大一新生,开展实施全员育人工程——导师制,为本科一年级新生配备导师,针对学生的个体差异及需求,对其进行为期一年,涉及学业、生活、心理、思想品德等多方面指导的一种教育制度。

---

① 中共教育部党组. 中共教育部党组关于印发《高校思想政治工作 质量提升工程实施纲要》的通知［EB/OL］.（2017－12－05）［2022－03－06］. http://www.moe.gov.cn/srcsite/a12/s7060/201712/t20171206_320698.html.

组织动员全校干部教师担任导师,以大一新生为受教育主体,以每月至少一次的导师课为抓手,每名导师在思想引导、专业辅导、生活指导、心理疏导等方面为学生提供专业化、亲情化、系统化、个性化的指导帮助,和辅导员一起为新生上好"大学第一课",变以往学生思政工作辅导员"独角戏"为全校干部教师"大合唱",把思想政治工作贯穿于教育教学全过程,实现了全员育人、全过程育人、全方位育人,使党建工作更有力度、思政工作更有温度、人才培养更有厚度。

(二)什么是心理育人

立德树人,育人重育德,育德先育心。心理育人是十大育人体系之一。

相比于心理健康,心理育人从内涵和外延上,要高于心理健康教育,是提升思想政治工作质量的十大育人体系之一,在心理健康的基础之上,更侧重于引导,做大学生的思想引路人。通过心理健康教育、生命观、人生价值追求等价值引领,由外向内的管理转化为由内向外的引导,来实现更高层次的育人目的。

心理育人要坚持育心与育德相结合,加强人文关怀和心理疏导,高校心理育人工作是人才培养体系的重要组成部分,是思想政治工作的重要内容,是全员、全方位、全过程十大育人体系之一,也是大学生心理健康教育的出发点和落脚点。教育者从教育对象的身心实际出发,遵循人的心理成长规律和教育规律,通过多种方式实施心理健康教育,有目的、有计划地对教育对象进行积极心理引导、缓解心理困惑、开发心理潜能、提升心理品质、促进人格健全,以实现培育有理想、有能力、有担当的时代新人的教育活动。

二、心理育人工作目前的困境

(一)专业心理知识的欠缺

客观地讲,高校心理育人工作,仅仅靠高校辅导员和心理健康中心是不够的,也是不现实的。全员导师制正好有效弥补了这一短板。

现行的高校辅导员招聘机制决定了辅导员队伍专业背景的多样性,而具备心理学专业背景的辅导员只占了其中的少部分,并且入职前也没有心理知识的系统学习和培训。因此,其他专业背景的辅导员仅凭借大学时期储备的有限的心理学知识尚不足以支撑相关工作的开展。

（二）难以区分心理问题和思想问题

大学阶段是学生自我意识急剧增长、迅速发展和趋于完善的关键阶段,学生常常对自我、他人及社会的认知出现偏差,进而出现心理或思想冲突,产生不良情绪和行为反应,导致社会功能下降,产生思想问题、学业问题、生活问题、情感问题、心理问题等,在这些问题中,有的问题比较容易区分,也容易解决。但是,思想问题和心理问题不容易区分,学生的心理问题大多数是成长过程中的发展性心理问题,较多发生在情感、适应性和学业等方面,很多时候与思想问题外在表现相似,而且两者互相交织一起,甚至还会互相转换,如果没有心理学知识基础的,很容易将两者混淆,或者无法区分。

三、实际案例

大学阶段是学生三观形成、知识积累和心理品质塑造的关键时期。

特别是大一新生正处于高中到大学的过渡阶段,容易在学习、生活、心理情感等多方面产生不适情绪,因此为这一阶段的大学生提供来自外部的学业指导和心理疏导,能够帮助其度过环境转换期和心理脆弱期,新生导师制正是这一需求的及时雨。下面是导师向辅导员反映的一个具体案例:

案例陈述:张某,男,大一新生,张同学自我介绍时说,大一入校一个多月以来,每天都睡不好,学校人很多,但是感到非常寂寞无助,非常想回家;张某说自己活得很悲催,时不时想一死了之,还试着割过手腕,怕痛而停止。高一时,脸上长痘痘,看病吃药花了好多钱,高二时开始掉头发,用中药用西医治,也花了爸妈不少钱;自己感觉身体很弱,活着是累赘,总是生病,怀疑自己得了癌症。

案例分析:我感到问题很严重。该生自卑、自闭、自责,学生总是怀疑自己得了癌症,初步断定这个学生是由疑病症引起的焦虑心理,如果是轻度的心理紧张,可以通过自我调节,通过培养一两个兴趣爱好,加强锻炼身体,转移注意力,参加一些集体活动,或找朋友倾诉或安排同学主动给他聊天,陪他一起跑跑步,出出汗,会有一定的效果,若不能缓解,那就需要药物来治疗,用抗焦虑的药物治疗。

案例处理:①及时安排寝室长和有爱心的室友陪伴该同学,以免发生意外。②及时跟辅导员和任课老师沟通。③及时跟家长联系,建议家长科学关注孩子的问题,孩子青春期会有生理心理的问题,先自我调节,不要动不动就去小医院开药,看病要去正规医院。④去寝室找孩子聊天,肯定学生亮点,自己毕竟从一个职业高中考上的本科院校,这一点是非常难能可贵的,比自己困难的人多了,身残志坚的人都是学习的榜样。

思考与感悟:张同学的心理问题是隐形的,不易觉察,正是全员导师课的推行,导师及时发现反馈给辅导员,并采取相应呵护,才使张同学的问题得到相对缓解,像张同学这样的大一新生,如果连续遭受两次外界刺激,如室友摩擦或失恋,是很危险的。所以,全员导师课的开展,为学生的身心安全增加了一道屏障。

四、全员导师制的心理育人优势

(一)导师多是具有正能量的优秀教师

一般遴选的导师多为学校的骨干教师,有丰富的专业教学经验,有责任心、爱心以及奉献精神,具有较强的组织管理能力和良好的语言表达能力,富有亲和力。优秀的导师在学生中享有很高的威望,对学生具有很强的号召力,亦师亦友,这样学生更愿把心事向导师诉说,心理沟通更易开展。他们的一言一行能够感染和影响学生,这是一种对学生潜移默化的影响。

优秀的导师质量为心理育人的有效开展提高了保障。

(二)全员导师制更有效推动心理育人嵌入思政育人大格局

思政育人,育人在育德,导师制重在育德,而育德重在育心。心理育人作为高校思政育人的重要组成部分,其不仅要解决学生求学期间的心理困扰,也要注重为学生将来走向社会打下坚实的心理基础,从这个角度来说,心理育人不只要着眼于当下学生的心理困扰,也要着眼于学生未来的终身发展,这就与思政育人的目标不谋而合。从心理育人课程角度来讲,心理健康教育课程与大学生思想政治教育课程的目标也是一致的,本质还是思想政治教育,同样需要价值引领。"把解决思想问题、心理问题与解决实际问题结合起来。"

教育工作,要坚持把立德树人作为中心环节,把思想政治工作贯穿教育教学全过程,培养出具有家国情怀、使命担当的社会主义接班人。研究表明,信仰马克思主义将有效改善大学生心理状态。因此,心理育人可以借鉴马克思主义研究成果,筑牢思政育人政治底色,坚持"育心"与"育德"相结合,积极引导大学生向上、向好、向善,将学生从虚无感、空虚感、无意义感中解脱出来。从这一点看,全员导师制会更有效推动心理育人嵌入思政育人大格局。

（三）全员导师制是心理育人的客观需要

人的心理是非常复杂多样的。大学生心理育人工作具有长期性,突出时段性、专业性等特点,而我国高校长期以来的辅导员工作机制,由于种种主客观原因,辅导员很难及时地、逐一了解学生的一些思想状况、心理动态,在长期的实践中反映出一些问题:不能及时发现学生心理问题,特别是大一新生和大四毕业生;不能呵护所有学生心理问题;不能深入洞察重点突出学生心理问题;不能专业处理心理问题;等等。

而全员导师制的最大特点是师生关系相对更密切,亦师亦友。一个导师指导 10 多位同学,导师不仅要指导学生的学习,还要关注学生的生活,关注其心理状况,及时觉察到学生思想与情感的变化,进而科学处理和应对大学生的各种突发事件,这在客观上是更行之有效的。

全员导师制的出台,全员、全方位、全过程育人,明确了专业课教师的思政教育角色,调动了多方积极育人元素,有效削弱了育人内容之间的割裂、育人过程中的盲区断点、育人主体合力不足、心理育人滞后等问题,是对高校心理健康教育工作者的困境突围,是对辅导员制度的一个有益补充,可谓辅导员 1+N 模式,两种制度相辅相成、相得益彰,共同服务于新时期高校心理育人工作。

五、结语

全员导师制是实施个性化教育，营造全员育人、全过程育人、全方位育人的高校教育管理机制的一种积极探索。它的出现弥补了长期以来我国高等教育中辅导员制度存在的一些不足，促进高校学生管理工作得到完善，同时给予高校教师更加充分的育人机会，特别是新时代大学生心理育人地位更突出、要求更高，工作更具挑战性，全员导师制作为一种探索性的新制度，其优越性也将会日益显现出来，并彰显其无限生机。

总之，全员导师制的持续开展，会让心理育人更扎实有效，会让校园更安全。

（作者为信阳学院土木工程学院辅导员）

全员德育　全面发展

阎玉婷

一、全员导师制的提出

教师是人类灵魂的工程师,是人类文明的传承者。新时代对广大教师落实立德树人根本任务提出更高要求,需进一步增强教师责任感、使命感、荣誉感,规范职业行为,明确师德底线。在我国先秦时期就开始出现导师制的雏形,那时的老师既教书又育人。孔子的教学方法和风格就体现出这一点,他不仅教给学生学识,还指导学生做人。在学习上用"三人行,必有我师"指导学生勤学好问,在做人上用"君子食无求饱,居无求安,敏于事而慎于言"的思想来指导学生。在南宋时期,教育学家朱熹主持创办的白鹿书院也实行"导师制",书院内老师对学生的处世之道、修身之术以及日常的待人接物都进行了全方位指导,对我国导师制的推广产生了很大影响。① 全员育人导师制是指全体任课教师参与,全程跟踪、定期谈话,有意识地开展个案辅导,不仅关注他们的学习,还了解他们的思想、行为习惯、心理素质、道德品质等,来提高他们整体素质的一种创新德育模式。②

在学校理事长高云的倡导和推动下,信阳学院从 2015 年起实施全员导师制育人工程。党政工团齐抓共管,组织动员全校干部教师共同参与,以大一新生为主体,以每月一次的导师课为抓手,每名导师在思想引导、专业辅

---

① 郑艳梅.执普通高中全员育人导师制德育模式的实践与研究[D].聊城:聊城大学,2015.

② 魏鑫,樊淑玲.贯彻邓小平德育思想创建全员德育新格局[J].渭南师专学报(社会科学版),2000(1):84-87.

导、生活指导、心理疏导等方面为学生提供专业化、亲情化、系统化、个性化的指导帮助,变以往学生思政工作辅导员"独角戏"为全校干部教师"大合唱",探索了新时期高校育人机制新路径,激活了思想政治教育工作的"一池春水",把思想政治工作贯穿于教育教学全过程,实现了全员育人、全程育人、全方位育人。[①]

二、全员导师制的优势

(一)对于教师而言

教师是全员导师制的执行者。通过全员导师制的施行,教师不再是以知识教学为工作重心,而对学生的心理疏导和德育教化倾注更多精力,改变了学校的教育教学工作长期"跛脚走路"的尴尬局面。德育不再是挂在老师嘴上,写在学校文件里只说不做的东西。通过担任导师,教师会学习到更多有关心理学、教育学、心理辅导等方面知识,不断提高自身素养。

通过和学生的交流,让我们更理解当代大学生的心理状态。随着社会的不断进步,新生事物层出不穷。学生活泼好动,好奇心强,喜欢新鲜的事物,敢于创新。在教师与学生日常相处中,可以让教师变得更加生动有趣,增强时代特点;让教师心态更加年轻化,在育人过程中反思自己的育人模式;完善现有育人观念,提升育人质量,与学生互相学习,共同成长。

(二)对于学生而言

学生是全员导师制的工作对象,导师通过与学生个别谈心辅导,对学生的学业、思想和心理给予帮助和指导,促进他们思想道德素质的进步和提高,让每个学生在与导师的情感交流、合作互动中不断进步,健康成长。全员导师制的重点是对学生的行为习惯、思想品质、心理健康等方面进行指导,通过"以德树德、以情动情、以行导行"的方式,把学生打造成思想健康,

---

① 施昌海,余婷婷,王威.在"三全育人"实践中构建学生喜闻乐见的"全员导师课":以信阳学院为例[J].河南教育(高等教育),2021(8):3-5.

品德高尚的新型人才。通过与导师的交流，了解课堂上不曾涉足的知识点，培养自我管理、自我教育、自我学习的能力，增强自信，树立正确的世界观、人生观和价值观。学生与导师交流频率增多后，与导师形成了一种新型的亦师亦友的关系，并且有困惑也可以及时获取帮助。

（三）对于家长而言

通过学校实行全员导师制，家长对于学生初入大学的生活学习更加放心。导师通过电话、微信、家访的形式与学生家长取得联系，及时全面了解学生在家表现，给家长介绍学生在校情况。在学生遇到困难或困惑时，及时帮忙疏通调节，通过与家长交流沟通，观察学生情感、行为方面的微妙变化，配合导师共同完成教育工作。家校合一，全方位保证学生的大学生活更加安全有意义。没有家长不爱自己的孩子，由于家庭教育的差异，学生身上可能会暴露很多家庭教育的问题，需要导师对家长提出中肯的指导意见。改变家长一些不正确的教育思想，才能使教育进入良性循环。

（四）对于学校而言

学校是全员导师制的载体。雅思贝尔斯曾说教育是"一个灵魂唤醒另一个灵魂"，没有教师的了解和倾听，谈不上真正的德育。通过全员导师制的实行，每个学生都被全面关注，不再出现某个同学"无人问津"的德育真空现象。全体教师参与到学生管理当中，让每个学生都能得到贴心的关爱，让每一颗心灵都可以找到依靠，真正营造每个学生都受关爱的德育氛围，教师与辅导员形成教育合力，提高德育的实效性。通过全员导师制的全面实施，努力实现"师德高尚、师能精湛、富有爱心、教育民主"的教师发展目标和"习惯优秀、素质优良、富有爱心、富有责任"的学生发展目标。让学校的所有人在所有方面都得到发展，最终实现教师、学生、学校的共同发展。经过不断改进与实践，在学生中逐渐形成自觉、自律的道德风尚，更好的契合于学校校训——求真、创新、勤学、笃行。

三、案例分析

在工作期间,遇到一个学生,相处中发现其很懂礼貌,乐观开朗,与班级同学及老师相处融洽。但是因为刚接手班级,对每个学生的了解不够充分,仅仅靠平时的三言两语和一两次的班会集中教育是没有办法深入了解学生的。绝大部分学生表面看上去平静如水,但实际上他们内心也许在波澜起伏,正经受着某件事带来的痛苦和折磨,需要老师的帮助和指引。这位同学恰恰就是如此,日常相处没有发现任何问题,2021年5月,该生主动提出要与我谈心。经过沟通,得知该生家庭经济情况一般,家里还有两个弟弟。因为即将面临专升本考试,该生感觉压力颇大,在备考过程中无法集中注意力。首先是因为继续攻读学位不仅面临巨大的学习压力,还面临高额学费。该生在毕业后到底是工作挣钱养家还是继续攻读本科学位之间纠结。得知具体情况后,询问该生是否有继续攻读本科学位的强烈愿望,如果有就应该放松心态,认真备考。如果只是为了响应家里人的期待或者只是随大流跟着大家一起备考,就应该认真思考一下自己以后的职业规划,现阶段在复习专升本考试期间好好复习,同时准备接下来的招教特岗考试。不要对自己没有自信,不要存在本科学历就一定很重要的心态,看不起自己的专科学历。通过交流谈心,该生对自己的职业方向有了一定的明确方向,心理状态良好,遇事更为理性。

四、自己将如何做好一名导师

作为一名辅导员,对于如何做好一名导师,我认为:首先,明确职责,"教育者应以崇高的思想境界和道德标准要求自己"①,导师是学生树立人生理想的指导者,是学生思想成长的培育者,是学生心理健康的维护者,是学生多方面发展的辅导员,是把学生造就成新型人才的"工程师"。

---

① 李镇西.教育的智慧[M].青岛:青岛出版社,2014:284.

其次，建立自己的导师工作方案：

（1）为每位学生建立个人档案。内容包括学生家庭详细情况，学生道德品质、心理健康和学生跟踪档案，记录学生成长过程中的闪光点和不足之处，对症下药，制定学生的改进和发展目标并指导其完成。

（2）建立家访联络制度。及时与学生家长沟通，帮助和指导家长改进家庭教育。作为导师，必须对学生本人及家庭有清晰的了解，对其家庭情况进行简要分析，包括家庭的结构，密切与家长联系，指导家庭教育，共同探索教育方法。

（3）建立谈心与汇报制度。自己坚持每月至少一次与学生进行个别谈心，及时了解学生思想状况，在学习时间、方法等方面帮助学生制订切实可行的计划。并要求学生每周一次向"导师"汇报生活学习情况。建立导师工作活动手册，记录师生活动全过程。及时总结经验。

最后，第一次做导师，这是一个全新的身份。因此，在日常与学生相处中，会遇到许多新的问题和困难，自己要善于发现和总结经验。一方面，要充分挖掘学校现有教育资源，借鉴、整合其他优秀教师成功经验，使自己的导师身份更具有生命力。另一方面，要勇于创新，大胆尝试，积极探索切实可行、具有个人特色的操作办法。

（作者为信阳学院外国语学院辅导员）

新时期高校教师对家庭
经济困难生心理问题的探究

裴　奇

一、案例陈述

（一）学生基本资料

代某，一名来自偏远地区的农村女孩。家有姐弟4人，她是家里的长女。她父亲因患有癌症不幸去世，母亲因为父亲的离世，患上了严重的抑郁病，自杀的念头非常强烈，无法照顾年幼的三个孩子。她的弟弟因出生时体质较弱，患上了严重的肾病，到处求医，花了大笔的钱，身体也没有好转，只能辍学在家休养。

（二）具体情况介绍

2019年9月，代某考上了大学，读上了自己喜欢的专业。她是一个非常不幸的孩子，在她读高二时，父亲因患有癌症不幸去世，家里的重担一下子全部压在了母亲一人身上。她深知仅靠母亲一人供他们4个孩子读书，实属不易，想为母亲分担一些，于是她依依不舍离开了她喜欢的课堂，决然去南方大城市打工。由于她没有学历，只能从事一些体力工作，一天要工作十几个小时。然而，她并没有忘记儿时读大学的梦想。深夜下班后，当同伴们个个都进入了睡梦中，她还在挑灯自学高三的课程，一遍一遍地啃下难懂的知识点。周末时，当同伴们外出游玩时，她放弃了休息的时间，认真地做各科的习题集，直到把每一道题弄通弄懂为止。她打工了两年，积攒了一些钱，自学完了高三所有的课程。于是，她辞去工作，以社会人员身份参加了高考,考取了大学,成为班里年纪最大的一名学生。

大学里,她深知读书机会来之不易,非常珍惜大学时光,努力学习科学文化知识,积极参加文体活动,全面发展自己。由于她的出色表现,大二时她获得了国家励志奖学金、校奖学金和三好学生等多种荣誉。然而,当她以为可以在大学的知识殿堂里徜徉时,家庭又遭遇了变故。通过导师课的交流了解到,代某的母亲因为父亲的离世,患上了严重的抑郁症,自杀的念头非常强烈,无法照顾年幼的3个弟妹。她只能边读书边照顾母亲和弟弟妹妹们,担心学业,心理压力很大,经常失眠。屋漏偏逢连夜雨,她的弟弟因出生时体质较弱,患上了严重的肾病,到处求医,花了大笔的钱,身体也没有好转,只能辍学在家休养。弟弟的疾病让本就不幸的家庭更加艰难,代某只能负重前行,超负荷的压力让她喘不过气,失眠加重,她一度想要放弃学业。但是在学校领导和导师的大力帮助和指导下,她最终没有放弃,没有倒下,多次获得国家助学金、校级奖学金和其他资助。在国家和学校的资助下,她的心理负担缓解,整个人的精神面貌得到很大改善。

二、案例分析

(一)社会原因

地区经济发展不平衡是造成家庭经济困难的一个原因。发展不平衡的一个直接后果就是居民收入水平的不平衡,该生家住在中部偏远农村地区,家里人多地少,收入较少,家庭生活困难。

(二)心理原因

1.在家庭经济方面

家庭负担过重给予的心理压力过大。物质生活是衡量人们生活水平的硬性指标,物质匮乏有时候可以改变人的价值观和人生观。本文中的学生,生活在经济条件较差的农村地区,父亲过早离世,母亲患有精神抑郁疾病,家里兄弟姐妹又多,凭借正常的种地收入,无法支撑整个家庭的生活。再加上该生现在正在大学学习,需要交付学费和生活费,使得本来入不敷出的家庭雪上加霜,这会给学生心理造成很大的负担。

2. 在人际交往方面

从小的自卑感也会加重心理负担。自卑心理是影响一个人正常工作和学习的重要心理因素,往往会影响人与人之间的交往。贫困家庭的子女在学校中的人际关系中远差于那些条件较好的同学。她的人际关系单一,甚至性格内向,不善言辞。不愿意和经济条件非常优越的同学在一起相处,对他们的任何一句话都特别敏感,这种状况也会导致学生心理消极。

3. 环境方面

周围的环境也会影响学生的心理健康。大学生生活的环境对其非常重要。一个良好的环境有利于其生活和学习。但是本文中的同学自我评价比较低,与周围条件优越的同学一比较,她的自尊心更容易受到挫折,形成的不良心理障碍,在遇到挫折和突发事件时更容易产生绝望和挫败的心理。

三、具体措施

关于此案例,主要有以下几种解决路径:

第一,导师运用"精准思维"做实做细学生资助工作。深入宿舍和班级,通过教师、学生和学生干部全面了解该同学的情况,制定详细的帮扶对策,不仅邀请专业教师给予她专业辅导,而且还成立了朋辈心理辅导小组进行心理疏导,同时对该生进行全方位的精细资助,包括国家助学金、校级奖学金和困难补助等各类资助,确保该生能顺利完成学业。

第二,针对该类事件,导师寻求各方的支持和帮助,尤其是向学校有经验的领导和心理学专业的同事寻求帮助,从正面认真做好家庭困难学生的心理疏导。

第三,导师除了做好日常学生管理工作,要成为每一个学生的知心朋友。针对该类案件的特殊性,辅导员应该对当事人在生活上和学业上给予一定的关爱,用爱心去温暖学生,让爱心成为她走出心理阴影的动力。

四、结果与成效

经过多方的努力,一个遭遇家庭多重变故的学生战胜了各种困难,顺利完成了学业,找到了一份理想工作,实现了大学梦,人生画上了圆满的句号。

五、思考与感悟

在对家庭经济困难学生实行经济资助的基础上,把心理疏导融入资助工作,使他们"增信心""知感恩""能自立",努力成为德智体美劳全面发展的社会主义合格建设者和可靠接班人。

1. 运用"精准思维",确保资助工作全方位开展

一是学校应在开学初期即启动家庭经济困难学生认定工作,通过入学缴费、困难认定等情况摸排,健全全校家庭经济困难学生的档案。二是利用智慧校园平台,对困难生认定进行修正,确保信息准确无误。三是通过开展"精准资助基层行"等活动,走进贫困生家中了解真实情况,搭建学校、社会、学生家庭畅通的沟通渠道,做到认定指标科学全面、认定过程民主透明、认定结果公正有效。

2. 融入"心理疏导",彰显以人文本

针对部分家庭经济困难学生心理脆弱或存在心理危机、心理障碍的问题,学校把资助工作和心理健康工作结合起来,通过开展朋辈辅导、团体辅导和导师课等集体活动不断提高困难学生的心理调适能力和心理承受能力。引导他们消除不良认知,准确定位自我,走出心理阴影,帮助他们树立健康积极乐观向上的世界观、人生观、价值观,努力实现个人的全面发展。

学校在实行导师之后,对学生的关心爱护进一步加强。全员导师制是一种以班主任为核心、班级任课老师为成员的导师组,在品德和心理等方面为各自"承包"的学生提供全方位、个性化的指导和帮助的育人模式。建立和实施全员导师制,旨在不断加强对学生的思想引导、学习辅导、生活全员导师制是一种以班主任为核心、班级任课老师为成员的导师组,在品德和心理等方面为各自"承包"的学生提供全方位、个性化的指导和帮助的育人

模式。

爱与责任,是师德之魂。"爱"是师德之源,是教育的永恒。"责任"是师德根本,是教育的关键。著名作家魏巍先生曾说:"教师这份职业,据我想,并不仅仅依靠丰富的学识,也不仅仅依靠这种或那种的教学法,这只不过是一方面,更重要的,是他有没有一颗热爱儿童的心!也许正是因为这样,教师才被称为高尚的职业。"这句话时刻提醒着我身为人师的准则。

(作者为信阳学院商学院教师)

用心服务育人　全面助力成长

李海艳

一、导师制概念及意义

德育教育是对学生进行思想、政治、道德和心理健康的教育,它是学校教育工作的重要组成部分,与智育、体育、美育、劳育等相互联系,彼此渗透,密切协调,对学生健康成长成才和学校工作具有重要的导向、动力和保证作用。把德育工作摆在素质教育的首要位置,实行导师制度后,人人都是德育老师,在院领导、教师、辅导员中已成共识工作中不仅仅关注自己所导学生的想品德状况,更是在自己的工作中不断渗透德育。导师制,旨在促进每一名学生全面健康成长,将学校德育分化部分到担任导师制的老师上,用心服务育人,从细节入手,用生命影响生命,与需要关心指导的学生建立一定的联系,做到既教书又育人,既管教又引导,从而用情温暖学生,用细节关注学生,让爱催生希望之花。

导师制工作也是个"教学相长"的过程。通过导师制的师生沟通也使教师更了解自己的学生,更加热爱自己的学生,更清楚自己所肩负的责任,更忠诚于自己的事业,有效地促进了教师专业精神的提升。本科生导师制有助于增强德育工作的针对性和实效性。导师制并非为德育而进行教育,而是寓教育于指导当中。导师制的实施真正解决了学生成长与发展的根本问题,体现了思想政治教育的针对性。导师制学生都是本院领导和老师,他们多半学历较高、职称较高、学术水平较高、研究能力较强、生活阅历丰富,因此他们指导学生成长成才具有很强的说服力、感染力。现实证明,说教式、灌输式的教育方式的德育效果通常不佳,而真正有效的教育应当是润物细无声的。广大导师制率先垂范、为人师表、言传身教,导师制成为学生的指导者和引路人,增强了学生的认同感和德育工作的说服力及感染力,提升了德育工作的实效性。

二、当前外国语学院学生现状和导师制开展情况

信阳学院外国语学院 2021 级共招收了 600 多名新生,入校时专业基础、成长经历都不同,通过对我带的学生了解到,部分对自己没有信心。对全体 2021 级全体新生进行了一对十的导师制,负责学生的详细情况的了解及指导帮助,不仅包含个性化、亲情化和全员化,更切实提高了德育的吸引力和感染力,增强了德育工作的针对性与实效性。一个学期导师制的开展和学生像朋友一样沟通,尤其是外语学院学生考研积极性比较高,但学生更多的是担心考不上,通过一次专门的考研介绍课堂,给学生心理情绪上的引导,同时给学生备考和报考经验及技巧,让学生有了明确目标和学习计划。外国语学院河南北部生源比较多,信阳又位于河南南部,饮食以米饭、炒菜为主,2021 级新生入校后正遇上疫情,学校封闭管理,大多数孩子比较想家和家乡口味,冬至那天,带着学生们包饺子,一起调馅、一起包,让大家吃上了有家乡味道的热腾腾的饺子,孩子们表示很开心能到外语学院这个有爱的大家庭。另外通过自身考研经历告诉学生勇敢地给自己定目标,985 高校以及国外研究生只要努力,都可以考上的,导师的课堂利用非课堂时间由导师直接一对十对学生进行相关指导和培养。导师在指导学生过程中充分发挥培养作用,针对专业知识提供见解,引导学生建立正确的学习方法,在学业辅导、专业技能培养以及就业等方面提供帮助。与此同时,进一步引导学生处理好生活与学习的关系。导师根据学生专业课学习进度制定相关学习内容,且每周和学生有固定频率的沟通,导师课堂时间和导师课丰富多彩的内容都会提前和学生沟通,结合学生的兴趣和时间,尽可能地拓宽导师制的内容。导师在与学生长期接触过程中,针对社会的人才需求以及学生的发展方向、考研需求等,利用学校资源对学生实施更加科学合理的专业指导,提升学生的就业竞争能力和专业素质。

学生在校期间理论知识的学习主要是专业教师在课堂教授,以及在标准课时内完成实践实习。在导师的指导下,学生在课余时间参加课堂外的

导师制生活,这样学生可以在学习理论知识的同时结合导师的思想实践教育,将理论与实践相结合,进一步提升自身知识的掌握水平和应用能力。为将来学生的就业或深造打下坚实的基础。导师制学习是导师对学生的一对十辅导,是对传统教学模式的拓展补充。由于每个学生都有不同的学习经历、生活过往和性格习惯,导致他们有不同的特长、不同的个性与不同的发展要求。导师制以一个老师带十个学生这样的方式开展能够精准全面育人指导,同时大一学生第一次长时间离家独立学习生活,遇到问题及时与导师沟通了解,能够及时得到解决。通过一个学期导师制课堂的开展,涉及考研就业方向一对一指导、信阳民俗文化学习参观、读书学习分享、冬至包饺子等,丰富了孩子们的大学生活,精准用心育人,全面助力成长。

三、导师制实施的成效及总结

外国语学院导师制的实施,极大地提高了德育工作的实效性,为学校德育工作打开了新局面。主要体现在以下几个方面。

（一）充分挖掘德育资源,牢固树立全员育人意识

导师制的推行,改变了许多教职工的习惯,即把大学生德育工作看作是党团工作者和学生管理者的工作的片面认识,树立了全员育人意识,增强了广大教职工的责任心。

一是专职教师改变了过去的"重教书轻育人"的做法,强化了"既教书又育人"的意识,把德育融入课堂教学的全过程和学生专业学习的各个环节。

二是行政人员积极参与导师制工作,尽快提高自己的德育工作水平。可以说,导师制的实施,真正调动了每个教育工作者的积极性,营造了全员育人的良好氛围。

（二）为师生搭建交流的平台,满足学生与教师进行情感交流

外语学院孩子大多数是女生,比较敏感,她们需要理解,需要关心,需要教师的引导和帮助,因此,她们希望与教师进行交流和沟通。由于种种原因,师生间的交流往往仅限于课堂讲授时间或专业上的学习指导,情感交流

与心灵沟通几近空白。导师制的推行,不仅为师生的情感交流搭建了平台,使学生在与教师的直接交流中获得关爱,而且也使教师通过交流直接了解学生的思想,有针对性地对学生的思想、学业和生活进行指导和帮助,可谓一举两得。

(三)实现德育双方互动,共铸师生两代师表

导师制的实施,改变了传统德育模式,在德育工作中既重视教师的主导性,更重视受教育者的主体性,使德育工作由过去单向灌输、说教,变为现在的双向交流、互动,由务虚型变为务实型,由单渠道转变为多渠道。更为重要的是,导师制独特的工作方式,使导师在教育学生学会求知、学会做事、学会共处、学会做人的同时,深切体会到了教学相长、导学相长的内涵,促使自己不断提高自身素质和师德修养,真正成为学生人生导航、学业保证、行为规范和生活的领路人。

在"以人为本,德育为先"的新形势下,学校全员育人、全过程育人、全方位育人的"大德育"模式,在高校培养社会主义建设事业的合格人才和可靠接班人的伟大工程中发挥着重要作用。立德树人是高校的根本任务,学校各部门加强工作协同,增加育人经费,发挥育人合力,促进学生成长成才,提升人才培养质量,实现外国语学院本科生导师制"全员育人"的宗旨。外国语学院学生大多是师范生,是未来的教师,肩负着"教书育人"的重大使命。有效的德育培养途径不仅能够提高高校师范生的个人素质,也有利于"教书育人"工作更好地传承,这是我国社会主义精神文明建设的重要组成部分。希望导师制的引导教育能一代一代传承下去,同时让高校师范生能结合自身特点,不断提高个人修养,在当前严峻的就业形势下敢冲敢闯,能在未来更好地学习和工作,为祖国的教育事业贡献更多的力量。

(作者为信阳学院外国语学院辅导员)

用心呵护　静待花开

田　媛

随着社会的不断进步,社会对于大学毕业生的要求日益提高,无形中增加了大学毕业生的心理压力,大学生心理问题成为高校学生工作不容忽视的重点。性格内向、不善沟通的学生在出现心理问题时,多喜欢隐藏起来,不愿被人发现,回避危机环境。作为德育生活导师,作为学生管理者,要多方联动,用心去发现问题,及时进行干预,帮助学生走出困境,让学生形成积极健康的心态去面对生活和学习。

一、案例陈述

小林,女,19岁,无家族心理疾病史,性格内向,不善表达,平时上导师课的时候表现不主动,只有提问才会说话。2020年9月入学,入学不到两个月,我在其微信朋友圈看到说想要退学的念头,通过向我们小组同班或同宿舍的同学了解,得知小林一直有想退学的想法。

我随即联系她进行面对面谈话,林同学说"我不喜欢数学专业,实在学不懂",想去外面打工,但对退学后的生活根本没有规划,现在就是想逃避学不会的这种现状。我们谈话之后,该生表示会继续完成学业。大一下学期开学一周之后又表示想要退学,在学校不快乐,过得很没意思、很累。随后,我通过联系其辅导员老师,通过宿舍—班级—家庭—朋友多方联动的模式对其情况进行了解,该生大一下学期与好朋友闹了矛盾,但起因并无重大冲突,随后晚上出现睡眠障碍,持续一周以上,也没有跟家里发生过冲突。随即经过本人允许,我带着她到学校心理中心咨询。

二、案例分析

(一)问题实质

此案例反映的是学生因为人际关系危机的干预和思考,大学生人际关系危机在很大程度上影响着大学生的生活和学习。为了更好地找到该生所出现的心理原因,我启动多方联动的模式,通过学生本人、辅导员老师、舍友、同学、好朋友和父母对学生的基本情况进行了解,对学生进行心理辅助。

(二)原因分析

该生与好朋友之间的冲突并不明显,但出现睡眠障碍等心理问题症状,其原因是多方面所致:第一,自我效能感低,性格内向,自我否定的观念很强。该生认为自己高中理科科目就一直学不懂,到了大学所学习的专业知识也学不懂,学不懂时就产生焦虑的情绪。第二,该生性格内向,不善于表达,遇事也不懂得沟通。来到大学交到了一个好朋友,相处中该生处于被动。好朋友喜欢做的事情一定要拉上她,但该生心理有时候是不情愿的,由于不懂拒绝,造成自己心理冲突。第三,该生家长对孩子的态度过于迁就,对待孩子过于保护,导致学生抗压能力弱。

(三)问题的关键点

(1)如何帮助学生缓解因人际关系而产生的心理冲突?

(2)如何引导正确认识心理冲突?

(3)如何引导学生规划大学生涯?

三、具体措施

(一)用心聆听,挖掘问题根源

大学生的身心发展还不完全成熟,学业压力、环境适应、人际交往等都有可能造成学生的心理问题,要帮助学生解决心理困境,就要学会聆听,挖掘出造成学生心理困扰的真正原因,根据原因帮助学生度过心理难关。

通过与小林的多次谈话,发现她再次产生退学的原因是与好朋友产生了矛盾,自己又不知道如何解决,想要缓和关系,但又不知所措,长期压抑导致睡眠障碍,无奈之下只能以退学的方式来逃避问题。在多次的沟通中,我采用朋辈教育的方式,耐心倾听她的想法,并给予积极引导,让她感觉到老师的感同身受,除此之外还给予她一些处理人际冲突的建议,帮助她分析与朋友产生矛盾的原因。最后,让她试着主动处理自己与朋友的关系,鼓励她积极面对身边的人和事,掌握必要的心理调适技巧,自助的同时,必要时也可以求助,帮助她树立自信。

(二)家校合作,建立教育桥梁

家长是孩子成长教育的第一任老师,一个家庭的氛围、结构、经济状况等因素都影响着孩子的成长,因此要发挥家校合作的教育方式对学生进行全方位的关爱,帮助学生形成健康的心理,保持家校教育方向的一致性。

小林出现心理冲突和睡眠障碍后,我多次联系其辅导员老师,跟家长进行沟通,及时反馈给家长学生的心理状态变化。从家长那里获取与学生相关成长经历等信息,同时向家长讲解心理健康对于孩子成长的重要性;以及在今后与孩子的沟通和教育上要注重技巧,让家长对学生的心理变化要多关注,多采用鼓励的方式帮助学生重拾信心,树立自己的目标。

(三)用心关爱,合理规划学业

目标明确,合理规划大学生活,激发学生学习的积极性。通过与小林进行交流,发现她当前存在最大的问题是对专业学习不感兴趣,这对于刚入学的她提高专业认知和合理规划学业极为重要。为此我引导小林去了解当前所学专业的发展背景,扩宽对专业认识。通过专业的就业前景帮助她明确自己的发展目标,并且鼓励她还可以通过考研深造来改变专业方向。另外还指导她进行学业规划,通过制定长期目标和短期目标相结合的方式,帮助她制定学习目标,引导她每隔一个月分享自己的状态和收获,分析存在的问题,及时进行改进。

四、结果与成效

经过一学年的交流与疏导,小林现阶段状态较好,睡眠障碍解除,人际关系良好,精神状态好转,主动参加集体活动,期末考试全部科目顺利通过,班级排名进入前30%,老师和同学反馈较好,该生重拾自信,学习动机增强,也对未来目标有了较清晰的认知,为自己做了较为完善的学业规划。

五、思考与感悟

(一)重视家校联动管理

导师要及时掌握学生的心理状态,除了了解在校的情况之外,还要学会从家长那里获取相关信息。新生入学后,就要对学生的家庭情况、身体状况、成长经历进行了解并做好台账。除了要重视学生在校的表现,还需要注重家庭对于学生的影响,所以要经常与家长进行沟通。一是可以了解学生所处的家庭环境氛围、性格特征;二是可以及时向家长反馈孩子在校的状况,加强家校相结合的教育管理模式。

(二)关注新生适应问题

新生大学生活不适应是一个很明显的教育问题,作为新生导师,要重视新生不适应、思想和学业困惑的问题,要多与学生进行沟通交流,从生活细节关注学生生活,从亲身经历关心学生感悟,拉近与学生的距离,以此找到思想教育工作的突破点,培养学生进行有效的自我管理、自我监督、自我服务、自我教育。

(三)注重提升帮扶能力

导师不仅要帮助学生走出心理困境,更要不断地提升自己的帮扶能力,在日常的工作中我们注重心理学知识的学习,加强专业能力的提升,在学生遇到心理困境之后,能够给学生提供专业的帮助和指导。应与心理中心加强沟通联系,反馈学生心理变化,寻求外力的帮助和支持,持续跟进学生状态并做好记录,做到及时发现问题、解决问题,通过专业的判断帮助学生走出心理疫情。

六、结语

全员导师制是信阳学院全面落实立德树人根本任务、打造十大育人体系的重要举措,是新时代育人工作的重要品牌。导师制倡导"每一个教育工作首先是德育工作者"的理念,目的是形成全员育人、全程育人、全方位育人的良好育人模式,学生与老师之间建立一对一"导学"关系,可以更好地集中师资,给学生更好的德育。学海泛舟,以德为灯,在全员导师制实行的近七年中,涌现出了一批批有责任有担当的导师,把育人工作做细做实,密切关心学生生活,竭尽全力帮助学生解决问题,师生间建立了深厚的感情。

(作者为信阳学院数学与统计学院学工干事)

育人先育心

徐丹丹

随着时代的发展和变化，被社会称为"幸福一代"的大学生虽享受着前所未有优质的物质生活条件，却也面临着越来越严峻的社会挑战，承担着多方面巨大的生活压力。近年来，因心理问题休学、退学的大学生人数不断增多，在大学生心理健康状况告急的现状下，高度关注大学生心理健康已经成为高校的重点工作。而信阳学院的心理健康教育也通过全员导师制的窗口，充分发挥了其育心育德育人的作用。

一、抑郁症学生案例分析

（一）案例陈述

张某某，女，为学校入学心理调查反馈的心理双预警同学。高中时曾患有抑郁症，导师了解到其基本情况后对该生进行重点关注，并发现该生在一段时间内心情持续抑郁。通过和该生进行聊天了解到学生已经很长一段时间情绪异常，在宿舍通宵痛哭，并称自己控制不住地难过，很难融入宿舍和班级。

（二）策略方法

导师以亲切的态度对其进行了关怀安抚，了解其抑郁程度，引导学生对自己、对社会有了科学的认识，并及时和该生辅导员沟通该生情况，共同关注其身心健康。同时建议其去医院进行初步诊断，并对诊断结果进行跟踪了解，结果显示该生患有抑郁症。导师在第一时间联系了学生家长并向学生家长说明了该生情况，家长高度重视学生情况，经和老师共同商量，家长最终决定来校陪读,在学校附近租了房子照顾学生生活。为了使家长更好地照顾学生,导师帮助该生家长在学校餐厅找了一份工作,家长陪读的同时也有了一定的经济来源,家长和学生都十分感激。学生也有很高的自救意识,坚持服用抗抑郁药物。导师为了提高学生对生活的积极性,经常安排学生在没课的时候协助自己处理一些工作,使学生感受到自己的存在是有意义的,是可以为他人带来益处的。

（三）结果与成效

经过一个学期,在老师家长的共同帮助下,学生的情绪有了明显好转,且逐渐变得乐观开朗。在暑期学生还做了家教,精神状况良好,在医生的诊断同意下,该生已停用了抗抑郁药物。但为防止后续有意外发生,该生母亲依然在校陪读。

（四）思考与感悟

张同学的情况不是个例,近几年,大学生抑郁症引发的校园危机,已成为高校内长期存在的不稳定因素之一,并严重影响了大学生的正常学习和生活。当代大学生心理承受能力普遍较差,很多学生无法承受生活的重重压力,而身边又没有父母的庇佑和呵护,只有老师和同学陪伴在身边。遇到挫折,心情烦躁郁闷时不知如何采取有效的途径纾解自己的情绪,作为学生的导师,要主动关心学生心理动态,做好抑郁症学生的引导和干预工作,陪伴大学生健康成长。

二、学业困难学生案例分析

（一）案例陈述

侯某某,女,该生从大一开始就有想转专业的想法,因错过了转专业时间没有转成功,但其想转专业的想法一直存在。大二开学之后,该生多次跟其导师咨询转专业事宜,并表示对本专业会计学已经到了极其排斥的程度,想要转到师范类专业,日后成为一名教师,并执拗地认为任何专业都比会计学好,以后也绝不会从事与会计相关的工作,认为会计相关工作违背自己的价值观。老师劝导未果,同意其转专业。但其后来了解到师范类专业有一个实践课程其转过去后无法补上,可能会影响自己拿学位证,又决定放弃转专业想法。之后仍多次找导师聊天,表示自己十分苦恼,认为自己在浪费时间浪费金钱,看不到未来的希望,且萌发了退学重新高考考入职业技术学校的想法,认为职业技术学校好找工作且学费较低。

(二)策略方法

导师在和其谈心谈话过程中发现学生过于偏执,执拗地认为自己片面的想法是对的,且严重影响了其正常学习和生活。为引导学生步入正常学习轨道,导师向学生全面介绍了会计学专业以及师范类专业的利与弊,并针对社会的就业环境向学生进行了现实性分析,使学生意识到就业的多向性。并针对学生的性格对其进行了学业规划,该生虽然因为专业原因烦躁苦恼,但据导师了解,其在每次期末考试时成绩均名列前茅,且性格踏实稳重,对自己有较为严格的要求,也正是因为有追求,才加剧了其想改变现状而又不可得的烦闷。因此,导师鼓励该生可以考虑考研,一是她有较强的学习能力,二是她自己本身也有想要从事科研的想法,三是她可以跨专业考研,以后从事自己喜欢的行业。学生考虑后决定听从导师的建议,并尽早为考研做准备。且导师联系了该生家长,将学生的在校状态和父母进行了沟通交流,父母表示他们也会经常和学生联系,关注学生情绪变化。

(三)结果与成效

有了明确的目标后,学生的状态有了明显好转,不再胡思乱想,经常利用课余时间去图书馆学习,并在晚上没课时去操场跑步锻炼身体,生活状态逐渐变得积极健康。

(四)思考与感悟

大学是高中学生向往和追求的目标,也是他们甘于放弃许多娱乐活动在题海中跋涉的精神支柱。但是很多学生进入大学后发现学习方式、学习内容与高中大相径庭,无法很快适应。且现在的大学生们具有很强的自我意识,并且在互联网信息环绕的时代下成长,他们的眼界更加开阔,由此导致他们对大学生活产生迷茫,无法找到学习的目标和意义。同时部分学生还存在学习能力不足、学习惰性较高的问题,而高等教育已进入大学生合理增负时代,很多学生面临如何顺利毕业的难题,种种学业压力导致他们出现不同程度的心理问题。导师作为大学生健康生活的引路人,应将帮助学生解决因心理问题导致的学业困难作为一项重点工作,助力学生成长成才。

三、人际关系问题学生案例分析

(一)案例陈述

柳某某,男,自入学以来,始终无法与舍友和同学融洽相处,总是独来独往。在学习生活中经常不配合班级工作,曾多次将班委气哭,且曾与舍友发生矛盾,产生肢体冲突,事后对其宿舍进行了调换。在老师与其母亲电话沟通时,其母亲总是对柳同学的行为进行辩解维护,认为自己的孩子不会做不好的事情。据了解,其父母离异,柳某某跟随母亲一起生活。

(二)策略方法

导师经过分析其家庭背景认为,其之所以和同学关系紧张是因为自己大学之前的生活环境和现在不同,饮食习惯、生活习惯和其他同学有较大差异,导致柳同学很难和同学建立亲密关系,与室友也没有什么共同话题。且由于原生家庭的影响,母亲的溺爱,导致其很难兼容他人,自我意识过高,我行我素,导致了和同学的多次矛盾与冲突。导师通过长期观察与多次聊天对柳同学进行感化引导,通过鼓励式交流让柳同学意识到老师对其是关心且重视的,并将其较好的表现与其家长进行了沟通交流,从侧面使柳同学对自己提高了要求。

(三)结果与成效

柳同学在感受到老师和家长对自己的期望后,逐渐收敛了自己的脾气,也变得较为配合班级工作,虽然还是独来独往,但已经不再惹是生非。且上课时柳同学经常坐在最前排,听课态度积极认真,业余时间担任健身房兼职健身教练,生活方式积极健康。

（四）思考与感悟

良好的人际关系对学生的身心健康发展具有重要意义,且人际关系和心理健康是相辅相成的。通常来讲,人们在健康的心理状态下才会拥有热心、宽容、乐观这些优良品质,而这些品质会帮助自己收获他人的信任,从而获得良好的人际关系。每个学生都是特殊个体且未来充满无限可能性的,作为导师,要不放弃每一位学生,根据不同学生的特点和心理问题,有针对性地开展思想教育工作。

习近平总书记明确指出,"要坚持把立德树人作为中心环节,把思想政治工作贯穿教育教学全过程,实现全程育人、全方位育人"。而心理健康教育作为高校人才培养的关键内容,是实现立德树人的重要环节。新时代下,社会形势复杂,党和国家赋予心理健康教育更高的历史使命。育心育德从而更好育人,是全员导师制下导师们的重要使命,导师要以人为本,德育为先,培养德智体美劳全面发展、能担当民族复兴大任的时代新人,在实现教育目标的同时,提高人才培养的综合质量,开创高校思想政治教育新局面。

（作者为信阳学院商学院辅导员）

教学相长师生共进　学生喜爱受益良多

第五篇

略论全员导师制对新生的学业影响

黄亚妮

作为信阳学院改革学生教育、管理模式的一种重要尝试，全员导师制旨在以学生成长成才为中心，整合学院教育管理和师资资源，切实做到关照学生生活，关注学生学业，关心学生成长。全员导师制的开展不仅能让我们更深入细致地指导学生的学习生活，引导他们树立正确的价值观，而且还能推动学生在各方面都取得更大进步，将"传道授业解惑"的教育目标真真切切落实到行动中来，将单纯的教学关系转化为全方位的互动指导。尤其在新生的学业方面，这种"全员育人、全过程育人、全方位育人"的教育理念无论在学习目标的设定上，还是在学习方法的养成上，抑或是在学习进度的跟踪上都有着普通教学实践难以比拟的作用。

一、学习目标的科学引导

首先在学习目标的设定上，全员导师制能帮助大一新生迅速有效地调整学习状态、确定学习目标。

刚刚步入大学校园的孩子们往往分为两种：一种是刚从高中的枯燥生活中解脱出来，沉浸在对大学生活的新鲜感中难以正视现实；另一种则是受到高考失利的影响，将大学视作打翻身仗的新战场。他们在刚步入大学校门时，必然对自己的未来是有所想、有所思的。心中所设想的未来一般是较为宏大的人生理想，要么是毕业后能考取硕士研究生，要么是毕业后能找到一份令人满意的工作，但是怎样才能考取硕士研究生，怎样才能提高自己各方面的素养，怎样才能在竞争中脱颖而出，这些具体的问题他们却还未进行过思考。人生大目标的设定需要一个又一个短期小目标来辅助，只有铺设好了一段又一段铁轨，列车才能平稳快速地驶向目的地。导师的出现无疑有助于引导他们进入健康的学习状态,根据他们的实际情况帮助他们设定短期的学习目标。

在导师的第一次课上,我通常会让孩子们先进行自我介绍,然后询问他们的毕业意向,是想要考取硕士研究生在高校继续学习深造,还是寻找一份自己满意的工作开启职场之旅? 在获得基本信息的基础上,再根据他们意向将其划分为考研类与就业类,然后再针对其需求来为他们量身打造不同的学习目标。对于准备考研的学生,我会引导他们注重基础知识的学习,帮助他们掌握科学、有效的学习方法,寻找合适的成长路径;对于准备就业的学生,我会引导他们注重基础技能的训练,根据他的专业特点,指导其做好实训计划,着重强调专业技能、人际交往等方面的重要性。只有方向明确、思路清晰、方法得当,才能在有效的时间内达成阶段性目标,而只有当时间轴上的小目标被一一实现以后,人生轴上才能实现跨越性的大发展。

二、学习方法的有效掌握

确立了学习目标之后,还要掌握科学的学习方法,只有这样才能起到事半功倍的作用。在学习方法的养成上,全员导师制无疑能帮助孩子们真切融入大学的学习生活,养成良好的自学习惯。

大学教育和高中教育有着本质性的差异,这种差异性主要体现在自学与自控能力的养成。大学教师不像高中教师那样,会对基础知识、基本技能进行反复讲解,让学生们反复训练,他们更注重的是引介学界的新观点、新理论,对书本上的基础知识进行拓展、延伸。在上课前,大学老师往往会先根据教学目标向同学们发布自学任务,引导学生有效利用课下时间来掌握课本上的基础知识,然后在上课时着重采用互动式、启发式教学,引导学生对自学所得展开深度思考。这种授课方法一方面能够有效利用课堂时间,确立学生的学习主体地位,另一方面还能营造良好的学习氛围,引导学生学会自主学习。但是初入大学校门的孩子们面对这种授课方法,往往会感到迷茫和不适,他们普遍反映,大学老师并不像高中老师那样,严格按照课本上的内容来讲,很多知识点书上并没有,听过一遍就忘记了,这时候就需要导师来帮助他们逐渐掌握新的学习方法,适应大学的学习节奏。

以中国现代文学课程为例,在本学期第一次现代文学课上,孩子们谈到自己对文学的了解,大都觉得学文学就是看看小说、写写诗歌、品品戏剧、读读散文,这种理解是极其狭隘的。因为学生对课程设置与学科特点把握不当,尚未掌握科学的学习方法,就会在接下来的学习过程中发现自己想象中的"文学"与课堂上老师讲授的"文学"截然不同,从而出现畏难心理、厌学情绪。针对这种现象,我就会在九月的导师课上从我们文学院的学科设置谈起,帮助他们建立起一个整体的学科体系构架。框架建立起来以后,孩子们在知识点的掌握上也存在着种种问题。这时候我就会向他们讲解扩展式教育的重要性,要求学生必须记好每一节的笔记,指导他们去有效率地预习、复习所学知识,让他们明白自主学习的意义所在。

三、学习效果的准确反馈

全员导师制还能够实现对学生学习效果的准确反馈,对学生学习进度的跟踪有着普通教学实践难以比拟的作用。

在日常教学中,我们每位老师都会承担好几个班级的教学活动,甚至有的老师还要教授两三门课程,几百名学生到底学得如何、究竟掌握了多少知识、还有多少欠缺,这些问题授课老师难以得到及时准确的反馈。而全员导师制的执行就帮助我们很好地解决了这一难题。导师对学生进行一对十几的授课,师生之间就学业完全可以做一对一的交流和探讨。虽然每个月师生见面的时间并不长,但是效率都很高。

以我个人为例,因为我指导的都是文学院的学生,所以在每月一次的导师课上,除了完成相应的主题讲授以外,我还会根据他们的实际情况布置一些阅读任务,要求学生都得在下一次授课之前按时完成。他们不仅要消化应该消化的阅读内容,还要对所阅读的典籍做深入独到的思考,写出一篇读书心得,下一次授课时上交。然后,我们会在课下就读书心得中所探讨的主题、论点和论据展开讨论,相互切磋。从专业上的一个主题转到另外一个主题,从一个名家的经典读到另一个名家的著作,通过这种方式,可以为孩子们的专业学习打下极为坚实的基础,培养学生对本专业典籍进行自我阅读、消化、理解和思考的能力。如果说日常教学是学生学习的基础环节,那每月一次的主题课则是起着点睛的作用,学生思考的问题能及时得到导师的指点,并有机会对自己的论点和导师公开进行有效的、具有针对性的深入探讨。导师也能够对学生的学习进度进行充分的把握,并根据教学反馈及时做出教学内容的相应调整。

除了学业以外,导师的指导会涉及大学生活的全部,从学习到生活,从人生理想的实现到心理健康、安全知识的普及,甚至还会有一些超出专业范围的问题,比如世界观、人生观、价值观方面的问题,以及当代社会发展的一些热点问题。对这些问题的思考与解答,不但能引导学生健康成长,而且还能带来师生的良性互动。

经过多年的发展,学校的导师制建设如今已经取得了丰硕的成果。学生普遍反映经过导师的指导,自己无论是在学习,还是在科研上都有所收获,尤其对刚入学的新生来说,导师制有助于他们有效地调整状态,尽快适应大学阶段的学习和生活,能帮助他们确定学习目标、掌握学习方法、反馈学习问题。教师也愿意指导学生,感觉通过和学生之间的交流,能详细了解学生各方面的情况,在充分了解学情的基础上进行教学活动,更有利于提高教学效果。因此在本科生的学习、生活、就业等方面,导师制都起到了积极的作用。可以说,本科生导师制的实施关系到每个学生的学习和生活,也对许多教师的教学和科研产生了积极影响,在校园中营造了一种温馨亲切、轻松活泼、积极向上的文化氛围,对促进学校教育教学质量发挥了应有的作用。"这样的培养方式,更有助于帮助学生建立正确的人生观、价值观,树立自己的奋斗目标,实现'德育'与'智育'的完美结合。"①

(作者为信阳学院文学院教学副院长、副教授)

---

① 杨仁树.本科生全程导师制:内涵、运行模式和制度保障〔J〕.中国高等教育,2017,(6):58-60.

导师制育人感悟：我的七份教案

周　扬

在我担任导师的这七年里,有很多经历和细节历历在目,让我难以忘怀。在此,挑选出这七年里的几次特别的导师课教案与大家分享,一起感受温馨与快乐,欢笑与泪水的环环相扣的这七种美好。

1. 集体生日——以校为家,爱校爱家

课程名称:与大学的第一次相遇。

任课教师:小周导师。

授课人员:数学专业大一新生 12 名。

授课时间:2015 年 9 月 18 日晚。

课程地点:东门外某餐馆。

课程类型:每月必修课。

教材教具:请好菜一桌、买蛋糕一份。

课程目标:见好第一面、上好第一课、讨好入校的第一个生日、扣好大学的第一粒纽扣。

重点难点:教学重点为让学生吃好、喝好,教学难点为让学生爱笑、爱校。

学情分析:部分大一新生轻者表现为初入大学的陌生、憧憬、期盼、好奇,重者伴有撒欢、亢奋、失眠等新生"综合征"。

教学方法:畅聊法、激鼓传花法、说学逗唱法、情景教学法。

教学过程:在第一次导师课的第一堂课上,他把"话筒"交给了饭桌上的学生们,大家都讨论着共同喜欢的话题。最后老师倡议让大家唱生日快乐歌为今天生日的一位女同学助兴,让她许愿,大家猜她许的愿一定是和大学四年首先不挂科最好能拿奖学金,其次竞选班长得到锻炼和成长,等等。欢声笑语中,餐桌冒着热气,包间释放热烈,谈吐充满热情,心里全是热爱。大家填饱了肚子,治愈了陌生,拉进了距离,畅想了未来。

课后思考:在家,家长就是学生的家长,在校,老师就是学生的家长。大一新生不仅有导员,更有导师这个想得到、靠得住、离不开的贴心人,学生以校为家,爱校爱家,才能做到让家长放心,让学生安心。

2. 化解矛盾——小雪花与大雪崩

课程名称:公寓文化,温馨之家。

任课教师:小周导师。

授课人员:计算机专业大一新生6名。

授课时间:2016年10月25日下午。

课程地点:数计楼5楼心理咨询室。

课程类型:每月必修课。

教材教具:铁齿铜牙、纸巾。

课程目标:解决宿舍矛盾,彼此握手言和。

重点难点:教学重点为找原因解决宿舍矛盾,教学难点为退一步彼此握手言和。

学情分析:闷不作声—歇斯底里—声泪俱下。头脑发热的人往往得理不饶人,好胜心强的人一般无理搅三分。

教学方法:枚举法、外松内紧法、左照右顾法。

教学过程:"冷战"过后,终会"交兵",梨花带雨,十分尴尬!从进心理咨询室的门计算起,一个小时过去,矛盾双方在宿舍成员与导师的见证下,一包纸巾还剩一张。哭笑不得的是,真相竟然是:甲方因和对象煲了一个月"电话粥",乙方因一个月"电话粥"憋了一肚子气,于是和甲方吵了一架,甲方因吵了一架哭了一鼻子。导师即兴发挥,生动道出雪崩发生的时候,每片雪花都觉得自己是无辜的道理,最终总结出原因是没有换位思考导致的,误会是积少成多造成的,矛盾是缺乏谦让爆发的,问题是可以很快解决的。在小周导师的不懈努力下,双方握手言和,皆大欢喜。

课后思考:思政本领和心理疏导,是作为导师的必备能力。公寓的安全稳定、舒心文明,是导师思政能力和心理干预能力的"试金石"。

3. 户外游戏——奔跑吧!导师课

课程名称:奔跑吧!青春。

任课教师:小周导师、小王导师。

授课人员:设计专业大一新生 24 名。

授课时间:2017 年 11 月 11 日下午。

课程地点:学校东区田径场。

课程类型:每月必修课。

教材教具:背部贴有可撕名牌的马甲 24 套、哨子 1 个、秒表 1 块、信封若干等。

课程目标:走下网络、走出宿舍、走向操场。

重点难点:教学重点为如何落实"三走",教学难点为保障安全。

学情分析:"低头族"群日成态势,到底是网瘾的扭曲,还是健康的丧失?

教学方法:演示法、比赛法、奖励法、任务驱动法、"打成一片"法。

教学过程:本次导师课第一次尝试两位导师组的学生共同授课。为了学生们成为动感的人,成为外向的人,成为脱离低级趣味的人,导师们将当下最流行的"撕名牌"户外拓展游戏运动搬进课堂,活动中,双方各出阵手撕名牌 6 人,另派寻宝线索 6 人不再赘述。只见手撕名牌者时而推、时而闪、时候绕、时而抱、时候扯、时而躺……撸起袖子加油干,痛痛快快玩一场。更看那阳光普照、心花怒放、摩拳擦掌、跃跃欲试、前后夹击、欲擒故纵、出其不意、击掌欢欣、捧腹大笑、响彻云霄,风景这边独好。

课后思考:运动的时候,不要同学们给我冲,要同学们跟我冲,导师工作说穿了也是群众工作。

4.志愿服务——为了一双双清澈的眼睛

课程名称:为乡村而教。

任课教师:小周导师。

授课人员:设计专业大一学生 4 名。

授课时间:2018 年 3 月 21 日上午。

课程地点:柳林乡塘埂村小学。

课程类型:每月必修课。

教材教具:志愿者马甲 5 套、教案、礼物、学校教职工食堂爱心午餐、条幅 1 条。

课程目标:学习志愿服务精神,助力乡村教育振兴。

重点难点:教学重点为与孩子同学、同吃、同玩,教学难点为共享、共情、共勉。

学情分析:在学校是导师的好学生,出校园做孩子的好导师。

教学方法:聚是一团火,散是满天星。

教学过程:三月学习雷锋月,春分时节伴春雨。3月21日清晨,在小周导师的带领下,导师课成员一行驱车前往柳林乡塘埂村小学开展主题为"为乡村而教"志愿服务活动。

此次活动给孩子们带去了文具、玩具、衣物、书包、体育用品等礼物,4名导师课学生为孩子们带来了精彩的绘画课、DIY手工制作课和体育课,向乡村留守儿童送去关怀和爱心。中午师生一起吃的是每次志愿服务活动出发前,学校教职工食堂精心为孩子们烹饪的爱心午餐。活动结束后,师生们一起拉起条幅并合影留念。

一直以来,学院围绕立德树人根本任务,通过激励学生积极开展志愿服务活动,引导学生德智体美全面发展,尤其是让导师课的学生们参加此类活动,可以在社会实践中,学会关心呵护儿童,在奉献中锻炼能力,在实践中展现青年担当和责任感,呼吁更多的人关注乡村教育,帮助乡村教育解决师资、物资匮乏的现状,为乡村教育振兴和助力脱贫攻坚贡献青春力量。

课后思考:引导学生励志毕业后到农村支教去,到基层磨砺去,到祖国最需要的地方去,绽放青春之花。

5.外出观摩——大家好!我是解说员小周

课程名称:豫风楚韵VS创作灵感。

任课教师:小周导师。

授课人员:美术专业大一学生13名。

授课时间:2019年4月28日上午。

课程地点:信阳市博物馆。

课程类型:每月必修课。

教材教具:领夹式话筒1个。

课程目标:开展入馆教育,厚植文化自信。

重点难点:教学重点为感受文物古器,教学难点为激发创作灵感。

学情分析:外地学生与申城故事。

教学方法:讲解法、情景教学法、启迪法。

教学过程:本次课程小周导师变成了小周导游。学生们一路跟随,一列列、一排排、一层层、一厅厅,从恐龙蛋到独木舟,从盖铜樽到提梁卣,从"父乙"角到"番君"盘,从饕餮鼎到息父辛。楚韵灿烂历史文化与古代匠艺气息蜂拥而至、接踵而来,知识点灌入脑海,灵感迸发出来。

课后思考:对于学生的专业指导和创意启发,导师要善于创造长见识的机会,搭建开眼界的平台。

6. 登台表演——那一声嘶吼的力量

课程名称:"疫"然前行,温暖如春。

任课教师:小周导师。

授课人员:数字媒体专业学生 10 名。

授课时间:2020 年 12 月 22 日晚。

课程地点:大学生活动中心。

课程类型:每月必修课。

教材教具:统一演出服装、演讲稿、舞台、聚光灯、话筒。

课程目标:锻炼合作的能力,讴歌英雄的事迹,表达抗"疫"的决心,发出青年的声音。

重点难点:教学重点为在学院举办的"'疫'然前行,温暖如春"晚会上,让一本好词变成一出好戏,教学难点为坚持演出结束,就是最大成功。

学情分析:导师让害羞腼腆的大一学生们登台朗诵,他们是否能圆满完成第一次登台演出呢? 让观众拭目以待。

教学方法:演示法、讨论法、任务驱动法、情景教学法。

教学过程:演出结束后,节目中的成员小刘接受美术与设计学院学生会宣传部学生工作人员采访:"终于结束了! 成就感满满! 其实我真的紧张的发抖,小周老师一直在后台提醒我们上下台细节和表演注意事项,还多次用对讲机提醒调控台人员注意把背景音乐调小一点,不过演出效果真的不错,大家都没有磕巴、没有怯场,都拼了,我舍友在下面说轮到我演讲时我好激动,尤其是那句'哪有什么岁月静好,只是有人负重前行',我自己都被自己感动了,你听到我的声嘶力竭了吗?"

课后思考:坚定信心,勇于担当,与祖国共成长。

7.欣赏电影——兴趣是最好的老师

课程名称:致爱凡·高。

任课教师:小周导师。

授课人员:美术专业大一学生12名。

授课时间:2021年6月17日下午。

课程地点:艺术楼408室。

课程类型:每月必修课。

教材教具:电影片源、投影设备。

课程目标:坚持以美育人,提升审美品位。

重点难点:教学重点为跟着《夜间的露天咖啡座》《阿尔的吊桥》《凡·高在阿尔勒的卧室》《麦田上的鸦群》《向日葵》《星月夜》去认识真正而纯粹的凡·高艺术。教学难点为如何将电影感悟潜移默化到自己的专业学习和艺术创作上。

学情分析:欣赏这种电影最好给学生找一个阳光明媚的下午,在拉上窗帘的昏暗屋子里,感觉油画从屏幕中跳跃出来的震撼,看到时候要坐直,另外导师是不会准备爆米花的。

教学方法:演示法、讨论法、任务驱动法。

教学过程:一位学生提交的导师课心得摘录如下:《至爱凡·高:星空之谜》是美术生必看的一部经典纯手绘电影,像一篇耐人寻味的诗,狂热的笔触在屏幕中似乎活了起来,仿佛进入一个平行世界,和大师跨时空对话,当他以特殊的方式转身离开,黑暗中的我早已经泪流满面,那短暂的相遇,舍不得告别,他那悲情的人生,成就了他的惊世传奇,电影太成功了,让人相见恨晚。记得导师以前说过"兴趣是最好的老师",我完全赞同,我想我太爱油画了,可能我大二要选油画方向了。

课后思考:导师的专业"第二课堂",对美术专业学生进一步提高专业技巧能力,提升审美品位素养有积极的促进作用。

后记

(2020年8月20日微信聊天记录)

2017级导师课学生小赵:周哥!(表情包"比心")

小周导师:(表情包"微笑")

导师课学生小赵：您看到我上学校官网新闻了吗？

小周导师：当然看见啦，因为是我供的稿。（表情包"笑哭"）

小周导师：我知道你见义勇为的事迹的时候，还是昨天吃中午饭时间，接到通知说要报道一下，我放下手中的筷子就开始奋笔疾书！（表情包"笑哭"）

导师课学生小赵：很意外吧？（表情包"笑哭"）

小周导师：意料之外，情理之中。（表情包"笑哭"）

导师课学生小赵：为啥？

小周导师：因为自从那次你们跟我去了塘梗村小学志愿服务后，后来你就经常参加"贤山环保"和"为乡村而教"了，我能感受到你的正义和热心。

导师课学生小赵：确实对我启迪很大，在救落水游客跳下水的时候，我忽然脑海里就闪现您有一次导师课上跟我说过的八个字，我记一辈子。

小周导师：哪八个字。

导师课学生小赵：从善如登，从恶如崩。

（作者为信阳学院美术与设计学院教师）

陪你春夏秋冬,风雨无阻

陈小静

春天,是承载希望的季节。山河复苏,万物萌发,正需雨露的滋润,而知时的春雨便随着春风悄悄洒向人间。这是一种多么美好的意境。我们的教育又何尝不是如此?心理学家鲁宏曾说:"人的个性,像树的年轮,是一圈又一圈地发展出去的。婴儿的一圈,代表爱与享受;孩童的一圈,代表创作与幻想;少年的一圈,是玩耍及嬉戏;青年的一圈,是情爱及探索;而成年人的一圈,则象征现实与责任。这一圈一圈的发展,有一定的程序,如果有一圈未完成,而被破坏了,这个人的个性就会负伤。"作为一位成熟的成年人,并且为一位兼有心理学背景的人民教师,希望当位于青年阶段的学生在生活中陷入困境时,作为教师的我们(比他们成熟、稍有经验)能够及时出现在他们身边,开导他们、抚慰他们,教会他们如何适应,寻求内在发展。

"全员导师制"的实施让这一切成为可能和现实。它作为推进"亲情化、个性化"德育工作的一个有效载体,遵循"以学生为本、因人而异,尊重个性、面向全体"的原则,在我校开展以来,深受广大师生的喜爱和肯定。

作为一名心理学专业教师,开展全员导师制伊始至今,很荣幸和多届学生共同走过了春夏秋冬,如今与学生在一起的快乐瞬间和难忘时光仍历历在目。其中最令人念叨和温情的仍是走在路上会出其不意的喊你一声"老师的"他(她)……即使每届学生只带一年,可他们带来的温暖远不止一年。

一、那个"她"

2019年9月底,学校对19级大一新生进行了德育教师的分配。在一个阳光明媚的下午,我与自己所带的12名学生在社科楼前的操场进行了第一次见面。首次见面,大家都拘谨、默默地观察着彼此,尤其是学生对我的观察和考量。

　　她——一个文静的女生给我留下了深刻的印象,她独自静静地站在稍远的地方。她不主动参与我们的话题,只是默默地听我们聊天,即使在我们聊得热火朝天的时候,她也只是微微一笑。我很快便注意到了她。当时我没有故意关照她,任由她按照自己的理解来处理她所面对的情况。首次导师课结束后,我也没有私聊或单独约她,也未从她的辅导员、同学和舍友那里了解她的情况。我认为适应或者说接受新人或新事物是需要时间的,而每个人的时间界限长短不一,需要给予她时间独自消化吸收。而作为一名大姐姐、心理学专业教师的我,只需润物细无声、默默关注,让她遵循自己的成长轨迹学会成长……

　　在两天后交上来的导师课心得体会中,她首先表达了对我在首次课上的中肯评价,接着我竟惊奇地发现她发现了我对她细腻的观察,对她小心的关心以及我可能会继续对她特殊关照的意愿。之后她就贴心地、去自我中心地向我讲述了她的家庭、她的身世以及她目前出现心理症结的可能原因……我惊讶于她的“察言观色”、惊讶于她信任之后的和盘托出(仅仅是初次见面后),我非常感谢她的信任。之后一年时间的导师课上,在群体生活中我没有表现出对她的特别关照,但是会适时地在某些课下进行聊天和心理咨询……三年的陪伴,她顺利度过了大一的适应阶段,也在我们彼此的倾心聊天中接纳了自我……我们现在成为很好的朋友,互相陪伴走了三个春夏秋冬,风雨无阻……

　　她没有改变自己,只是接纳了自己。没有改变现实,而是接纳了现实。即使现在的她仍然安静、内向,但多了份自信的光芒。由于导师课的缘分,自己用心理学专业的知识帮助了一个女孩子,并助她成长、获得自信,而我收获了成就感以及对自己专业的认定。从中我深刻地体会到教学相长、助人自助。

　　她现在已是一名大三的姑娘,我们之间的日常沟通却从未中断,但互不打扰。她让我知道,要想发挥自己的作用,我需要借助学校提供的机遇。最初学校准备实施导师制时,面对新事物,我这个故步自封的人从心理上是排斥的,并不觉得自己会有什么作为。而在与她相处的经历中,我明白了生活从不缺机遇,但抓住、利用、发挥作用需靠个人的主观能动性。

同样,与她同届的导师制的其他孩子们,也与我在一次次的课程中、课下活动中建立了深厚的师生情,在彼此互不打扰的情况下,互相关心、点赞、约饭……

二、那个"他"

此时此刻脑海中还冒出一个他——那个首次导师课全程玩手机,一副玩世不恭模样的帅气男孩。我当时心想,他对老师为何没有一丝尊敬? 他为何如此胆大? 他为何这么目中无人? 我当时无比生气,课程结束后在办公室吐槽了许久,以发泄自己心中的怨气和愤怒。冷静下来,我觉得应"赢回"自己的面子或者说自己的尊严,我要"征服"他。我首先找到他的辅导员了解情况,在辅导员的帮助下找到他的好友了解情况,最后在任他专业课的课间以一个比较"光明正大"的理由,约他单独聊。他解释了自己行为,由于高考发挥失常,来到这所学校,对自己很失望、很无奈,以至于现在泛化到对学校的所有所有物都缺乏兴趣甚至不自觉地表现出厌恶、反感……当时由于时间问题,我首先表达了对他表现出的行为的理解与包容,也在他愿意的情况下约了下次进行个人心理咨询的时间……就这样一次次的推心置腹、一次次的无条件积极关注、一次次的尊重和理解,他选择接受现实,心平气和地与自己的高考失利和解,并计划通过考研的方式继续追求自己的梦想。

就这样,对于那些身心健康、每日可在其他可利用的社会资源、人力资源的大多数学生,我们在各不互相过多干涉的情况下相伴走过很多个春夏秋冬;对于那些需要特别关注的孩子,我在给予他们相同待遇的同时,用自己的心理学专业知识,在承担导师角色的同时同样承担心理咨询师的角色,帮助每个需要帮助的孩子在大一的彷徨期携手走过一年四季、春夏轮回。日复一日,风雨无阻。

三、"他们"给予的

写到这里,脑子里便冒出了很多名字,饱览群书的他,多才多艺的她……

经历过风风雨雨,加上导师制课程实践的开展和自己时间的沉淀,目前对于自己专业在导师课上发挥的特殊作用的感悟更深刻。

每个人都渴望更清楚地看清自己,也渴望了解他人,建立适当的人际关系,彼此帮助,共同成长。心理学是一面镜子,能让我们把自己清晰地呈现出来;心理学是一座桥梁,让你通往别人的心灵。我是心理学专业的学生,也是传授心理学专业的教师,我希望用自己所学的心理学知识,在导师课上教会学生看到镜子里的自己,告诉他们大学生活才刚刚开始,沿途的神秘风景是需要向前看的,需要用积极、包容的心态接受你无力改变的世界。

莎士比亚说过:错误并非出自我们的星球,而是出自我们自身。心理学家艾丽斯说:影响我们的不是客观现实,而是我们对客观现实的看法。作为刚刚入学的大一新生,怀揣着对未来生活的憧憬和期盼,又真实地面临种种需要适应的困难、人际关系障碍等众多心理问题,又似乎找不到可以合理缓解焦虑和忧愁的较好途径,学校实行的全员导师制赋予新生一个很好的支持和途径。一年时间的交往,给予师生彼此互相建立信任的时间,给予彼此在信任建立后可以较好、系统地解决问题的时间缓冲。我想,学生对于这种形式也是由好奇、新奇到最后由衷地喜欢,老师也是被动到主动到体验到成就感、自尊甚至自我实现的高峰体验。

十年前我怀揣梦想,背负期望来至信阳学院。十年后的今天,我怀着对学校的感谢,在此刻写下这篇感想。感谢学校为学生的周全考虑,在他们纯真的大一时代,提供学习、生活、道德上指导和帮助,感谢学校为我们全面发展的教师提供的实践机遇——全员导师制,让我们在教授专业知识、实践真知的同时,帮助他人,实现价值。

四、说给未来的"他们"

最后对未来将与自己在全员导师制的课堂中建立亲密关系的大学学子,写下我的寄语:

时光犹如流水,也许你并未察觉,但它却已悄悄地流逝!也许昨日,你们还埋头在为高考而战的教室书堆,但今天你们带着以往的书卷气,推推架在鼻梁上的小眼睛,已然环顾着自己大学的校园。第一次离家来到大学校园,应对纷繁芜杂的花花世界,难念迷惘彷徨。可能过度放松的生活使你迷失了方向,如同断了线的风筝,天马行空般的到处乱撞……迷茫、怀疑、自卑等众多负面情绪如他袭来。孩子,不要害怕,因为有我在。我可以自信地对你说,我会尽全力,用自己的温暖、专业帮助你,陪你过春夏秋冬,风雨无阻!

(作者为信阳学院教育学院教师)

春风化雨育桃李 蕙质"兰"心芳满园

余 兰

信阳学院全员导师制工作已经开展七年了,在这七年里我不断研究和总结工作的方式和方法。通过与学生的相处,认真观察和分析,力争"去同质化",并针对不同年级、不同个性、不同需求的学生采取差别性的引导方式和教育方法。在工作中也越来越够能理解陶行知先生所说的何为因材施教——培养教育人和种花木一样,首先要认识花木的特点,区别不同情况给以施肥、浇水和培养教育;也越来越能够践行苏霍姆林斯基所说的:"要记住,你不仅是教课的教师,也是学生的教育者,生活的导师和道德的引路人。"

2018—2019 学年全员导师制工作的开展如果用一个歌名来形容,那就用周杰伦的《星晴》吧。这一学年我所带的 2018 级英语本科一班的八号宿舍楼 109 和 110 宿舍的 12 个女生整体上来说都属于慢热型的性格。所以我就带着她们"手牵手一步两步三步四步望着天,看星星一颗两颗三颗四颗连成线,背对背默默许下心愿,看远方的星星是否听得见,它一定实现"!

"第一步"我们是从外语楼一起走出去。素未谋面的我们约好于 2018 年 9 月 28 日下午三点在外语楼大厅集合。按照时间,我准时走出办公室来到大厅,看到十来个女生,我就问她们是不是余兰老师组的学生。她们说是,然后就直接跟我走了。也没有一个女生问我要去哪里。

走在景明路下坡时,我问她们为什么没有确认我的身份就跟我走了?她们说看着我不像是坏人,教学楼里出来怎么可能是坏人。我说坏人两个字是不会写在脸上的。接着我问为什么她们不担心我会把她们带走,她们说她们有 12 个人,而我就 1 个人,她们怕什么。我说走到半道,我的团伙会出现。听到这里,她们迟疑一下,停在那里不敢再走。然后我把包里的身份证拿出来给她们看,告诉她们我就是余兰,你们的导师,这是我们的安全第一课。

随后带她们来到朋友的茶社，开启下午茶畅聊时间。这第一步的导师课结束时我引用托尔斯泰的名言"要有生活目标，一辈子的目标，一段时期的目标，一个阶段的目标，一年的目标，一个月的目标，一个星期的目标，一天的目标，一个小时的目标，一分钟的目标。"为她们的大学生活未来之路提出了分分钟都要有规划的要求，这样才不会碌碌无为，虚度最美好的年华。

"第二步"我们走进外语楼的一个普通教室，模仿 focus group（焦点小组）的形式开展一堂英语语音中英美发音区别这一小节协同学习的观摩。实际上在这次活动中我没有将任何活动形式的信息告诉这 12 个女孩儿。这样一切都是以最真实的方式进行着。她们是主动实施者，我是观察者。通过观察和分析她们在活动中的表现，我将她们写给我的未来规划做了比对，并在随后约了几位同学进行了讨论。

在这项活动中，我又进一步地了解了她们，也为随后导师课的安排做了很好的铺垫。我想起了赞科夫曾说过的一句话"当教师把每一个学生都理解为他是一个具有个人特点的、具有自己的志向、自己的智慧和性格结构的人的时候，这样的理解才能有助于教师去热爱儿童和尊重儿童。"对待大学生的引导教育亦是如此。

"第三步"我走进她们的宿舍。宿舍对她们来说应该是最放松的地方。然而慢热型的她们都不多言多语，每一个话题都基本上由我发起。109 宿舍的 6 个女孩都穿着可爱的毛绒睡衣，大概记得有跳跳虎、恐龙、鳄鱼和小棕熊。一进门我就被萌翻了，简直就是"少年派"。这一次我观察到了她们每个人不同的个性。

我们手牵着手一起走进瑜伽室，感悟小琳儿老师的友情授课，内心静如止水；我们手牵手一起走进学长餐厅，包着形状各异的饺子，感受中国传统节日的温暖和美；我们手牵手一起爬震雷山，抚摸微风，轻拎湖水，在山道上下挥洒汗水，享受一览众山小的登顶风景；我们手牵手在外语楼教室，在精酿和花里门店前，在学校的跑道，在图书馆前的小公园，在每一处可以到达的地方留下了青春的印迹。其实你们并不是不善言辞，而是我一开始我还没走进你们的内心。

这一年里 12 个女孩儿都能够努力学习，乐观生活，课外时间也比较充实。杨梦同学获得了"2018'体彩杯'豫风楚韵、红色信阳国际马拉松赛"志愿者证书以及各类活动的先进个人、优秀组织者的称号;李婷娜和石苹平在学校公寓办干得有模有样、有声有色,获得公寓文化节的各项表彰;尤涵在校园护卫队表现优秀,尽职尽责,收获了"队列标兵""校园卫士""优秀学生"等荣誉称号;付维鳞在广播电台和大学生记者团中表现积极,被评为"新闻先进个人""优秀学生记者";李倩在外国语学院团学工作中表现突出,被评为"优秀组织者""先进个人";等等。

一年的时光走得也快又慢,快在日历上它即将转入新的九月,慢在被美好的记忆封存的时间它不走了。这一年我们从下午茶开始,又以下午茶结束。祝福这12个女孩,愿你们仰望星空脚踏实地,远方的星星能够听得见你们默默许下的心愿,通过努力它一定会实现。而我在这又一年的导师制工作中收获了更多的经验和体会。我始终相信只有受过教育的人才是自由的。

如蔡元培所说:"教育者,非为已往,非为现在,而专为将来。"时常检视自己、完善自己,努力练就观事教育的"慧眼",用脚力到达学生生活之地,用脑力运思于导师主题之中,用笔力描述日常观察之物,用眼力发现学生内心深处。这样才能增强观察力、判断力、辨别力和预见力,即看得见、看得准、看得深,才能肩负起导师制工作所承担的职责。

（作者为信阳学院外国语学院教师）

在海滩上种花的坚持

李　平

杜甫有诗:"好雨知时节,当春乃发生。随风潜入夜,润物细无声。"不入田间,就感受不到泥土的芬芳;不走进每个学生的心田,就听不到最真实的声音。

信阳学院推行突出"以人为本"的"全员导师制"管理理念,尽一切可能对每一个成长中需要呵护的学生进行关注。"全员导师制"强调以生为本,推进个性化、亲情化的德育工作,尊重个性、因人而异、面向全体。关注学生的个性化学习需求与精神生活,满足不同学生不同的多样化发展需要,让每一位学生的个性得以张扬,享受到成功的快乐。"全员导师制"是真真切切地把"传道授业解惑"落实到行动上的一种载体体现,它不仅能助力高校教师更好地贯彻"全员育人、全过程育人、全方位育人"的教育理念,同时还帮助广大师生更好地适应应用型人才培养的新需求。

在这些年的导师制工作中,我触摸到的不仅是一颗颗美好又纯真的心灵,同时听到了一个个对未来充满期待的声音,我想这也是每位导师能够深切感受到的。在共同陪伴他们的过程中,我也收获了很多。下面谈谈我在导师工作中的心得体会。

一、用"关心关爱"走进学生的心田

我面对的是大学生,此时的他们处在心理成熟期,他们已经有思想了,已经长大了,但更为敏感了,心却更细了。所以需要我们用关爱的眼光,关心的行动,关怀的手势,关切的询问去走进他们。哪怕是小之又小的充满关爱的行为或神态,都会让他们心中激起波澜,他们可能会向你诉说苦恼,敞开心扉,畅谈未来。

要想关爱学生,我感觉要从学生的生活、思想入手,导师切忌一上来就谈学习,这会使学生感到烦恼,感到压力。如果我们先从学生的生活和思想入手,去触碰他们的真实想法,接着再进行针对性的正确引导,去发掘他们思想上的正确观点、崇高理想,也许就会变成学习的内在动力了。所以在每一次的导师课交流谈话中,我都从自身谈起,聊生活中的话题,聊学生喜欢的话题,气氛愉快轻松,让学生忘记我们是学生和老师的关系。在这个畅所欲言的交流中,学生会流露出自然的真实的观点和想法。例如:对某个人、对某件事的看法,什么课上起来更有意思,哪个餐厅的饭更好吃,哪个老师的教学方式方法有待改进提高,等等,这些信息是非常重要的。我及时收集捕捉一些重要信息,帮学生反馈到相关部门与老师,助力生校关系。总之,多关心关爱学生,并时时关注他们,对于学生的校园归属感和教育教学提高都有不可替代的作用。

二、要善于把握关键的时期来展开导师课的引导教育

导师课的开展,需要努力踏实,不但要一如既往地开展,而且还推陈出新,让导师课成为学生们的小期待。在导师制工作的开展中我觉得不再是每个月去和他们交流多少次,并不是沟通的次数越多效果就一定越好。我觉得最重要的是把握住最关键的时期并及时引导,在学生最需要的时候走进他们的心田,不仅深入了解,而且教育学生,效果就很不错。

第一个最关键的时期:刚步入大学的前两周。这时是学生精力不集中、思想不太安定、生活等各方面最需要帮助的时候,而且很多学生是第一次进入集体生活,有许多的不适应和迷茫,这个时候就会需要我们的导师走进宿舍中去,深入他们的生活学习每个环节,在他们需要帮助的时候,帮他们一把,就会成为学生们心灵中的"雪中送炭"。

第二个关键时期:考试前后的一周内。这段时间学生情绪波动很大。考试前,学生担心挂科,焦虑,要给予心理辅导,学习指导;考试后,不乏大喜大悲者,要给以关注和安抚。这个阶段,需要我们把大学和高中的区别给学生分析清楚。

第三个关键时期:放假前后。这段日子学生是最容易放松的时刻,想要

放假提前走,假后想要晚点来。一般到节假日前后,我就会帮助他们及时调整状态,放假的前一天会去和他们进行道别,及时关注有旅游计划的或者是不回家的学生,利用假期去了解他们的学习生活的状态,同时我也在假期获得了许多祝福。

我在这个关键的时期里去思考,我们如果可以给予学生及时的引导和关注,调整他们的状态,排解学生的烦恼,对于学生的健康发展来说是十分有用的。

三、要认真地对待学生的导师课心得

每个月要给12个人写评语,我也是有一定压力的,不仅要处理学院事情,又要管理班级、备课上课,还要忙于日常事务。但是每次学生们按时把导师课的学习心得交上来的时候我并没有想很多,我就会根据学生的心得情况来写评语,在写评语的时候我能够了解到一些平时不易发觉的情况,这使我对导师课心得的作用有了新的认知。这样可以使我们导师能够及时发现问题。我意识到我作为一名导师,我必须认真地对待学生们的心得。因为在开始写心得时大部分学生会觉得无从下笔,就随便的写上一点敷衍交差,我十分理解,学生并不是不想写而是不知道要写什么,对于学生的这种情况我依然会写下较多的评语给予学生关心和鼓励,并且让导师课的形式变化多样,努力触发学生们的心灵,并且及时引导学生写下次的导师课心得,比如上课的收获,和学习生活中所遇到的问题,还有学生的思想方面的偏差,需要有怎样的指导。学生会按我说的方面写,我也会及时地给予帮助和指导。渐渐地学生们也会意识到心得记录的作用,并且开始认真填写。通过书面的交流,那些平时比较害羞的学生能够以这种形式把心里的话说出来。从中我能够真切地感受到,每个学生都值得我们去爱护和关心的。如果文字上不能很好地去帮助学生们解决问题,我就会找学生进行单独交流,这样不仅能够解决学生个人所遇到的困难和问题,还可以及时了解其他学生的学习生活的情况,能够走进他们需要关心爱护的领域,去及时地帮助并引导他们。

四、关注学困生

现代的教育思想告诉我们,师生关系健康和谐学生们才会欣然接受教育,才有可能会被培养成为符合社会发展需要的高素质人才。学困生的生活态度和学习方法一般都不会特别好,他们的困难就有可能来自生活学习上的某一个点。而作为一名导师,心性和经历可能会稍微优于学生,所以了解并帮助引导学生会促进学困生良好生活学习习惯的养成。好的学习生活习惯就是成功的一半。

对学困生要进行必要的心理教育。每一位学生都有那样或这样的心理问题。特别是一些学困生,他们经常因为失败而自卑,甚至丧失了生活和学习的信心。让学困生建立乐观向上的心态是促进学困生进步的关键。给他们进行乐观开朗的心理暗示,告诉自己"我可以的""我能做到的""我能行"。学困生在学习中经历了多次的失败和挫折后,虽然经过一定的奋斗但仍未达到预定的目标,故而怀疑自己的学习状态,渐渐丧失克服学习艰难的勇气和信心,心理上就形成了不好的循环,没有动机,没有目的。

在成为导师的过程中,我们会遇到一些学困生。学困生转化的工作,也是我们工作的重点之一。因此我采用许多的方法,会通过各种途径来了解情况,倾注爱心,发现学生们的发光点,坚持"五个一点",即多一点鼓励,多一点爱心,多一点表现机会,多一点思想交流,多一点点拨,抓好反复教育,因材施教,和学困生逐步建立和谐、亲密的关系,使学困生倍感温暖、亲切让他们放心并愿意学习,努力追上其他学生。

全员导师制是落实教师教书育人的双重职责的重要举措。它的实施让教师全方位育人、全员参与更好地照进了现实。导师——这是一个十分荣耀的称呼,我们不能愧对这个位置。所以,在思想上我们要引导他们,在生活上要指导他们,在学习上还要辅导他们,在心理上要疏导他们。导师制让我们的教育行为更加充实,让师生感情更加密切,让心与心的交流更加亲近真诚。

回想起来,七年很长,在这期间发生了许多令我终生难忘、并且十分动容的故事,而七年又是很短的,因为我还有很长的时间,我愿意在导师的工作中,继续用智慧和热情把学生的理想点亮,用执着和坚定为学生的成长护航助力。我一直都十分开心自己能够从事在这份育人的事业。"我们对国家的贡献,哪里还有比教育和教导青年更伟大的呢?"相信这句话会在更多导师心中产生共鸣。习近平总书记说过,遇到一个好的老师对于学生来说是幸运的,多么希望我们的学生也都是幸运的。

最后我想用这样一句话送给承担着无限责任的导师们,"导师制的工作就像在海滩上种花,虽然海滩上很难长出花儿来,但是只要付出努力与坚持,总有一天,海滩上一定可以长出最美的花儿来"。

(作者为信阳学院音乐学院学工秘书)

本科导师制对大学生的影响及实施效果研究

刘妍姬

本科新生导师制是指为本科一年级新生配备导师,针对学生的个体差异及需求,对其进行为期一年,涉及学业、生活、思想品德等多方面指导的一种教育制度。这种制度可追溯到 14 世纪初的英国牛津大学,牛津大学的本科生导师制基于该校学院制模式,由各学院在学生入学时为其指派全程导师,负责学生课程指导和内在修养的提升。它为牛津大学带来了巨大的教育成果和极大荣誉,也成为世界多国高校纷纷效仿的对象。我国的北京大学、浙江大学率先 2002 年开始了本科生导师制的尝试,随后国内其他多所高校也陆续跟进大学一年级新生正处于高中到大学的过渡阶段,学习与生活环境的巨大改变使得大学新生容易在学习、生活、心理情感等多方面产生不适情绪,[①]进而影响其专业学习、人际交往以及人格塑造。[②] 因此为这一阶段的大学生提供来自外部的学业指导和心理疏导,能够帮助其度过环境转换期和心理脆弱期,新生导师制正是为了满足这一需求而出现的。目前关于本科新生导师制的研究中,部分集中于对新生导师制实施现状及必要性进行探讨,[③]还有部分研究了目前我国新生导师制实施过程中存在的问题并提出对策建议。[④] 与以往研究不同,本义首先分析了我国部分已实施本科新生

---

① 朱慧敏. 大学新生适应不良的控制干预研究[D]. 上海:上海师范大学,2008.

② 陶沙. 从生命全称发展观论大学生入学适应[J]. 北京师范大学学报(人文社会科学版),2000(2):81-87.

③ 唐耀华. 论本科生导师制对高校发展的促进作用[J]. 高教论坛,2005(3):9-15;靖国安. 本科生导师制:高校教书育人的制度创新[J]. 高等教育研究,2009(5):80-84.

④ 何齐宗,蔡连玉. 本科生导师制:形式主义与思想共识[J]. 高等教育研究,2012(1):76-85.

导师制高校的具体实施细则,对新生导师制的实施现状和特点进行了归纳,在此基础上对本科新生导师制的实施效果以及影响因素进行了分析,最后探索导师的指导行为对大学生的影响及其影响发生作用的过程,以期对新生导师制的完善与实施提供有针对性的意见和建议,从而帮助新生更好地完成角色过渡,适应大学生活。

一、本科新生导师制实施现状

本研究收集了北京大学、北京师范大学、中国人民大学等 14 所高等院校的本科新生导师制的实施细则资料,通过对资料进行分类、对比、归纳,分析本科新生导师制实施现状及特点。总体来看,帮助本科新生快速适应大学学习生活,明确专业方向,践行因材施教的教育理念是高校实施本科新生导师制的基本出发点和主要目的,在具体实施的程序、内容和组织形式上有以下特点,在指导方式上,各高校新生导师制均采取"一对多"的指导方式,采用一定的程序选拔出新生导师后,通过师生双向选择进行导师分配,一般一名导师指导学生人数不多于 15 人。导师在学期中针对学生个体特征和需求对其进行学业、生活等多方面的指导,而面谈、读书会是目前新生导师指导过程中较为常见的指导形式。在组织形式上,主要包括全校全面实施和学校内部个别或部分院、系自行组织实施两种情况,以学院为主体组织开展新生导师工作的情况占大多数,一般学校只出台指导性建议,而具体的实施则由下属的院系自行安排。在导师制的实施方式上,不同院校之间差异性较大。例如,部分院校将新生导师制作为一项独立的导师制度推进和开展,而部分院校则将其看作是本科生导师制的一部分。此外,部分院校在对师生进行分配后,无特殊情况不会更改,而有些院校则以一学期为限进行师生的重新分配。不同院校新生导师待遇上也存在差距,有的院校只有每年几百元的象征性劳务费,而有的院校则有上万元的指导费作为支持性配套经费。在对导师职责界定方面,多数院校的本科新生导师制实施细则中对导师职责没有具体规定。如"帮助学生了解所学专业""积极与学生沟通,了解其学业、心理、思想、经济等多方情况""注重学生的人生引导"等多以宽泛的描述为主,缺少量化要求和具体做法指导。此外,部分院校存在考核机制缺失现象,其余大部分院校在对导师进行工作考核时采取学生评价和教师自评的方式,主观评价居多,缺少客观评价指标。在对学生的参与行为的界定方面,目前大部分院校没有具体规定,学生仍处于被动接受状态,缺乏主动意识,还无形中加重了导师的工作负担和政策实施难度。

二、导师制的实施效果及影响因素

(一)学生对本科新生导师制效果的感知

我们主要从学业、生活以及未来发展三个方面对本校 30 名学生参与过本科新生导师制的学生进行深度访谈展开调查。从学业方面来看,80%的学生认为导师指导能够促进其了解专业基本情况以及现状,掌握大学学习的有效方法,90%的学生指出导师在学业方面的指导帮助其获取了更多的专业知识,75%的学生表示导师指导能够帮助其制定更加科学适用的学习规划,65%的学生认为通过导师指导获得了论文写作能力的提升,还有 25%的学生指出在参与导师项目的过程中提高了自身科研水平,掌握了基本的研究方法。从生活方面来看,所有访谈对象均指出新生导师制对其适应大学生活起到了重要的指导作用,85%的同学提到导师关注学生的心理状况,通过有效的心理疏导帮助他们及时调整心态,65%的学生表示,新生导师会对其沟通方法、与同学相处方式提出建议,提高了待人接物能力。从未来发展方面来看,全部受访学生均表示,通过导师的指导开阔了自身的视野,75%的学生提出在导师的指导帮助下明确了个人学习、发展等多方面的整体目标,并制定了相应的阶段性目标,45%的学生在导师的引导下对自己进行了更全面的审视,增强了自我认知,30%的学生表示,经过一年导师制的参与,自身思维更加成熟,思考问题角度更加全面。可以看出,导师制的实施对大学生有正向影响,而且主要体现在学业的提升、生活的适应以及面对未来选择的确定性上。

(二)新生导师制实施效果的主要影响因素分析

师生专业匹配度调查的分析结果表明,当导师的专业与学生专业相符时,学生感知到的指导显著高于专业不相符的情况。为学生提供所学专业方向的指导是导师学业指导的重要内容,而师生的专业匹配度直接影响到指导的质量和深度,这显示出导师研究领域与学生专业上的差异会在不同程度上限制导师专业指导效果。

指导沟通方式的调查分析结果表明,面对面交流是导师与学生最主要的交流方式,定期会面与不定期会面共占90%。53%的学生会与导师进行定期或不定期的线上交流,10%的学生会参与导师的团队组会、学术沙龙,6%的学生参与了导师主持的科研项目,3%的学生参与了高年级学生毕业论文开题、答辩等。

导师责任意识的调查结果表明,每学期与导师见面次数低于 2 次的学生感受到的导师学业指导与情感支持最少,见面 2—5 次的学生其次,与导师见面次数达到 5 次以上的学生能够明显感受到导师给予的学业指导与情感支持,不仅会积极主动地联系学生,还对学生的思想、学习、生活比较了解。有针对性地给出建议,帮助学生缓解心理压力,树立积极的学习、生活心态,帮助学生进行专业方向的选择,使学生对专业学习产生更大的兴趣,帮助学生养成良好的学习习惯,提高学生思想、政治觉悟,形成良好的道德品质,使学生更快适应大学生活。因此,导师与学生见面次数越多和指导次数越多,学生感知到的来自导师的学业指导与情感支持就越多。

学生主动性的调查结果表明,学生的主动性同样会对导师制实施效果产生影响。仅20%的学生表示主动联系过导师,其余80%受访者则从未主动联系过导师。学生作为实施新生导师制最重要的主体之一,其主观态度、主动意识及对制度的认同程度在制度实施过程中起到重要作用,能否积极参与到导师组织的一系列活动中来,及时客观地向导师反映自身学习、生活等多方面情况,配合导师开展辅导工作,会直接影响制度的实施效果。因此,学生需要更多地发挥主观能动性,主动联系导师,将自己的困惑和对未来发展的想法与导师进行沟通交流,积极与导师建立良好的互动模式,使导师可以更精准地对学生展开指导。

三、结论与建议

通过导师制的实施，教师"立德树人"的思想更加深入人心，进一步形成了师生互动密切、感情深厚、立德树人氛围浓厚的校园文化。[①] 针对具体实施过程存在的问题，为了使本科生导师制更好地落实落地，规范新生导师制的实施内容及程序，根据此次调查数据与分析，笔者认为今后还应从以下几个方面进行努力。

第一，从认识上下足功夫——凝心聚力，提高认识。本科生导师制在信阳学院已实施近七年，目前已得到了北大部分师生的认可。但仍然有一部分师生还对导师制的具体实施细则不熟悉。因此要全员统一思想，将本科生导师制作为提高人才培养质量的重要工作去完成。需充分利用微信公众号、网站等媒介，通过更加生动、更加贴近师生的方式介绍本科生导师制。总结推广好经验、好做法。通过选树典型，发挥榜样引领作用，宣传实施本科生导师制的目的和意义。营造"以育人为荣"的浓厚氛围。组织不同层面工作交流研讨会，深入系所、基层开展导师制工作大讨论。"让学院讲做法，让老师讲经验，让学生讲收获"，提高师生共识。

第二，在组织上下足功夫——协同联动，合力育人。立德树人是高校的根本任务。学校各部门要加强工作协同，发挥育人合力。这对于促进学生成长成才，提升人才培养质量，建设一流本科教育具有重要意义。信阳学院本科生导师制以"全员育人"为宗旨，要进一步明确本科生导师、辅导员、管理岗位等主要任务和工作要求，加强组织领导，提高思想认识，健全体制机制，强化协同配合，全面提升本科生思想政治工作质量和水平，全面提高本科生培养质量。建立健全本科生导师队伍与辅导员队伍、管理人员队伍之间的"教辅结合""教管结合"机制，形成各教师群体之间协同联动、同向同行的良好局面。形成学生干部抓"点"、本科生导师抓"线"、辅导员抓"面"、学工系统和教学系统抓"体"的"点、线、面、体"育人体系。

---

① 宋波，陈建，耿悦杰. 本科生全程导师制的探索与实践[J]. 北京教育（高教），2021（3）：82-85.

第三,在互动上下足功夫——多措并举,共同促进。信阳学院的本科生导师不是孤军奋战,而是建立以导师为中心的学习团队,导师的配备方面,应充分考虑师生专业是否匹配,针对学科特点帮助学生制定学习规划,解决专业性问题。同时,要充分发挥高年级本科生的导向作用,建立良好的"沟通生态圈",让他们将自己在大学校园中学习、生活的经验传授给低年级本科生,让学生感受到同门之谊。还应激励本科生做到"三个主动",即主动联系导师,主动联系学长,主动参与导师研究课题,充分发挥外因和内因的共同作用,保证本科生培养质量。

第四,在考核上下足功夫——因地制宜,完善政策。学科特点是在开展本科生导师制中需要关注的问题。信阳学院有 12 个学院,59 个本科专业,各个专业有其专业特色和师资条件。各个学院、专业需要根据自身的特点,探索可行的指导学生方式和政策制度,确保导师制落地落实,使导师制不流于形式。院系应通过召开导师工作研讨座谈会等形式,以问题为导向,交流导师制的发展方向,逐步完善学院选聘、实施、考核等方案,使导师制真正实现"可持续、不可逆"。

本科新生导师制需继续立足学校办学实际和育人实践,不断开展相关研究工作,使其真正成为独具信阳学院特色的育人模式,切实为学校文化建设和"三全育人"综合改革工作助力。

(作者为信阳学院外国语学院辅导员)

坚守育人本心,照亮学子前行路

霍豆豆

全员导师制是近些年信阳学院育人工作的特色之一。自学校全员导师制开展以来,作为一名教学科研岗位的教师,我与周围同事在第一时间报名参加了导师制工作,经过筛选,如愿成为导师中的一员。回顾近七年的全员导师制工作,从最初对"导师制"的好奇到如今能够自如地在工作中结合个人专业、教学、科研经历,与刚入校的大一新生赤诚相见,可以说,这些特殊的经历不仅影响着自己指导的 84 位学生,也极大地丰富了我的阅历与生活,促使我对学校开展全员导师制的目的与意义有了更深的认识。我的导师制工作开展理念与策略如下。

一、坦诚相待,做学生的良师益友

记得全员导师制工作推行的第一年,受音乐专业学生人数较少等现实因素的影响,作为一名主要教授中国传统音乐、民族音乐学等课程的音乐教师,我所带的学生为 2015 级美术专业环境艺术设计二班的 12 名同学。俗话说:"隔行如隔山。"在导师制工作最初分配学生的阶段,由于担心自己和学生们的专业背景不同,可能会影响以后导师制工作的开展和育人效果,辜负学校的期望与开设初衷,在很长一段时间,一直为此忐忑不安,最初几次导师课上课前都要花费很长时间备课,思考如何给初入大学校园的其他专业学生做好德育方面的辅导。

在与学生不断交流与沟通的过程中,我们一直保持"亦师亦友"型的师生关系,彼此之间坦诚以待,关系十分融洽,本人也日渐消除了专业背景差异会影响导师制工作开展的心理障碍。在导师课上,自己主动敞开心扉,与学生们聊天、一起玩笑等,和学生交流内心,学生们也以同样的方式回应我:

他们把我当成自己的好朋友，和我畅谈对专业的认识、对学校的看法，一起交流各自的专业学习情况。当遇到专业、生活方面的问题，他们常常主动通过QQ或微信与我联系，通过沟通，我们及时解决问题，对于一些无法处理的问题，就向所在学院反映，争取高效地消除学生们的学习、生活困惑。每月一次的导师课心得作业亦是我们沟通、交流的途径之一，看到各位同学手写完成的对导师课相关主题的心得体会，甚至其中还有一些只对我倾诉的"小秘密"，我总是像大姐姐一样，在心得作品批改过程中以正能量的语言鼓励他们，给他们力量。

自从我将师生关系定位为"亦师亦友"型开始，无论是最初带的12位其他专业学生，还是后来的六七十位音乐专业的学生们，我们均在无形之间加深了对彼此的认识，通过互相沟通、交流专业知识，拓展了我们对各自专业的进一步理解。最重要的是，在历经一年又一年的全员导师制工作之后，我和学生们之间能够彼此敞开心扉，自由畅谈各自的人生观、世界观和价值观，学生也把我当成他们生活、学习中值得信任的良师益友、心灵导师，遇到问题，我们能够一起交流、解决，在我们的共同努力之下，即便是性格内向的学生也能在导师课上言说一二，学生们的精神面貌以及对待生活和学习的态度有了明显改观。在我看来，无论专业背景如何，是否与学生有着相同或相近的专业经历，这些并不重要，只要关心学生，想学生之所想，多换位思考，与学生们坦诚相待，能够在学生学习、生活遇到困惑之时，及时伸出手给予帮助与德育指导，致力做学生学习、生活中的良师益友，学生自然不会辜负你的期望，因为，没有任何一个生命会故意拒绝和暖的阳光。

二、丰富教学手段，深化育人目标

在学校学生工作处的精心安排之下，每个月导师课的主题各不相同，同一月份有多个主题可供导师们选择，这些主题紧扣学生们的学习与生活，有"我的大学生活规划""严肃考风考纪，谨记暑期安全""不负春光""理性消费，树立良好消费习惯"等等。为了打破常规教学思维，也为了增强学生对每次导师课主题的深入认识，我一直钻研开展全员导师制工作的教学手段与形式。

在已经完成的导师课中,我会组织学生在学校图书馆、大操场、篮球场、学院图书资料室、视唱练耳教室、艺术楼前的草坪、音乐教研办公室,或者是学生宿舍等地方开展教学,通过在不同环境授课,让学生结合导师课主题感受学校学习氛围、教师工作情况,以及户外的景色等,教导学生在学习和生活中需要注意的若干问题。例如,在学校图书馆,伴随着图书馆外朗朗的读书声,师生共同参观图书馆的陈设,让在图书馆备考研究生的音乐专业学姐们介绍自己的考研准备情况,使学生们了解馆内阅读、学习的同学真实的学习状态,让各位学生直观地感受学校浓厚的学习氛围和信院学子积极进取的拼搏精神;面对学院图书资料室陈列的十分丰富的图书音像资料,引导学生应该经常泡在图书馆、图书资料室,在书的海洋里自由畅游,感受知识的力量,用丰富的思想去了解世界;在视唱练耳教室,让学生们感受音乐的魅力,告诫学生在课余时间,应当主动了解并学习自己感兴趣的专业知识以及其他学科知识,告诉学生"艺高不压身",多学点知识和技能,方能在以后的工作和学习中自如地应对各类挑战;在艺术楼前的草坪,引导学生多留意户外的美景,注重学习与身体健康,多运动,要学会享受大自然赐予的美好时光;在音乐教研办公室,让学生了解教师的工作职责与内容,通过言传身教,让学生懂得教师工作的不易,希望学生在以后的学习、生活中理解老师们的工作,同时,也加强个人专业学习,争取在毕业之前通过教师资格考试,争取以后努力做一名出色的人民教师,在学生宿舍开展导师课,逐一走访学生的"温暖小窝",通过与同宿舍、相邻宿舍学生的沟通,了解各位学生在课后以及生活中的情况,对遇到的困难及时记录并努力解决,使学生进一步珍惜舍友情、同学情,慢慢懂得与舍友、他人的相处之道;等等。

三、营造良好风气,言传身教做引导

从第一次导师课开始,我一直在引导大家做好自己,认真学习,为以后早作打算。在之后的课程中,通过列举身边的典型事例,告诫学生要时刻充满正能量,多向周围传播正能量,用善言善行影响他人,通过互帮互助,共同为梦想而拼搏,并让学生注意不断提高个人修养,自觉加强学习,努力提升学习和专业水平,通过发奋工作与学习,以适应新形势下本职工作的需要,为美好的明天奉献自己的力量。

另外，作为指导教师，熟悉、了解学生，掌握学生的个人情况，结合学生的性格特点逐个找学生谈话，从谈话中知晓学生的所思所想也十分必要。在导师制工作开展中，通过与学生们多次交谈，学生已把我当作值得信任的倾听者，这让我深深意识到，真正了解每一位学生，必须放下身份，以行动浸润心灵，切实走进学生们的世界。在导师课中，我们常常各自穿着运动鞋，在操场上一起做游戏，或者在篮球场打一场极为业余但让人感觉十分开心、轻松的篮球赛，于是，性格内敛的同学慢慢融入集体，这个导师制大家庭的风气也逐渐变得越来越好。

教师的一言一行会影响学生的行为规范，对学生的教育，言语不如行动——"身教最为贵，知行不可少"，例如，自己的着装打扮、个人习惯与卫生、为人处世等等。教师应注意加强自身修养，不断完善自身，谨言慎行，时时处处做学生的榜样，在潜移默化中，为学生树立模范。学生比较关注专业发展与就业，作为指导老师，我常劝他们对未来、对就业等不要有太大的压力，只有一步一脚印地把专业基础夯实，在不同阶段去规划专业、制定目标，并努力逐一实现小目标，尽可能让自己的生活忙碌而充实。我以我自己、我身边优秀的同事等为例，讲述我们从大学本科一步步走来，直至成家、立业、边工作边协调事业与家庭的关系等，甚至还带着学生们一起去看信阳学院信阳皮影戏进校园的专场演出，引导他们学会走入他人的世界，通过观摩、采访了解本专业在民间的演绎与传承。

很多时候，我们直接把导师课放在特定场合授课，亲身体验相关事象之后再就课程主题讨论、交流，例如，和学生们一起去信阳师范学院音乐厅感受其他院校的师生进行专业汇报的盛况，听完音乐会之后再聊专业、谈体会，或者是带学生去学校信阳优秀传统文化传承馆，结合课程主题，谈一谈自己所学的民族音乐学专业方向是如何运用在服务学校、服务社会等方面，通过逐一讲解自己长期研究的信阳传统音乐文化种类，让学生深入地了解身边的传统音乐形态与内涵，在深厚的地方文化积淀中体悟本专业的实际运用，以及传承、弘扬中华优秀传统文化的紧迫性和责任感，促使学生树立文化自觉，以文化自信的理念做好优秀传统文化的当代承继，等等。通过这种直观的引导、体验，学生们对专业学习的兴趣明显增强，对待专业未来发展也有了更为明晰的目标与方向,言传身教的正能量导向效果十分显著。

　　学生工作和常规教学一样,既是一个"良心活",又是一个"技术活"。在全员导师制开展中,通过导师制深入了解学生的心理与言行,以育人的本心对学生进行潜移默化的正能量影响,这期间是心与心交换的过程,充满着温暖和趣味;对于指导老师而言,我们收获了一颗颗的纯真友爱的心和丰富的工作阅历;对于学生而言,遇到好老师是人生的幸运,也许我们的某句话、某个不经意的举止就会鞭策、影响正值美好年华却偶尔迷茫的他们。导师,是航行在无边无际的大海上的指南针,又像是漆黑夜晚的一盏路灯,指引着学子前行的路。在以后的全员导师制工作,我将结合自身思想实际、工作学习实际,继续坚守育人的本心,秉承坚定的理想信念,加强学习,以扎实的专业知识与技能做好学生健康成长道路上的指导者和引路人,与学生们一起成长,共同为值得期待的明天努力拼搏。

(作者为信阳学院音乐学院副教授)

后 记

《高校全员导师制精准育人研究与实践》是全国教育科学"十三五"规划2019年度教育部重点项目"新时代高校全员导师制精准育人机制研究"的重要研究成果之一。本书由施昌海、余婷婷、李肖利主持完成。参与研究的主要成员有陈杰、朱新荣、张富庄、郭二军、王威、牛帅、何勇、扈耀文等。

本书编写过程中,得到了上级部门和信阳学院领导的高度重视和大力支持,获得了有关专家和广大师生的密切关注和热情参与。信阳学院理事长高云提出了诸多指导意见并亲自作序,党委书记褚金海给予了关心鼓励,校长王北生多次出席项目研讨会并精心指导。校内外有关专家冯建军、汪基德、张兴茂、江成顺、张天定等提出了许多宝贵意见。众多师生不辞劳苦、踊跃投稿,总结提炼相关经验,深情表达心得感悟。课题组全体成员立足本职岗位,紧密结合工作实际,认真完成研究任务,付出了大量心血与汗水。由于编著者能力和水平所限,本书难免存在某些瑕疵,敬请读者批评指正。

值此之际,谨向关心和支持本书出版的各位领导、专家和同行致以崇高的敬意和诚挚的感谢!

编者

2022 年 5 月